IMAGINE 4

Marie-Noëlle Cocton
coordination pédagogique

Camille Dereeper
Florence Guémas
Albane Léonard
Louise Rousselot

Couverture : Primo&Primo
Calligraphie de la couverture : Valentine Choquet
Principe de maquette et mise en page : Ariane Aubert
Coordination éditoriale : Manuela Usai
Édition : Clothilde Mabille
Recherches iconographiques et droits : Hatier illustration
Cheffe de studio : Morgane Tachot
Illustrations : Valentine Choquet
Enregistrements, montage et mixage des audios : Studio Quali'sons, Jean-Paul Palmyre
Montage, habillage sonore, animation, mixage et sous-titrage des vidéos : INIT Productions

« Le photocopillage, c'est l'usage abusif et collectif de la photocopie sans autorisation des auteurs et des éditeurs. Largement répandu dans les établissements d'enseignement, le photocopillage menace l'avenir du livre, car il met en danger son équilibre économique. Il prive les auteurs d'une juste rémunération. En dehors de l'usage privé du copiste, toute reproduction totale ou partielle de cet ouvrage est interdite. »

« La loi du 11 mars 1957 n'autorisant, au terme des alinéas 2 et 3 de l'article 41, d'une part, que les copies ou reproductions strictement réservées à l'usage privé du copiste et non destinées à une utilisation collective » et, d'autre part, que les analyses et les courtes citations dans un but d'exemple et d'illustration, « toute représentation ou reproduction intégrale, ou partielle, faite sans le consentement de l'auteur ou de ses ayants droit ou ayants cause, est illicite. » (alinéa 1er de l'article 40) « Cette représentation ou reproduction, par quelque procédé que ce soit, constituerait donc une contrefaçon sanctionnée par les articles 425 et suivants du Code pénal. »

© Didier FLE, une marque des éditions Hatier, Paris 2023.

ISBN : 978-2-278-11043-8 / 978-2-278-10864-0

Dépôt légal : 11043/01 - 10864/01

Achevé d'imprimer en Italie en septembre 2023 par L.E.G.0 (Lavis)

éditions didier s'engagent pour l'environnement en réduisant l'empreinte carbone de leurs livres. Celle de cet exemplaire est de :
1 kg éq. CO$_2$
Rendez-vous sur
www.editionsdidier-durable.fr

IMAGINE 4 est une méthode de français langue étrangère destinée aux adolescents.

Cette collection s'appuie sur les principes pédagogiques décrits dans le *Cadre européen commun de référence pour les langues* (2001, 2018) et sur les *Compétences clés pour l'éducation et la formation tout au long de la vie* du Cadre européen. Elle constitue le fruit du travail d'une équipe d'auteurs enseignants-formateurs aux expériences professionnelles variées.

Les objectifs d'*Imagine* :
faciliter l'enseignement et l'apprentissage
motiver les apprenants
aller à la rencontre de l'autre et du monde francophone

FACILITER L'ENSEIGNEMENT ET L'APPRENTISSAGE, c'est :
- s'appuyer sur une structure récurrente et un code-couleur, > voir mode d'emploi p. 4
- suivre une progression simple et rassurante, > voir tableau des contenus p. 6
- s'entraîner au quotidien à l'aide d'outils et d'activités complémentaires (précis, cahier, site compagnon, guide pédagogique…),
- mémoriser facilement grâce à des astuces linguistiques et des mémos, > voir cahier d'activités
- réviser, évaluer et s'évaluer (révise ton unité, préparations au DELF, tests dans le guide pédagogique…).

MOTIVER LES APPRENANTS, c'est :
- plonger les apprenants dans le quotidien de personnages récurrents et attachants,
- mettre en œuvre une approche active, coopérative et dynamique,
- faire apprendre avec plaisir grâce à des jeux et des activités ludiques,
- encourager l'effort, accompagner l'élève et reconnaître son individualité,
- proposer de relever des défis (tâches finales) en fin d'unité.

ALLER À LA RENCONTRE DE L'AUTRE ET DU MONDE FRANCOPHONE, c'est :
- découvrir un environnement culturel moderne,
- échanger sur sa culture et les cultures du monde (musées, santé, bande dessinée…),
- voyager dans des villes francophones,
- approfondir ses connaissances dans des matières en français (mathématiques, histoire, géographie, littérature…),
- reconnaître ses compétences et celles d'autrui (compétences clés).

Sans oublier les essentiels (lire, écrire, comprendre, parler)
et tous les possibles à… ***imaginer*** !

Mode d'emploi

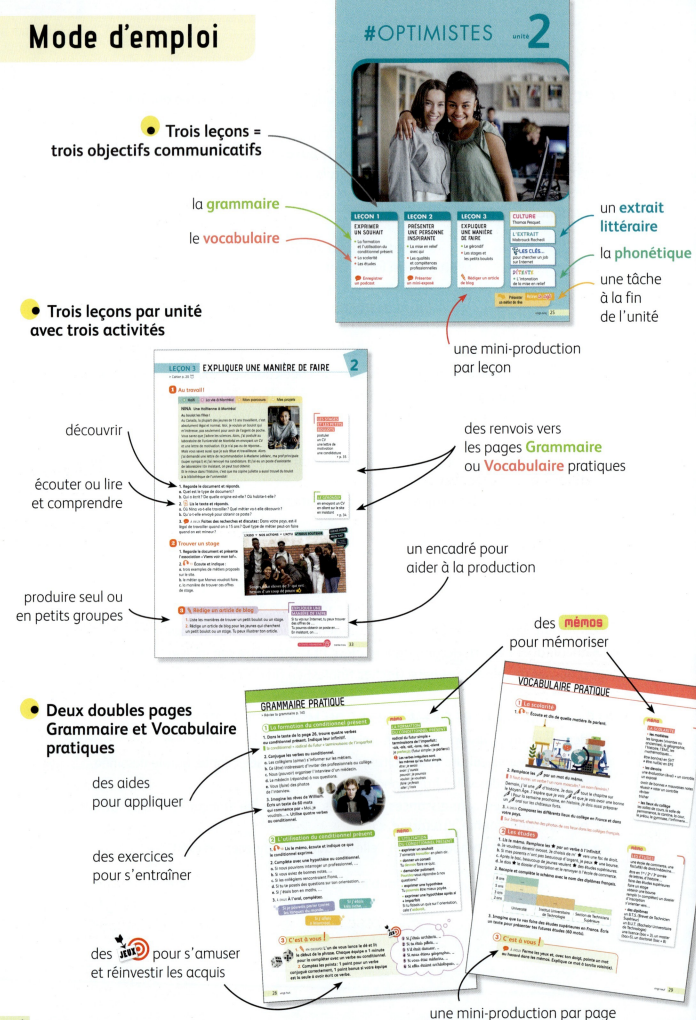

- **Trois leçons = trois objectifs communicatifs**
  - la **grammaire**
  - le **vocabulaire**
  - un **extrait littéraire**
  - la **phonétique**
  - une **tâche** à la fin de l'unité
  - une **mini-production** par leçon

- **Trois leçons par unité avec trois activités**
  - découvrir
  - écouter ou lire et comprendre
  - produire seul ou en petits groupes
  - des renvois vers les pages **Grammaire** ou **Vocabulaire** pratiques
  - un encadré pour aider à la production
  - des **mémos** pour mémoriser

- **Deux doubles pages Grammaire et Vocabulaire pratiques**
  - des aides pour appliquer
  - des exercices pour s'entraîner
  - des **JEUX** pour s'amuser et réinvestir les acquis
  - une mini-production par page

• Une page Culture

une vidéo

🌐 des échanges interculturels

des informations culturelles

des expressions francophones

• Un extrait littéraire

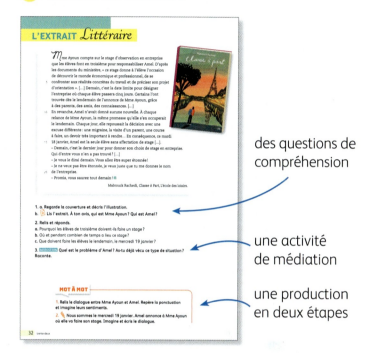

des questions de compréhension

une activité de médiation

une production en deux étapes

• Une page Détente pour travailler l'oral autrement

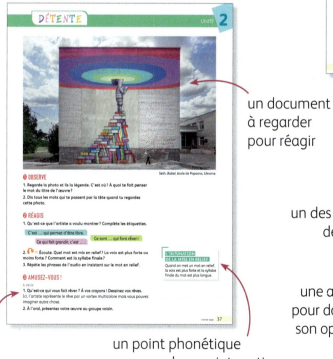

un document à regarder pour réagir

un point phonétique pour une bonne intonation

une petite production amusante

• Un sujet pour exprimer son opinion

un des thèmes de l'unité

une astuce pour donner son opinion

• La tâche finale

un mémo pour accompagner la tâche

cinq 5

IMAGINE 4

	OBJECTIFS DES LEÇONS	GRAMMAIRE ET CONJUGAISON
unité 0 p. 8	• Faire un portrait • Expliquer son lien avec la langue française	• Les terminaisons des verbes au présent
unité 1 p. 11 **#NOMADES**	1. Décrire une ville 2. Justifier un choix 3. Exprimer une conséquence → Tâche finale : présenter le plan d'une ville souterraine	• Les pronoms relatifs *qui, que, où* (révision) • Le pronom relatif *dont* • La cause • La conséquence
unité 2 p. 25 **#OPTIMISTES**	1. Exprimer un souhait 2. Présenter une personne inspirante 3. Expliquer une manière de faire → Tâche finale : présenter un métier de rêve	• La formation et l'utilisation du conditionnel présent • La mise en relief avec *qui* • Le gérondif
unité 3 p. 43 **#ENGAGÉS**	1. Exprimer une obligation 2. Défendre une cause 3. Donner son opinion → Tâche finale : faire une vidéo pour présenter un projet	• Le subjonctif présent • La nécessité avec le subjonctif • La place et le sens des adjectifs • L'opposition
unité 4 p. 57 **#RISQUÉ**	1. Raconter un événement 2. Parler de son état de santé 3. Exprimer un espoir → Tâche finale : écrire un témoignage dans une capsule temporelle	• Le plus-que-parfait • Les temps du passé • Les pronoms COD et COI (révision) • L'accord du participe passé avec *avoir*
unité 5 p. 75 **#CONFIANTES**	1. Parler de l'avenir écologique 2. Exprimer sa peur 3. Encourager → Tâche finale : faire un discours sur l'avenir de la planète	• La négation (révision) • La restriction • Les sentiments + subjonctif • Le but + subjonctif
unité 6 p. 89 **#CONNECTÉS**	1. Présenter un influenceur 2. Exprimer une difficulté 3. Proposer une nouveauté → Tâche finale : expliquer le fonctionnement d'une machine intelligente	• Le pronom *y* • La place des adverbes • Les pronoms relatifs composés
unité 7 p. 107 **#LIBRE**	1. Parler de ses origines 2. Rapporter des propos 3. Partager un point de vue → Tâche finale : rapporter de fausses rumeurs	• Les adverbes et les expressions de temps (révision) • Le discours indirect au présent • Le discours indirect au passé
unité 8 p. 121 **#FIÈRES**	1. Réagir 2. Raconter une bêtise 3. Expliquer une réussite → Tâche finale : écrire un article sur une expérience de coach	• Les temps de l'indicatif (révision) • L'opinion et le subjonctif • La voix passive • Les pronoms démonstratifs neutres

✓ **Préparations DELF B1** > p. 39, 71, 103   ✓ **Révise ta grammaire** > p. 143

VOCABULAIRE	PHONÉTIQUE	CULTURE	COMPÉTENCES CLÉS
• Les qualités		Cassandra O'Donnell, *La Nouvelle*	
• Le territoire • La ville • L'architecture • Le tourisme	• L'intonation de la surprise	• Montréal EXTRAIT LITTÉRAIRE Mélissa Da Costa, *Tout le bleu du ciel*	• Communication en langue étrangère Je sais accueillir des visiteurs dans ma ville *Imagine la géographie en français, p. 135*
• La scolarité • Les études • Les qualités et compétences professionnelles • Les stages et les petits boulots	• L'intonation de la mise en relief	• Thomas Pesquet EXTRAIT LITTÉRAIRE Mabrouck Rachedi, *Classe à Part*	• Compétence numérique Je sais chercher un job sur Internet *Imagine l'EPS en français, p. 136*
• Les préjugés • La discrimination • L'humanitaire • La musique	• La liaison	• Des associations EXTRAIT LITTÉRAIRE Jean D'Amérique, *Rachida Debout*	• Compétence sociale et civique Je sais vaincre des préjugés *Imagine l'éducation musicale en français, p. 137*
• Les professionnels de santé • Le secourisme • La santé • La science-fiction	• L'hésitation	• La santé en France EXTRAIT LITTÉRAIRE Nadia Coste, *Ascenseur pour le futur*	• Compétence mathématique Je sais résoudre un problème mathématique *Imagine les SVT en français, p. 138*
• Le développement durable • Les catastrophes naturelles • Les espèces menacées • Les progrès scientifiques	• L'intonation de la peur	• Le lynx EXTRAIT LITTÉRAIRE Susie Morgenstern, *Les Vertuoses*	• Compétence sociale et civique Je sais m'impliquer dans une action civique *Imagine la physique-chimie en français, p. 139*
• L'identité numérique • Les influenceurs • Les incivilités sur Internet • L'intelligence artificielle	• Les nasales	• L'Atelier des Lumières EXTRAIT LITTÉRAIRE Christopher Bouix, *Alfie*	• Compétence numérique Je sais protéger mes données sur Internet *Imagine les mathématiques en français, p. 140*
• La famille • Les origines • Les migrations • Le rire	• L'interrogation et l'exclamation	• Le festival d'Angoulême EXTRAIT LITTÉRAIRE Stéphane Servant, *Miettes (humour décalé)*	• Sensibilité et expression culturelles Je sais reconnaître mon patrimoine culturel *Imagine la littérature en français, p. 141*
• La mémoire • Les événements historiques • Les bêtises • La réussite	• L'effacement	• Les erreurs de l'Histoire EXTRAIT LITTÉRAIRE Enzo Lefort, Tony Lourenço, Madana, *Enzo*	• Apprendre à apprendre Je sais améliorer mes méthodes de travail *Imagine l'histoire en français, p. 142*

✓ Tableaux de conjugaison > p. 154 ✓ Transcriptions > p. 156

LE FRANÇAIS ET NOUS...

1 La nouvelle

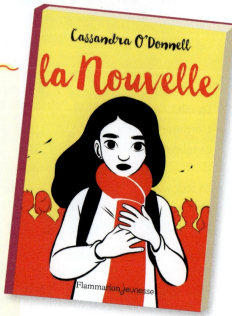

– Regarde, y'a une nouvelle.
Gabriel tourne les yeux vers l'estrade et son prof de français, monsieur Lecoq. À côté de lui se tient une fille d'une douzaine d'années aux longs cheveux noirs, à la peau brune et aux traits délicats. Elle ne sourit pas. Elle a la tête baissée comme si elle était gênée de se trouver là. Comme si elle voulait être invisible.
– ... Haya est réfugiée. Elle et sa famille viennent de Syrie. Elle ne parle pas très bien le français mais je suis certain qu'elle fera bientôt d'énormes progrès, n'est-ce pas Haya ? fait monsieur Lecoq en la fixant.
Elle lève la tête et Gabriel remarque ses grands yeux noirs qui dévisagent le prof d'un air anxieux.
– Ou... oui, balbutie-t-elle. [...]
– Salut, moi c'est Gabriel, murmure-t-il en la regardant s'asseoir près de lui. Haya, surprise, tourne doucement la tête vers le garçon aux cheveux bruns et aux grands yeux bleus qui lui sourit. Son regard est chaleureux et il a l'air gentil, mais la boule qu'elle a dans l'estomac l'empêche de lui répondre. Alors elle hoche la tête et commence à dessiner sur son cahier sans rien dire. [...]
– Tu aimes pêcher ? demande soudain Gabriel [...] Plougalec est dans les terres, mais l'océan n'est pas loin et mon père a un bateau.

Cassandra O'Donnell, *La Nouvelle*, éditions Flammarion jeunesse.

1. Regarde la couverture et imagine le lien avec le titre du livre. Nomme l'auteure.

2. Lis ce texte et réponds.
a. Comment s'appellent les deux personnages principaux ?
b. Où sont-ils ?
c. D'où vient la fille ? Où habite le garçon ?
d. Comment s'appelle le professeur ? Quelle matière enseigne-t-il ?
e. Quels sont les sentiments de la fille ?

3. À DEUX Dessinez les deux personnages et indiquez leurs caractéristiques, à l'aide de flèches.

4. Dans le texte, trouve les verbes conjugués au présent. Sur ton cahier, écris-les et indique leur groupe.

LES TERMINAISONS DES VERBES AU PRÉSENT

Pour conjuguer, on retire la marque de l'infinitif pour obtenir le radical. On ajoute ensuite les terminaisons.

- **1er groupe : les verbes en -er**
Les terminaisons sont -e, -es, -e, -ons, -ez, -ent.

- **2e groupe : des verbes en -ir**
Les terminaisons sont -is, -is, -it, -issons, -issez, -issent.

- **3e groupe : les autres verbes**
Les terminaisons en -s, -s, -t, -ons, -ez, -ent se retrouvent dans la plupart des verbes du 3e groupe.

2 C'est à vous !

1. Fais un portrait de ton/ta voisin(e). Imagine ses goûts et ses qualités.

2. Ensemble, discutez de vos portraits. Vérifiez les informations.

3 Le français unit notre famille.

1. Regarde la photo et imagine la personnalité de Marianne.

2. 🎧 2 Écoute et présente Marianne rapidement.

3. Réécoute et réponds.
a. Quelles sont les qualités de Marianne ?
b. Pourquoi est-ce que la langue française est importante pour sa famille ?
c. Est-ce qu'elle va continuer ses études en français ?
d. Qu'est-ce qu'elle aime faire en français ?
e. Marianne se sent responsable de quoi ?

4. Regarde ces étiquettes et nomme les différences (grammaire, orthographe et sens).

le français   la langue française   un Français
le théâtre québécois   la musique québécoise   une Québécoise

LES QUALITÉS
positive
passionnée
persévérante

4 Le français et moi...

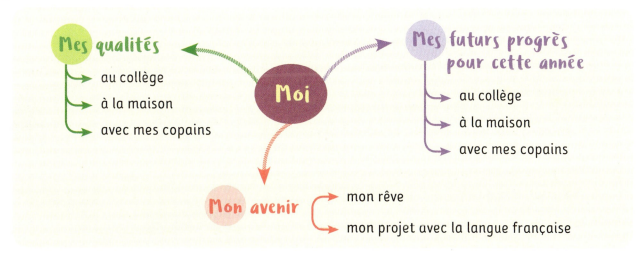

1. Regarde cette carte mentale. Redessine-la et complète-la sur ton cahier.

2. 💬 SALADE Marche dans la classe. Au clap, arrête-toi et discute de tes réponses avec un(e) élève. Au clap, repars et recommence.

5 C'est à vous !

EN GROUPES

1. Discutez de la langue française : En quoi est-elle importante pour vous ? En quoi peut-elle unir les gens ?

2. ✏️ Créez une affiche pour représenter cette union avec des mots-clés.

Les PERSONNAGES

Elle, c'est *Juliette*.
Elle a 15 ans. Cette année, elle a décidé de partir à Montréal pour étudier dans un lycée international.
Son objectif : profiter de la vie.
Ses qualités : positive, passionnée et persévérante.
♥ **Son rêve :** vivre au Canada.

Voici *Nina*, la meilleure amie de Juliette. Elle a 15 ans aussi. Elle est haïtienne mais elle vit à Montréal depuis sept ans. Les stéréotypes, elle n'aime pas ça.
Son objectif : montrer que les femmes, aussi, ont du talent !
Ses qualités : généreuse, ambitieuse et super sympa.
👍 **Son projet :** gagner un concours scientifique.

Lui, c'est *William*. Il habite dans le même quartier que Nina. Ils sont presque voisins et s'entendent super bien.
Son objectif : être médecin dans une association humanitaire.
Ses qualités : curieux, drôle et bricoleur.
😂 **Son petit défaut :** il est nul en maths !

Elle, c'est *Madame Leblanc*, la prof principale. Elle est dynamique, à l'écoute et toujours prête à donner un coup de main à ses élèves.
Sa passion : l'informatique, la robotique et la technologie.
⭐ **Son ambition :** faire gagner un concours à sa classe !

- Lis la description de ces personnages.
- ➡ **Choisis une photo de ton/ta meilleur(e) ami(e).**
- Écris une description. Présente-le/la à la classe.

#NOMADES

unité 1

LEÇON 1	**LEÇON 2**	**LEÇON 3**
DÉCRIRE UNE VILLE	**JUSTIFIER UN CHOIX**	**EXPRIMER UNE CONSÉQUENCE**
• Les pronoms relatifs *qui, que, où* • Le pronom relatif *dont* • Le territoire • La ville	• La cause • L'architecture	• La conséquence • Le tourisme
💬 Réaliser une interview filmée	✏️ Imaginer une maquette de Paris	✏️ Rédiger un article

CULTURE
Montréal

L'EXTRAIT
Mélissa Da Costa

LES CLÉS...
pour faire visiter sa ville

DÉTENTE
• L'intonation de la surprise

Présenter le plan d'une ville souterraine — Relève *le défi*

LEÇON 1 — DÉCRIRE UNE VILLE

> Cahier p. 6

1 Imagine des villes sous la terre !

Construire en profondeur présente plusieurs avantages. Le premier, c'est de protéger les bâtiments, et leurs habitants, des températures extrêmes. [...] Autre avantage, les constructions souterraines résistent mieux aux tremblements de terre. [...] Mais seriez-vous d'accord pour vivre à plusieurs centaines de mètres de profondeur ? Pas juste quelques heures, mais des semaines, des mois ? [...] Pour nous, hommes modernes, le sous-sol, « c'est le lieu où l'on enterre les morts », souligne Sylvie Salles, architecte et urbaniste s'intéressant aux aspects psychologiques et sociaux de la vie souterraine. Un véritable obstacle, mais qui n'est pas insurmontable*. Car l'homme a souvent vécu par le passé dans des grottes ou des souterrains [...] et nous passons parfois aujourd'hui une partie de notre temps sous terre, dans le métro par exemple. Des villes comme Montréal (Canada) et Helsinki (Finlande) ont développé toute une vie souterraine, avec des galeries commerciales, mais aussi, pour la capitale finlandaise, une piscine, une patinoire et même une église. Ces constructions sous la surface répondent au besoin d'extension des villes. Nous sommes aujourd'hui 7,2 milliards d'individus, dont la moitié vivent en ville, et en 2050, 7 personnes sur 10 seront des citadins ! Pour absorber toute cette population, il faudra en loger une partie sous terre.

*ici : sans solution

Olivier Lapirot, science-et-vie-junior.fr

Montréal

1. Regarde et décris la photo.

2. Lis le texte.
a. Donne deux avantages à construire sous terre.
b. Nomme deux villes avec une vie souterraine.
c. Indique à quels moments l'homme vit sous terre.
d. Explique pourquoi vivre sous terre sera nécessaire.

3. Imagine les vies souterraines des deux villes : On y trouve quoi ? En quoi est-ce que c'est différent de la vie dans une ville normale ?

> **LE TERRITOIRE**
> le sous-sol
> la surface
> vivre en ville
> > p. 15

BLA BLA BLA

1. EN GROUPES Discutez : Qu'est-ce que vous pensez de cette idée de vivre sous terre ? Donnez des exemples de vie sous terre. Selon vous, quels sont les avantages et inconvénients ?

2. MÉDIATION Résumez la discussion de votre groupe en 60 mots.

UNITÉ 1

2 La ville dont ils parlent, c'est…

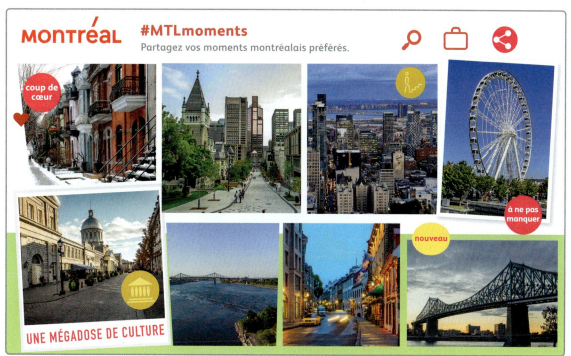

1. Regarde les photos. Complète le titre.

2. 🎧 3 Écoute le document. Vrai ou faux ? Justifie ton choix.
a. La première personne habite loin du centre-ville.
b. Elle aime se promener dans le parc Bellerive.
c. La deuxième personne va à l'école à pied.
d. Elle est dans beaucoup de clubs ou d'associations.
e. La troisième personne nomme quatre avantages à vivre en ville.

3. Réécoute. Trouve un adjectif pour chaque mot.

 rue   parc   architecture   cultures

4. Réécoute une dernière fois. Repère les pronoms relatifs : *qui*, *que* et *dont*.

5. ✏️ **Rédige un article de blog (80 mots)** : Juliette, la sœur de Simon, a pris des notes. Elle publie un petit article sur son blog pour présenter Montréal. Aide-la !

> **LE PRONOM RELATIF DONT**
>
> 7,2 milliards d'individus **dont** la moitié vivent en ville.
>
> … dans les conditions **dont** tu as besoin.
>
> \> p. 14

3 💬 Réalisez une interview filmée

À DEUX
1. Choisissez une ville du monde dont tout le monde rêve.
2. L'un(e) de vous joue le journaliste, l'autre un(e) habitant(e) de la ville. Le journaliste pose des questions pour connaître ses raisons de choisir cette ville, ses quartiers et ses lieux préférés.

> **DÉCRIRE UNE VILLE**
>
> Il y a le quartier…
> La ville est composée de…
> Ce n'est pas loin de…
> C'est + *adjectif*…
> C'est plus grand/petit que…

GRAMMAIRE PRATIQUE

> Révise ta grammaire p. 143

1 RÉVISE Les pronoms relatifs *qui, que, où*

1. Dans le texte page 12, trouve deux pronoms relatifs. Indique ce qu'ils remplacent.

2. Complète avec *qui, que, où*.

▌ *que* → *qu'* devant une voyelle

a. C'est une ville
… nous avons passé nos vacances.
… il aimerait visiter.
… a beaucoup de parcs.
b. À Helsinki, il y a une piscine souterraine
… me fait peur.
… on peut se baigner.
… les Finlandais apprécient beaucoup.
c. C'est l'année
… il a fait très chaud.
… je préfère.
… a le plus marqué ta vie.

3. Imagine une ville souterraine dans ta ville. Écris un texte (80 mots) pour la décrire. Utilise deux fois chaque pronom relatif : *qui, que, où*.

mémo
LES PRONOMS RELATIFS QUI, QUE, OÙ

Ils remplacent un nom et évitent une répétition.

- *qui* remplace un sujet
C'est une ville **qui** a développé une vie souterraine.

- *que* remplace un complément d'objet direct
C'est une ville **que** j'aime beaucoup.

- *où* remplace un complément de lieu ou de temps
La ville **où** il habite est au Canada.
J'ai visité Montréal le jour **où** nous sommes arrivés.

2 Le pronom relatif *dont*

1. Fais une seule phrase avec *dont*.
▌ Pour t'aider, repère les répétitions.
a. Ce matin, Juliette m'a envoyé une photo de Montréal. Je suis fan de Montréal.
b. L'appartement à Montréal est très cher. J'ai besoin de cet appartement.
c. Avec mon ami, nous allons faire un voyage. Je m'occupe de ce voyage.
d. Simon a rencontré une fille. Il est tombé amoureux de cette fille.
e. Je t'ai parlé d'un projet. Ce projet verra le jour en 2050.

2. 🎧 4 Lis le mémo. Puis, écoute et dis si *dont* est complément du verbe, du nom ou de l'adjectif.

3. À DEUX De quels éléments de ta ville es-tu fan ? Discute avec ton/ta voisins(e). Utilise *dont* pour répondre.
Exemple : *La tour Eiffel, dont je suis fan, mesure 300 mètres.*

mémo
LE PRONOM RELATIF DONT

Il remplace un nom et évite une répétition.

- *dont* remplace un complément introduit par *de*
Elle parle **de** la ville. → La ville **dont** elle parle s'appelle Montréal.
Je suis fier **de** Juliette. → Juliette **dont** je suis fier est la sœur de Simon.
Je vois le pont **de** la ville. → La ville **dont** je vois le pont s'appelle Montréal.

❗ Le complément introduit par *de* peut être d'un verbe, d'un adjectif ou d'un nom.

3 C'est à vous !

✏️ Regarde ce top 10 des villes francophones. Cherche des photos ou imagine ces villes. Fais une description avec un maximum de pronoms relatifs.
Exemple : Angers (France) – *Angers est une ville que je vous conseille. C'est une ville où il y a un château et qui est la plus verte de France. Cette ville dont les habitants sont fiers se situe dans le nord-ouest de la France.*

TOP 10 des villes francophones
1. Kinshasa (Rép. dem. du Congo)
2. Paris (France)
3. Abidjan (Côte d'Ivoire)
4. Yaoundé (Cameroun)
5. Casablanca (Maroc)
6. Bamako (Mali)
7. Ouagadougou (Burkina Faso)
8. Alger (Algérie)
9. Dakar (Sénégal)
10. Montréal (Québec, Canada)

VOCABULAIRE PRATIQUE

1 Le territoire

1. Lis ces définitions liées au mot « terre ». Pour chacune, trouve un mot dans le mémo.

la Terre = la planète ; la terre = le sol

a. Objet pour représenter la Terre.
b. Tous les êtres humains qui composent la Terre.
c. L'homme marche dessus.

2. Lis le mémo et associe une illustration à un mot.

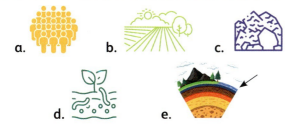

3. À DEUX Tu préfères vivre à la campagne ou en ville ? Pourquoi ? Discutez.

mémo
LE TERRITOIRE

un espace
un globe
une grotte
le monde
une population
une région
le sol ≠ le sous-sol
souterrain(e)
la surface
un terrain

vivre à la campagne
vivre en ville

2 La ville

1. Lis le mémo. Pour chaque paire, indique l'élément le plus grand.
a. une avenue – une rue
b. un quartier – une ville
c. un magasin – une galerie commerciale
d. un fleuve – une rivière
e. une maison – un immeuble

2. Remplace l'icône par le mot qui correspond.

Je m'appelle Emma. Je suis une 🏠 de Montréal. Je vis dans un 🏢, au 5ᵉ étage. J'ai la chance d'habiter à Mont-Royal : c'est un 🏙 de la ville qui est dynamique. Il y a un 🏟 pour voir des matchs et une 🏛 pour faire du hockey sur glace.

3. Écris un petit texte pour présenter ta ville (60 mots).

mémo
LA VILLE

une avenue
un bâtiment
un centre-ville
un(e) citadin(e)
une église
un fleuve
une galerie commerciale
un(e) habitant(e)
un immeuble
une patinoire
un pont
un quartier = un secteur
une rue
un stade
urbain(e) ≠ rural(e)
une vue

3 C'est à vous !

💬 À DEUX Mettez les étiquettes sur votre bureau face cachée. Chacun votre tour, prenez une étiquette et lisez-la. Votre voisin(e) imagine la situation et réagit.

CULTURE — MONTRÉAL

On se dit **tout** !

▶ **1 Regarde la vidéo. Qu'est-ce qu'on peut voir et acheter à Montréal ? Aimerais-tu y aller ? Pourquoi ?**
 Cite d'autres villes francophones.

Info **culturelle** ❶

Associe un lieu à son nom. Puis, cherche une ou deux informations sur chaque lieu.

La Biosphère   Le Jardin botanique
Le marché Jean-Talon   Le Parc olympique

 a.
 b.
 c.
 d.

Info **culturelle** ❷

Située à proximité du Musée d'art contemporain, la Place des Arts est le plus grand lieu culturel au Canada. On y trouve l'Orchestre symphonique de Montréal, l'Opéra de Montréal, les Grands Ballets canadiens et la Compagnie Jean Duceppe.
Il y a aussi les festivals comme *Les Francos* et le festival international de jazz.

Lis ce texte. Juliette veut voir des sculptures, du théâtre et de la danse. Elle veut aussi aller à un concert de musique classique. Indique le lieu associé à chaque loisir.

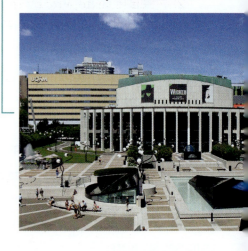

Le coin des **francophones**

ÊTRE AUX OISEAUX

À DEUX Regardez l'image. À votre avis, que signifie cette expression québécoise : aimer la nature, être un bon chanteur **ou** être heureux **?**
Proposez un dessin pour l'expression française équivalente : être aux anges.

16 seize · activité interactive

LEÇON 2 — JUSTIFIER UN CHOIX

UNITÉ 1

> Cahier p. 8

1 Pourquoi transformer Paris ?

Rencontre avec Jean-Baptiste Reynes, architecte et fan de jeux vidéo.

➤ Pouvez-vous nous résumer *The Architect : Paris* ?

Le joueur est un jeune architecte en 2020. Il démarre le jeu à la tête d'un cabinet d'architecture dans un quartier de Paris. [...] On s'inspire d'un *city builder* classique (ce genre de jeux vidéo où vous construisez vous-même la ville de A à Z) mais on change complètement les règles, puisque la ville est déjà là. [...] Les vieilles villes européennes [...] doivent se reconstruire sur elles-mêmes et inventer d'autres façons de vivre. On imagine tous plus ou moins la ville du futur haute et technologique. Mais si la ville de 2080 était un village ? [...]

➤ Pour gagner, le joueur devra suivre un modèle de ville durable ?

Le joueur fera ce qu'il veut. S'il veut raser* tout Paris et faire un zoo géant ou Gotham City à la place, il pourra.

*détruire

Usbek&Rica, demainlaville.com

1. Regarde la photo et imagine pourquoi on va transformer Paris.

2. 📄 Lis le texte. Vrai ou faux ? Justifie ton choix.
a. *The Architect : Paris* est le nom d'un cabinet d'architecture.
b. Dans *The Architect : Paris*, il faut construire une ville de A à Z.
c. Peut-être que la ville du futur ne sera pas technologique.
d. Dans *The Architect : Paris*, il est possible de tout détruire.

3. 💬 À DEUX **Discutez :** Aimerais-tu jouer à ce jeu ? Pourquoi ?

> **LA CAUSE**
> ... **puisque** la ville est déjà là.
> J'ai bien aimé **parce que**...
> > p. 20

2 J'aime bien cette maquette parce que...

1. Regarde la photo. Lis le titre et la légende. À ton avis, c'est quoi une maquette ?

2. 🎧 5 Écoute et réponds.
a. Qui a fait cette maquette ?
b. Où est-ce qu'on peut la voir ?
c. Qu'est-ce qu'ils ont utilisé pour faire cette maquette ?
d. Pourquoi est-ce que la villa est pour les enfants ?
e. Pourquoi la fille aime-t-elle les cabanes ?

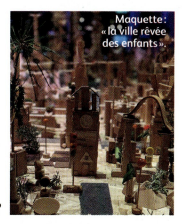

Maquette : « la ville rêvée des enfants ».

> **L'ARCHITECTURE**
> un cabinet d'architecture
> une maquette
> > p. 21

3 💬 Imaginez une maquette de Paris

1. EN GROUPES Vous reconstruisez la ville de Paris. Qu'est-ce que vous faites ? Avec quels matériaux ? Pourquoi ?
2. Dessinez le plan de votre maquette et expliquez-le à la classe.

> **JUSTIFIER UN CHOIX**
> On a choisi (de)...
> On a décidé (de)... puisque...
> C'est le meilleur choix parce que...
> Les avantages de notre choix sont...

activité interactive

dix-sept 17

L'EXTRAIT *Littéraire*

Au volant de son camping-car, Émile est immobile, perdu dans ses pensées. Il est allé récupérer le véhicule ce matin. Il est en parfait état. Il reste même de la vaisselle à l'intérieur et un ensemble de linge de toilette. [...] Il peut partir aujourd'hui s'il le veut...[...] Il a
5 failli* effacer l'annonce. Pourtant ce matin quelqu'un y a répondu. [...]

Petitesannonces.fr
Sujet : Re : Recherche compagnon(ne) de voyage
Auteur : Jo
Date : 5 juillet 08h29
10 **Message :**
Bonjour Emile26,
Votre annonce a retenu mon attention.
Je m'appelle Joanne, j'ai 29 ans.
Je suis végétarienne, pas très à cheval** sur le ménage et le confort.
15 Je mesure 1m57 à peine, mais je suis capable de porter un sac à dos de 20 kg sur plusieurs kilomètres.
J'ai une bonne condition physique malgré quelques allergies (piqûres de guêpe, arachides et mollusques). Je ne ronfle pas.
Je ne parle pas beaucoup, j'aime les méditations, surtout quand je suis plongée
20 dans la nature.
Je suis disponible dès que possible pour partir.
J'attends de vos nouvelles.
Joanne

Mélissa Da Costa, *Tout le bleu du ciel*, éditions Carnets nord.

* il a presque effacé
** ici : le ménage et le confort ne sont pas très importants pour elle

1. Regarde la couverture du livre. Puis, lis la première partie du texte et réponds :
C'est qui ? Quel est son moyen de transport ? Il peut partir quand ?

2. Lis la petite annonce. Vrai ou faux ? Justifie.
a. Joanne connaît Émile.
b. Joanne aime manger de la viande.
c. Joanne est en bonne santé.
d. Joanne n'est pas bavarde.
e. Joanne préfère partir en août.

3. MÉDIATION Décris le thème principal et le personnage de Joanne. Est-ce que tu aimerais partir en voyage avec elle ?

MOT À MOT

1. Regarde la réponse à la petite annonce. Repère le sujet, l'auteur, la date, l'heure, la salutation de départ et de fin, et la signature.

2. Imagine et écris l'annonce envoyée par Émile le 29 juin à 01h02 du matin.

LEÇON 3 — EXPRIMER UNE CONSÉQUENCE

UNITÉ 1

> Cahier p. 10

1 Voyager en camping-car

1. Regarde la photo et lis le titre. Imagine les avantages et les inconvénients de ce mode de voyage.

2. 🎧 6 Écoute et réponds aux questions.
a. À quoi ressemblent ces parents-voyageurs ?
b. Quand et pour quelle raison ont-ils acheté un camping-car ?
c. Quels sont les différents voyages évoqués ?
d. Quels sont les inconvénients d'un camping-car ?

3. 💬 EN GROUPES **Discutez** : Que penses-tu de faire un road-trip de 11 mois en famille ? D'habitude, quel type de voyage fais-tu en famille ?

2 Les plus et les moins d'un road-trip !

Le blog de Juliette

Sur le papier, une vie de nomade paraît idéale : on vit des aventures, des rencontres et des découvertes. C'est la liberté, le retour aux choses simples, le dépaysement. Voyager en famille permet de recréer du lien. Mais qui dit nomade dit sans domicile fixe : on change de maison et de lieu régulièrement. Par conséquent, il faut se réapproprier un endroit à chaque fois. Cela demande du temps et de l'énergie. C'est également difficile de garder une routine. Il y a tellement de sites à visiter et de paysages à voir que l'on oublie parfois de prendre le temps de faire « l'école à la maison ».

LE TOURISME
décider de l'itinéraire
circuler
réserver une chambre
> p. 21

LA CONSÉQUENCE
Du coup, on a commencé à s'organiser.
Par conséquent, il faut…
Voyager **permet de** créer du lien.
> p. 20

1. 📄 Lis le texte. Fais un nuage de mots autour de « nomade ».
2. Classe les avantages et les inconvénients d'un long voyage.

3 ✏️ Rédigez un article

À DEUX

1. Discutez des avantages et des inconvénients d'un voyage en camping-car.
2. Rédigez un article (100 mots) pour expliquer les conséquences d'un tel voyage pour soi, la famille et l'environnement.

EXPRIMER UNE CONSÉQUENCE
Voyager en camping-car permet de + *infinitif*
Être nomade cause + *nom*
Alors, on voyage…

activité interactive

GRAMMAIRE PRATIQUE

> Révise ta grammaire p. 143

1 La cause

1. 🎧 7 Lis le mémo, écoute et indique le mot qui exprime la cause.

2. Écris des phrases avec *grâce à*, *à cause de*, *comme* et *parce que*.
a. [voyager – mes parents]
b. [déménager – voisins du camping bruyants]
c. [rencontrer des gens – beaucoup voyager]
d. [arriver en retard – accident sur la route]
e. [beaucoup de neige – partir demain]

3. À DEUX Pour quelles raisons est-ce que l'on aime voyager ? Discutez.

mémo

LA CAUSE

Elle exprime l'origine d'une action.
- **parce que / car / étant donné que** + sujet + verbe
Elle est partie en voyage **car** elle avait besoin de se reposer.
- **cause positive** : *grâce à* + nom
- **cause négative** : *à cause de* + nom
- **cause évidente** : *puisque* + sujet + verbe
On change les règles **puisque** la ville est déjà là.
- **pour insister sur la cause** : *comme* + sujet + verbe
Comme c'est du patrimoine, le joueur ne pourra pas changer Paris.
❗ **Comme** est toujours en début de phrase.

2 La conséquence

1. Associe une cause et une conséquence.

a. J'ai du temps,
b. Voyager en avion
c. Voyager en avion est mauvais pour l'environnement.
d. Voyager
e. Il y a tellement de belles raisons de voyager

1. qu'il faut le faire !
2. permet de découvrir des paysages.
3. Par conséquent, ma famille préfère voyager en train.
4. cause beaucoup de pollution.
5. alors, j'en profite pour voyager !

2. Recopie et complète avec *tellement/tant (de)… que*.

▪ *de* + voyelle → *d'* ; *que* + voyelle → *qu'*

a. Simon a … voyagé … il connaît beaucoup de pays.
b. Juliette a visité … villes … elle ne sait pas laquelle elle préfère.
c. On fait … kilomètres quand on voyage en camping-car … c'est parfois très ennuyant.
d. Voyager en camping-car est … sympa … les ados adorent ça !
e. Faire un road-trip, c'est … organisation … je préfère visiter une seule ville !

3. Dans l'extrait littéraire, Joanne part en voyage avec un inconnu. Imagine et liste les causes et les conséquences d'un tel voyage.

mémo

LA CONSÉQUENCE

Elle exprime l'effet d'une action.
- **donc, alors, du coup** (à l'oral)
Alors, on a décidé de partir.
- **par conséquent** (à l'écrit)
Par conséquent, il faut se réapproprier un endroit.
- **c'est pourquoi, c'est pour ça que**
C'est pourquoi on ne voyage pas.
- **des verbes** : *permettre de* (+) + verbe à l'infinitif, *causer* (-) + nom
Voyager en famille **permet** de recréer du lien.

Elle peut exprimer une intensité.
- **avec un nom** : *tellement/tant de* + *que*
Il y a **tant de** sites **que** l'on oublie…
- **avec un verbe** : *tellement/tant* + *que*
Il a **tellement** neigé **que** nous ne sommes pas partis.
- **avec un adj. ou adv.** : *tellement/si* + *que*
Il marche **si** vite **qu'**on ne peut pas le suivre.

3 C'est à vous !

💬 EN GROUPES Lisez ces événements. Choisissez un ou deux sujets et imaginez des causes ou des conséquences.
- La destruction de la ville de Paris
- Les voyages en camping-car
- Voyager avec ses parents
- Visiter Montréal
- Habiter dans une ville souterraine
- Habiter dans un immeuble

VOCABULAIRE PRATIQUE

1 L'architecture

1. Lis le mémo et associe un mot à chaque image.

 a.  b. 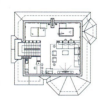 c.

 d. e.

2. Mets ces actions dans un ordre logique.

a. habiter dans une maison
b. dessiner un plan
c. construire des murs
d. acheter des matériaux
e. contacter un(e) architecte

3. Simon écrit à Jean-Baptiste Reynes, architecte et fan de jeux vidéo, pour lui poser cinq questions sur son métier. Aide-le à écrire ses questions avec les mots du mémo.

2 Le tourisme

1. Lis le mémo et associe chaque mot à un ou des synonymes.
a. un lieu
b. voyager avec un véhicule
c. changement de décor habituel
d. une chose nouvelle
e. être sans domicile fixe

2. Trouve l'action pour chaque étape de ce voyage.

> action = verbe

Étape 1 : … de l'itinéraire
Étape 2 : … une chambre dans un hôtel
Étape 3 : … en camping-car
Étape 4 : … à l'hôtel
Étape 5 : … des sites touristiques

3. À DEUX Joue un rôle : agent de voyage ou client(e). L'agent propose un voyage organisé au / à la client(e). Le/La client(e) accepte ou refuse et justifie son choix.

3 C'est à vous !

À DEUX Dessinez les plans d'un parc miniature pour visiter un maximum de monuments touristiques du monde.

mémo
L'ARCHITECTURE
un(e) architecte
un bâtiment
un cabinet d'architecture
un chantier
une échelle
une maquette
un matériau (argile, bois, métal)
un mur
le patrimoine
un plan
un schéma
une superficie

construire ≠ détruire

mémo
LE TOURISME
une aventure
une découverte
le dépaysement
un endroit
un voyage organisé

circuler en camping-car
décider de l'itinéraire
être nomade
faire un road-trip
loger à l'hôtel
organiser un voyage
regarder un paysage
rechercher/réserver une chambre
visiter un site touristique

LES CLÉS...
.....pour faire visiter sa ville

Je découvre une manière de faire visiter une ville

Lis le texte et présente cette association.
À DEUX **Discutez :** Qui sont les *Greeters* ? Que font-ils ? C'est payant ?
MÉDIATION **Comment traduire *greeters* en français ?**

Venez en visiteur, partez en ami

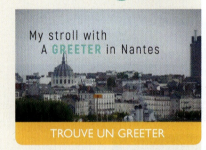

Laissez les Greeters vous emmener faire une promenade libre dans leur ville natale pendant 2-3 heures :
• Greeters sont une organisation mondiale à but non lucratif.
• Ces organisations offrent dans leurs villes des balades personnelles et privées avec des habitants à des visiteurs.
• Nos balades – nommées Greets – sont absolument gratuites.
• Nous offrons des balades pour des touristes individuels et des petits groupes jusqu'à six personnes.
• Les Greeters veulent être une présence amicale pour ceux qui visitent leur ville/destination.

> **LA CLÉ**
> Faire visiter sa ville, c'est :
> • prévoir une balade dans sa ville
> • rencontrer des touristes
> • donner des informations intéressantes sur sa ville

J'apprends à adopter une attitude amicale

Explique ce slogan : « Venez en visiteur, partez en ami... »
et cette phrase : « Les *Greeters* veulent être une présence amicale pour ceux qui visitent leur ville. »
EN CLASSE **Discutez :** Comment faire pour être « une présence amicale » ?

> **LA CLÉ**
> Pour adopter une attitude amicale :
> • je suis accueillant(e) et souriant(e)
> • je reste patient(e)
> • si je ne connais pas la réponse à la question, je suis honnête

Je sais accueillir des visiteurs dans ma ville

À DEUX

 1 Répartissez-vous les rôles : l'un(e) est touriste, l'autre, Greeter.

 3 Le/La touriste pose des questions. Le/La Greeter répond.

 2 Imaginez que vous faites visiter votre ville.

 4 Jouez la scène !

DÉTENTE

UNITÉ 1

© Chris Morin-Eitner, Paris, *Pigalle Jungle Parade*.

❶ OBSERVE

1. Regarde la photo.
a. Présente la photo à l'aide de la légende.
b. Le plus rapidement possible, compte et nomme les animaux, en français ou dans ta langue.
2. Regarde la carte ronde et lis le mémo. Quel animal n'est pas sur la carte ?

LES ANIMAUX
une autruche
un éléphant
un flamant rose
un papillon
un perroquet
un singe
un zèbre

❷ RÉAGIS

1. Regarde de nouveau la photo et exprime ta surprise.

Incroyable !   Quoi ?   Ça alors !   C'est fou !   C'est dingue !   C'est vraiment surprenant !

2. 🎧 8 Écoute. Quand on est surpris, la voix monte ou descend ?

L'INTONATION DE LA SURPRISE
Quand on est surpris, la voix monte.

❸ AMUSEZ-VOUS !

À DEUX **1. Choisissez une photo d'une ville. Lancez un dé et faites un photomontage surprenant (dessin ou collage) avec l'élément du dé.**
- ⚀ des objets
- ⚁ des personnages Lego
- ⚂ des tableaux de peinture
- ⚃ des animaux
- ⚄ des super-héros
- ⚅ des monstres

2. Créez un effet de surprise pour faire réagir le groupe voisin. Justifiez votre « ville surprenante ».

POUR ou CONTRE ?

Un mode de vie nomade.

Contexte
Comme beaucoup de peuples du désert, les Touaregs au Burkina Faso se déplacent pour se nourrir et travailler. Ils vivent une vie de nomade. Être nomade, est-ce un mode de vie dont tu rêves ?

⏳ **Tu as 3 minutes pour…**
… lister les causes et les conséquences de ce mode de vie.

⏳ **Vous avez 7 minutes pour…**
… partager vos idées en groupes et les classer en deux catégories : avantages et inconvénients.

⏳ **Vous avez 10 minutes pour…**
… débattre sur le sujet. Les uns sont *pour* et les autres *contre*.

astuce Pour dire que tu n'as pas compris :
- *Excuse-moi, je n'ai pas bien compris…*
- *Pardon ?*
- *Tu peux répéter ?*
- *Qu'est-ce que tu veux dire ?*

Relève *le défi* de l'unité !

Contexte
Dans le cadre du concours « Ma ville de demain », tu es chargé(e), avec ton groupe, d'imaginer la ville souterraine de demain.

EN GROUPES • 💬 Décidez des équipements de votre ville et dessinez un plan de votre ville.

EN CLASSE • 💬 Présentez votre dessin. Décrivez votre ville et justifiez vos choix d'équipements et d'architecture.

SEUL(E) • ✏️ Dans un article de 100 mots, imagine les conséquences liées à une ville souterraine.

le mémo du défi

Décrire une ville
- ✓ La ville est composée de…
- ✓ Dans la ville, il y a…
- ✓ C'est une ville + *adjectif*

Justifier un choix
- ✓ Nous avons choisi de…
- ✓ Comme la ville est…, nous avons décidé de…
- ✓ Voici les avantages liés à notre choix…

Exprimer une conséquence
- ✓ Vivre dans une ville souterraine permet de + *verbe à l'infinitif*
- ✓ Vivre dans une ville souterraine cause + *nom*

#OPTIMISTES unité 2

LEÇON 1
EXPRIMER UN SOUHAIT
- La formation et l'utilisation du conditionnel présent
- La scolarité
- Les études

💬 **Enregistrer un podcast**

LEÇON 2
PRÉSENTER UNE PERSONNE INSPIRANTE
- La mise en relief avec *qui*
- Les qualités et compétences professionnelles

💬 **Présenter un mini-exposé**

LEÇON 3
EXPLIQUER UNE MANIÈRE DE FAIRE
- Le gérondif
- Les stages et les petits boulots

✏️ **Rédiger un article de blog**

CULTURE
Thomas Pesquet

L'EXTRAIT
Mabrouck Rachedi

LES CLÉS...
pour chercher un job sur Internet

DÉTENTE
- L'intonation de la mise en relief

Présenter un métier de rêve — Relève le défi

LEÇON 1 — EXPRIMER UN SOUHAIT

> Cahier p. 16

1 Des métiers selon mes goûts

Paul, assistant maternel

QUIZ des MÉTIERS selon mes goûts

Choisis une ou deux réponses.

1 Quelles sont tes matières préférées ?
- SVT
- géographie
- histoire
- langues vivantes
- EPS
- technologie
- physique-chimie
- maths
- langues anciennes
- français
- arts plastiques

2 Comment imagines-tu ta future vie professionnelle ?
- J'aimerais travailler en plein air.
- Je voudrais que mon travail soit utile aux autres.
- J'adorerais travailler en équipe.
- J'aimerais être mon ou ma propre patron(ne).

Sarah, conductrice routière

3 En classe, tu es un(e) élève qui…
- est à l'aise devant un PC.
- parle volontiers devant toute la classe.
- assume son rôle de délégué(e) de classe.
- ne triche jamais aux contrôles.
- aime bien aider les autres à faire leurs devoirs.
- bavarde souvent en classe.

4 Si tu devais valoriser une compétence personnelle sur ton CV, ce serait :
- J'ai déjà participé à des compétitions.
- Je m'occupe d'animaux à la maison.
- J'ai déjà participé à une action caritative.
- J'ai fait des séjours à l'étranger.
- J'ai déjà posté des vidéos sur les réseaux sociaux.
- J'ai déjà fait du baby-sitting.

---

1. Regarde les deux photos et donne une définition à chaque métier.

2. Regarde le document. Vrai ou faux ? Justifie ton choix.
   a. Ce document est un examen.
   b. Il s'adresse aux professeurs de collège.
   c. Il aide les collégiens dans leur orientation.

3. Lis le document et associe un numéro de question à son thème.

- comportement en classe
- souhaits pour l'avenir professionnel
- expériences
- domaines préférés

4. Fais le quiz.

5. À DEUX Rédige un commentaire pour un forum (60 mots) : Quel métier voudrais-tu faire plus tard ? À ton avis, tes réponses au quiz correspondent-elles à ce métier ?

LA SCOLARITÉ
les matières
les devoirs
tricher
> p. 29

BLA BLA BLA

1. MÉDIATION Choisis trois verbes pour décrire le métier de tes rêves et tes souhaits professionnels. Ces verbes correspondent-ils aussi à tes passions ?

2. 💬 EN GROUPES Discutez de vos futurs métiers. Faut-il choisir un métier en fonction de sa passion ?

2 Tu ne sais pas quoi faire plus tard ?

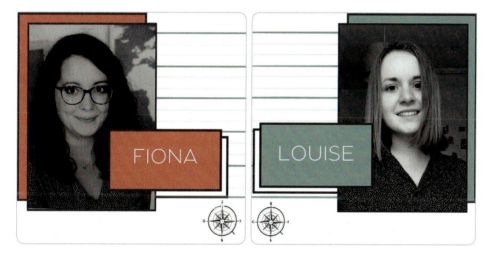

Professeur.e des écoles

PODCAST : « Quand j'serai grand »

LES ÉTUDES
s'orienter
une fac
un master
> p. 29

1. Regarde le document et fais des hypothèses : Qu'est-ce que c'est ? De quoi ça parle ? Qui sont Fiona et Louise ?

2. 🎧 9 Écoute le document.
a. Grâce à l'introduction, note deux informations sur chaque personne.
b. Indique le métier que Fiona voulait faire quand elle était petite.
c. Relève les noms de diplômes de Fiona.

3. 💬 EN GROUPES Discutez : D'après vous, Fiona est-elle heureuse de faire ce métier ? Justifiez.

LE CONDITIONNEL
J'**aimerais** bien…
Tu **pourrais** faire…
Si tu devais valoriser une compétence sur ton CV, ce **serait**…
> p. 28

3 💬 Enregistrez un podcast

À DEUX

1. Choisis une profession que tu aimes. Imagine que ton/ta voisin(e) exerce cette profession.

2. Enregistre une petite introduction pour présenter ton souhait professionnel. Puis, présente ton/ta voisin(e) et pose-lui des questions pour connaître son parcours.

EXPRIMER UN SOUHAIT
J'aimerais devenir…
J'ai toujours voulu être…
Je voudrais en savoir plus sur…
Je souhaiterais te poser des questions.

GRAMMAIRE PRATIQUE

> Révise ta grammaire p. 143

1 La formation du conditionnel présent

1. Dans le texte de la page 26, trouve quatre verbes au conditionnel présent. Indique leur infinitif.

le conditionnel = radical du futur + terminaisons de l'imparfait

2. Conjugue les verbes au conditionnel.
a. Les collégiens (*aimer*) s'informer sur les métiers.
b. Ce (*être*) intéressant d'inviter des professionnels au collège.
c. Nous (*pouvoir*) organiser l'interview d'un médecin.
d. Le médecin (*répondre*) à nos questions.
e. Vous (*faire*) des photos de l'interview.

3. Imagine les rêves de William. Écris un texte de 60 mots qui commence par « Moi, je voudrais… ». Utilise quatre verbes au conditionnel.

mémo
LA FORMATION DU CONDITIONNEL PRÉSENT

radical du futur simple + terminaisons de l'imparfait :
-ais, -ais, -ait, -ions, -iez, -aient
je parler**ais** (futur simple : je parler**ai**)

❗ Les verbes irréguliers sont les mêmes qu'au futur simple.
être : je serais
avoir : j'aurais
pouvoir : je pourrais
vouloir : je voudrais
faire : je ferais
aller : j'irais

2 L'utilisation du conditionnel présent

1. 🎧 10 Lis le mémo, écoute et indique ce que le conditionnel exprime.

2. Complète avec une hypothèse au conditionnel.
a. Si nous pouvions interroger un professionnel, …
b. Si vous aviez de bonnes notes, …
c. Si les collégiens rencontraient Fiona, …
d. Si tu te posais des questions sur ton orientation, …
e. Si j'étais bon en maths, …

3. À DEUX À l'oral, complétez.

- Si je pouvais parler toutes les langues du monde, …
- Si j'étais très riche, …
- Si j'allais à Montréal, …

mémo
L'UTILISATION DU CONDITIONNEL PRÉSENT

- **exprimer un souhait**
J'aimerais **travailler** en plein air.
- **donner un conseil**
Tu **devrais** faire ce quiz.
- **demander poliment**
Pourriez-vous répondre à nos questions ?
- **exprimer une hypothèse**
Tu **pourrais** être mieux payée.
- **exprimer une hypothèse après *si* + imparfait**
Si tu faisais un quiz sur l'orientation, cela t'**aiderait**.

3 C'est à vous !

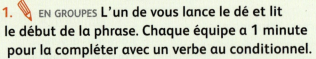

1. ✏️ EN GROUPES L'un de vous lance le dé et lit le début de la phrase. Chaque équipe a 1 minute pour la compléter avec un verbe au conditionnel.
2. Comptez les points : 1 point pour un verbe conjugué correctement, 1 point bonus si votre équipe est la seule à avoir écrit ce verbe.

 JEU

1. Si j'étais architecte, …
2. Si tu étais pilote, …
3. S'il était danseur, …
4. Si nous étions géographes, …
5. Si vous étiez médecins, …
6. Si elles étaient archéologues, …

VOCABULAIRE PRATIQUE

1 La scolarité

1. 🎧 11 Écoute et dis de quelle matière ils parlent.

2. Remplace les 🖊 par un mot du mémo.

▌ Il faut écrire : un verbe ? un nom masculin ? un nom féminin ?

Demain, j'ai une 🖊 d'histoire. Je dois 🖊 tout le chapitre sur le Moyen Âge. J'espère que je vais 🖊 et que je vais avoir une bonne 🖊 ! Pour la semaine prochaine, en histoire, je dois aussi préparer un 🖊 oral sur les châteaux forts.

3. À DEUX Comparez les différents lieux du collège en France et dans votre pays.

▌ Sur Internet, cherche des photos de ces lieux dans les collèges français.

mémo — LA SCOLARITÉ

- **les matières**
les langues (vivantes ou anciennes), la géographie, l'histoire, l'EMC, les mathématiques…

être bon(ne) en SVT ≠ être nul(le) en EPS

- **les devoirs**
une évaluation (éval) = un contrôle
un exposé

avoir de bonnes ≠ mauvaises notes
réussir ≠ rater un contrôle
réviser
tricher

- **les lieux du collège**
les salles de cours, la salle de permanence, la cantine, la cour, le préau, le gymnase, l'infirmerie…

2 Les études

1. Lis le mémo. Remplace les ★ par un verbe à l'infinitif.
a. Je voudrais devenir avocat. Je choisis de m' ★ vers une fac de droit.
b. Si mes parents n'ont pas beaucoup d'argent, je peux ★ une bourse.
c. Après le bac, beaucoup de jeunes veulent ★ des études supérieures.
d. Je dois ★ le dossier d'inscription et le renvoyer à l'école de commerce.

2. Recopie et complète le schéma avec le nom des diplômes français.

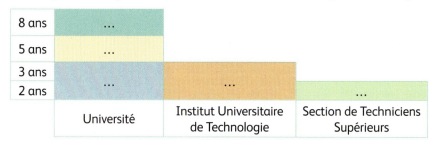

3. Imagine que tu vas faire des études supérieures en France. Écris un texte pour présenter tes futures études (60 mots).

mémo — LES ÉTUDES

une école de commerce, une fac(ulté) de droit/médecine…

être en 1re / 2e / 3e année de lettres, d'histoire…
faire des études supérieures
faire un stage
obtenir une bourse
remplir (= compléter) un dossier d'inscription
s'orienter vers…

- **des diplômes**
un B.T.S. (Brevet de Technicien Supérieur)
un B.U.T. (Bachelor Universitaire de Technologie)
une licence (bac + 3), un master (bac+5), un doctorat (bac + 8)

3 C'est à vous !

💬 À DEUX Ferme les yeux et, avec ton doigt, pointe un mot au hasard dans les mémos. Explique ce mot à ton/ta voisin(e).

CULTURE — THOMAS PESQUET

On se dit **tout** !

Regarde la photo. Tu sais qui c'est ? Si non, imagine sa profession et sa nationalité.

▶ 2 Regarde la vidéo. Note trois choses importantes et deux qualités pour être astronaute.

🌍 Connais-tu un(e) astronaute de ton pays ?

Info **culturelle** ❷

Dans l'espace, les objets flottent. Cela a une influence sur toutes les actions quotidiennes. Thomas Pesquet doit donc :
– se brosser les dents la bouche fermée et avaler le dentifrice (qui est comestible) !
– manger de la nourriture en sachets.
– garder ses vêtements le plus longtemps possible (il n'y a pas de lave-linge) avant de les jeter !

Nomme un autre problème dans l'espace.

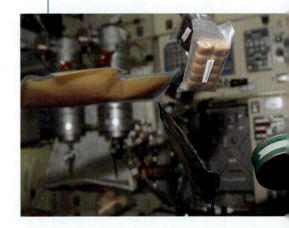

Info **culturelle** ❶

Montagnes, fleuves, mers, déserts, forêts, levers et couchers de soleils… Lors de son deuxième séjour dans la Station Spatiale Internationale, Thomas Pesquet a pris des milliers de photos de la Terre. Il en a sélectionné 300, réunies dans ce livre, pour nous faire prendre conscience de la fragilité de notre belle planète. À nous maintenant de la protéger !

Lis le résumé du livre de Thomas Pesquet. Qu'est-ce que Thomas Pesquet a photographié ? Dans quel but ?

Le coin des **francophones**

RESTER LONGTEMPS SUR LES BANCS

Regarde l'image. À ton avis, que signifie cette expression sénégalaise : faire de longues études, être très âgé **ou** être paresseux ?
Existe-t-il une expression similaire dans ta langue ?

LEÇON 2 — PRÉSENTER UNE PERSONNE INSPIRANTE

> Cahier p. 18

1 Une femme exceptionnelle

SPORTRICOLORE
@sportricolore

Stéphanie Frappart élue « Meilleure Arbitre Féminine du Monde » pour la quatrième année consécutive

Année de rêve pour notre arbitre tricolore 🇫🇷
- Finale Euro 2022
- Finale Coupe de France
- 1 match Ligue des champions
- Arbitre Central Coupe du monde

1. Regarde le tweet. Quelle est la profession de Stéphanie Frappart ? Pourquoi est-elle exceptionnelle ?

2. 🎧 12 Écoute l'interview.
a. Note ce que Stéphanie Frappart faisait avant d'être arbitre.
b. Relève cinq qualités nécessaires pour être arbitre.

3. ✏️ À ton avis, quelles sont les qualités et les compétences nécessaires pour être sportif/ive professionnel(le) ? (60 mots)

2 C'est elle qui encourage les jeunes filles.

Sophie Adenot, maman, pilote d'hélicoptère et astronaute

Elle parle couramment cinq langues et pilote des hélicoptères de l'Armée de l'air. Sophie Adenot, 40 ans, vient d'intégrer la nouvelle promotion des astronautes de l'Agence Spatiale Européenne (ESA). […]
C'est son grand-père, mécano* dans l'Armée de l'air, qui lui a transmis sa passion. […] Son rêve du spatial remonte à son plus jeune âge : « ma sœur me rappelle souvent que quand j'étais petite, le seul poster dans ma chambre était celui d'une fusée ». Tout a commencé avec « la lecture de la biographie de Marie Curie, cette grande dame qui a inspiré beaucoup de personnes ». Ensuite, à l'âge de 14 ans, le premier vol de Claudie Haigneré** a été « un réel déclic ».
[…] Les femmes scientifiques l'ont fortement influencée dans ses choix. […] Aujourd'hui, c'est elle qui encourage les jeunes filles à se lancer dans des carrières scientifiques. « Elles ont toutes les raisons d'espérer. […] Les sciences et la technologie n'ont pas de genre ».
*mécanicien **la première femme astronaute française
Camille Hazard, *Paris Match*.

QUALITÉS ET COMPÉTENCES PROFESSIONNELLES
être passionné(e)
être compétent(e)
avoir un esprit de manager
> p. 35

LA MISE EN RELIEF
C'est son grand-père **qui** lui a transmis sa passion.
C'est elle **qui** encourage les jeunes filles.
> p. 34

1. 📄 Lis l'article et dis si c'est vrai ou faux.
a. Sophie Adenot voudrait devenir astronaute.
b. Quand elle était petite, elle était passionnée par l'espace.
c. Elle admire Marie Curie.
d. Elle pense que les sciences sont un domaine plutôt masculin.

2. À quoi correspondent ces chiffres ?

3 💬 Présentez un exposé

1. À DEUX Discutez et choisissez une personne qui vous inspire. Expliquez pourquoi il/elle vous inspire (trois raisons). Choisissez une photo de cette personne.
2. Présentez votre exposé à la classe.

PRÉSENTER UNE PERSONNE INSPIRANTE
Je l'admire !
Il/Elle m'inspire parce que…
Il/Elle est déterminé(e)/passionné(e).
Il/Elle fait un métier de rêve.
C'est lui/elle qui…

L'EXTRAIT *Littéraire*

Mme Ayoun compte sur le stage d'observation en entreprise que les élèves font en troisième pour responsabiliser Amel. D'après les documents du ministère, « ce stage donne à l'élève l'occasion de découvrir le monde économique et professionnel, de se
5 confronter aux réalités concrètes du travail et de préciser son projet d'orientation ». [...] Demain, c'est la date limite pour désigner l'entreprise où chaque élève passera cinq jours. Certains l'ont trouvée dès le lendemain de l'annonce de Mme Ayoun, grâce à des parents, des amis, des connaissances. [...]
10 En revanche, Amel n'avait donné aucune nouvelle. À chaque relance de Mme Ayoun, la même promesse qu'elle s'en occuperait le lendemain. Chaque jour, elle repoussait la décision avec une excuse différente : une migraine, la visite d'un parent, une course à faire, un devoir très important à rendre... En conséquence, ce mardi
15 18 janvier, Amel est la seule élève sans affectation de stage [...].
– Demain, c'est le dernier jour pour donner son choix de stage en entreprise. Qui d'entre vous n'en a pas trouvé ? [...]
– Je vous le dirai demain. Vous allez être super étonnée !
– Je ne veux pas être étonnée, je veux juste que tu me donnes le nom
20 de l'entreprise.
– Promis, vous saurez tout demain !

Mabrouck Rachedi, *Classe à Part*, L'école des loisirs.

1. a. Regarde la couverture et décris l'illustration.
b. Lis l'extrait. À ton avis, qui est Mme Ayoun ? Qui est Amel ?

2. Relis et réponds.
a. Pourquoi les élèves de troisième doivent-ils faire un stage ?
b. Où et pendant combien de temps a lieu ce stage ?
c. Que doivent faire les élèves le lendemain, le mercredi 19 janvier ?

3. MÉDIATION Quel est le problème d'Amel ? As-tu déjà vécu ce type de situation ? Raconte.

MOT À MOT

1. Relis le dialogue entre Mme Ayoun et Amel. Repère la ponctuation et imagine leurs sentiments.

2. Nous sommes le mercredi 19 janvier. Amel annonce à Mme Ayoun où elle va faire son stage. Imagine et écris le dialogue.

LEÇON 3 — EXPLIQUER UNE MANIÈRE DE FAIRE

> Cahier p. 20

1 Au travail !

○ Haïti   ○ La vie à Montréal   ○ Mon parcours   ○ Mes projets

NINA Une Haïtienne à Montréal

Au boulot les filles !
Au Canada, la plupart des jeunes de 15 ans travaillent, c'est absolument légal et normal. Moi, je voulais un boulot qui m'intéresse, pas seulement pour avoir de l'argent de poche. Vous savez que j'adore les sciences. Alors, j'ai postulé au laboratoire de l'université de Montréal en envoyant un CV et une lettre de motivation. Et je n'ai pas eu de réponse… Mais vous savez aussi que je suis têtue et travailleuse. Alors j'ai demandé une lettre de recommandation à Madame Leblanc, ma prof principale (super sympa !) et j'ai renvoyé ma candidature. Et j'ai eu un poste d'assistante de laboratoire ! En insistant, on peut tout obtenir.
Et le mieux dans l'histoire, c'est que ma copine Juliette a aussi trouvé du boulot à la bibliothèque de l'université !

LES STAGES ET LES PETITS BOULOTS
postuler
un CV
une lettre de motivation
une candidature
> p. 35

1. Regarde le document et réponds.
a. Quel est le type de document ?
b. Qui a écrit ? De quelle origine est-elle ? Où habite-t-elle ?

2. 📄 **Lis le texte et réponds.**
a. Où Nina va-t-elle travailler ? Quel métier va-t-elle découvrir ?
b. Qu'a-t-elle envoyé pour obtenir ce poste ?

LE GÉRONDIF
en envoyant un CV
en allant sur le site
en insistant
> p. 34

3. 💬 À DEUX **Faites des recherches et discutez :** Dans votre pays, est-il légal de travailler quand on a 15 ans ? Quel type de métier peut-on faire quand on est mineur ?

2 Trouver un stage

1. Regarde le document et présente l'association « Viens voir mon taf ».

2. 🎧 13 **Écoute et indique :**
a. trois exemples de métiers proposés sur le site.
b. le métier que Marwa voudrait faire.
c. la manière de trouver ces offres de stage.

L'ASSO · NOS ACTIONS · L'ACTU · ✔ NOUS SOUTENIR
VIENS VOIR MON TAF
Le réseau des jeunes sans réseau
Stages pour élèves de 3ᵉ qui ont besoin d'un coup de pouce 👍

3 ✏️ Rédige un article de blog

1. Liste les manières de trouver un petit boulot ou un stage.

2. Rédige un article de blog pour les jeunes qui cherchent un petit boulot ou un stage. Tu peux illustrer ton article.

EXPLIQUER UNE MANIÈRE DE FAIRE
Si tu vas sur Internet, tu peux trouver des offres de …
Tu pourras obtenir ce poste en ….
En insistant, on …

GRAMMAIRE PRATIQUE

> Révise ta grammaire p. 143

1. La mise en relief avec *qui*

1. 🎧 14 Écoute et dis dans quelles phrases le sujet est mis en relief.

2. Transforme les phrases avec les deux formes de mise en relief.
Exemple : *Stéphanie Frappart va arbitrer le match.*
→ *C'est Stéphanie Frappart qui va arbitrer le match.*
→ *Celle qui va arbitrer le match, c'est Stéphanie Frappart.*
a. Mon professeur de maths m'a aidé à trouver un stage.
b. L'informatique me plaît beaucoup.
c. Sophie Adenot est entrée à l'Agence Spatiale Européenne.

3. À DEUX Répondez en utilisant la mise en relief et comparez vos réponses.

- Qui est ton/ta sportif/ive préféré(e) ?
- Qu'est-ce qui te passionne ?
- Qui est-ce qui t'inspire ?

mémo

LA MISE EN RELIEF AVEC QUI

Pour donner de l'importance au sujet de la phrase :

• *C'est / Ce sont* + sujet du verbe + *qui* + verbe
C'est son grand-père **qui** lui a transmis sa passion.
Ce sont ses profs **qui** ont trouvé son stage.

• *Ce qui* + verbe, *c'est* + sujet du verbe (pour des choses)
Ce qui me passionne, **c'est** la danse.

• *Celui/Celle/Ceux/Celles qui* + verbe, *c'est / ce sont* + sujet du verbe (pour des personnes)
Celles qui m'ont inspirée, **ce sont** mes sœurs.

2. Le gérondif

1. Lis, repère le gérondif et trouve l'infinitif du verbe.

▌ gérondif = *en* + radical du verbe (*nous*) *-ant*

a. En apprenant tes leçons, tu réussiras ton contrôle.
b. Ils ont choisi leur orientation en répondant au quiz de l'ONISEP.
c. J'étais surprise en voyant cette offre de stage.
d. En ayant de bonnes notes, elle obtiendra son diplôme.

2. Complète avec un gérondif.
a. Thomas Pesquet montre la fragilité de la Terre (*prendre*) des photos.
b. Sophie Adenot s'est intéressée aux sciences (*lire*) la biographie de Marie Curie.
c. Nina a trouvé du boulot (*écrire*) au laboratoire.
d. Marwa a eu un déclic (*faire*) son stage de 3e.

3. Comment devenir bon(ne) en français ? en maths ? en dessin ?
Réponds en utilisant le gérondif pour exprimer la manière.

mémo

LE GÉRONDIF

• pour exprimer la simultanéité
Il travaille **en écoutant** de la musique.

• pour exprimer la manière
J'ai trouvé un stage **en regardant** ce site.

• pour exprimer l'hypothèse
En envoyant des CV, on aura des chances de trouver un boulot.

• *en* + radical du verbe au présent à la 3e pers. du plur. + *-ant*
Il faut postuler **en envoyant** son CV.

❗ être : étant
avoir : ayant

3. C'est à vous !

À DEUX Discutez et associez les étiquettes pour trouver un maximum de possibilités.

- avoir de bonnes notes
- vivre dans l'espace
- devenir arbitre
- trouver un petit boulot

- en rencontrant des professionnels
- en jouant au foot
- en lisant des livres
- en étant sportif

VOCABULAIRE PRATIQUE

1 Les qualités et compétences professionnelles

1. Lis le mémo et trouve l'adjectif qui correspond à la définition.

❗ Attention au masculin et féminin !

a. Il adore ce qu'il fait.
b. Elle veut réussir.
c. Il est strict, dur.
d. Elle explique clairement.
e. Il n'est jamais fatigué.

2. Retrouve les adjectifs qui correspondent à ces noms.
Exemple : *la résistance* → *résistant(e)*

a. la concentration
b. l'autonomie
c. la compétence
d. l'ambition
e. la psychologie

3. À DEUX Quelles qualités et compétences sont nécessaires pour les activités sur ces photos ? Discutez.

mémo

LES QUALITÉS ET COMPÉTENCES PROFESSIONNELLES

• **les qualités**
être ambitieux/euse
être autonome
être compétent(e)
être concentré(e)
être exigeant(e)
être passionné(e)
être pédagogue
être psychologue
être résistant(e)

• **les compétences professionnelles**
être bon manager
être capable de travailler en équipe, de parler en public…
parler plusieurs langues

2 Les stages et les petits boulots

1. Remplace les 💼 par un mot du mémo.

Gaspard a signé un 💼 pour un emploi 💼. Au mois de février, il va travailler comme vendeur dans un magasin de skis. Sa sœur, Pauline, est étudiante en droit. Elle voudrait effectuer un 💼 de 2 semaines chez un avocat. Elle sait que le cabinet d'avocats près de chez elle recherche des 💼, alors elle a envoyé sa 💼.

2. Remets les étapes dans l'ordre.

- Passer un entretien d'embauche.
- Écrire son CV et sa lettre de motivation.
- Envoyer sa candidature.
- Consulter les offres d'emploi.
- Être embauché(e).

3. As-tu déjà fait un stage ou un petit boulot ? Raconte.

mémo

LES STAGES ET LES PETITS BOULOTS

un CV (Curriculum Vitae)
un emploi saisonnier
un job d'été
une lettre de motivation
une lettre de recommandation
un maître de stage
une offre d'emploi / de stage
postuler = envoyer sa candidature
un petit boulot
un poste
un(e) stagiaire

effectuer (= faire) un stage
être embauché(e)
passer un entretien d'embauche
signer un contrat de travail
travailler comme assistant(e), serveur/euse…

3 C'est à vous !

✏️ À DEUX Faites la liste des qualités d'un(e) « Super prof ».

LES CLÉS...
...pour chercher un job sur Internet

Je découvre des réseaux et des lois

Lis ces noms de réseaux sociaux. Lequel est le plus adapté pour trouver un travail ?

WhatsApp   Instagram   Snapchat   LinkedIn   TikTok

À DEUX Lisez les informations de ce site internet. Regardez les logos. Selon vous, le site est-il fiable ? Vérifiez !

Pôle emploi.fr › entreprise › particulier

VOUS AVEZ MOINS DE 16 ANS

Âge	Jeunes de 14 et 15 ans
Durée maximale de travail	7h/j – 35h par semaine
Conditions particulières	Période de vacances scolaires Travail < la moitié des vacances scolaires ex : 15j de vacances, 7j de travail maximum
Heures supplémentaires	5h. max
Pause journalière	30 min. toutes les 4h30
Repos quotidien	14h consécutives (= à la suite)
Repos hebdomadaire	2 jours de repos consécutifs
Travail de nuit	Vous n'êtes pas autorisé à travailler entre 20h et 6h.
Rémunération	80 % du Salaire Minimum (SMIC)* *1353 € net/mois/temps plein au 1er janvier 2023

www.pole-emploi.org

LA CLÉ
Pour chercher un job sur Internet, il faut :
- être sur un réseau adapté
- connaître la loi liée à son âge
- aller sur un site fiable

J'apprends à avoir une attitude critique

Lis ces trois petites annonces et vérifie-les grâce au document de l'activité précédente. Est-ce que tu peux postuler ? Justifie ton choix.

a. Recherche jeune de 14-15 ans pour garder mon chat au mois de juillet ➡ 7j/semaine – 1090€ net

b. Recherche jeune de 14-15 ans pour garder ma fille de 6 ans la nuit ➡ 35h/semaine – 300€ net/semaine

c. Recherche jeune de 14-15 ans pour faire le ménage pendant les 2 semaines des vacances de février ➡ 35h/semaine – 550€ net/2 semaines

LA CLÉ
Pour avoir une attitude critique, il faut :
- comparer des annonces
- évaluer l'information (la source, la loi, etc.)

Je sais chercher un job sur Internet

À DEUX

➡ **1** L'un(e) de vous crée un profil sur papier. Il/Elle indique être disponible pour un job.

➡ **2** L'autre imagine et rédige une petite annonce d'emploi.

➡ **3** Il/Elle envoie l'annonce à son/sa voisin(e)

➡ **4** Le/La candidat(e) doit avoir l'esprit critique !

DÉTENTE

UNITÉ 2

Seth, *Babel*, école de Popasna, Ukraine.

❶ OBSERVE

1. Regarde la photo et lis la légende. C'est où ? À quoi te fait penser le mot du titre de l'œuvre ?

2. Dis tous les mots qui te passent par la tête quand tu regardes cette photo.

❷ RÉAGIS

1. Qu'est-ce que l'artiste a voulu montrer ? Complète les étiquettes.

> C'est … qui permet d'être libre.
>
> Ce qui fait grandir, c'est … .
>
> Ce sont … qui font rêver !

2. 🎧 15 Écoute. Quel mot est mis en relief ? La voix est plus forte ou moins forte ? Comment est la syllabe finale ?

3. Répète les phrases de l'audio en insistant sur le mot en relief.

L'INTONATION DE LA MISE EN RELIEF

Quand on met un mot en relief, la voix est plus forte et la syllabe finale du mot est plus longue.

❸ AMUSEZ-VOUS !

À DEUX

1. Qu'est-ce qui vous fait rêver ? À vos crayons ! Dessinez vos rêves. Ici, l'artiste représente le rêve par un vortex multicolore mais vous pouvez imaginer autre chose.

2. À l'oral, présentez votre œuvre au groupe voisin.

trente-sept 37

POUR ou CONTRE ?

Faire un stage obligatoire à 14 ans.

CONTEXTE
En France, tous les élèves de 3e doivent faire un stage d'observation d'une semaine dans une entreprise. Est-ce une bonne mesure ?

 Tu as 3 minutes pour…
… lister des exemples de stage d'observation et leurs avantages (pour les élèves et pour les entreprises).

 Tu as 7 minutes pour…
… réfléchir aux difficultés et aux inconvénients de cette mesure (pour les élèves et pour les entreprises).

 Vous avez 10 minutes pour…
… débattre. Certains jouent le rôle des élèves, d'autres jouent le rôle des chefs d'entreprise.

astuce Introduire un exemple
- Je vais prendre un exemple…
- Je vous donne un exemple : …
- On peut prendre l'exemple de…
- C'est comme… qui…
- Ça me fait penser à…

Relève *le défi* de l'unité !

CONTEXTE
Dans le cadre d'un forum organisé par le collège, tu dois présenter un projet de groupe intitulé « Le métier de nos rêves ».

EN GROUPES • 💬 Chacun présente une personne inspirante et son métier. Puis, mettez-vous d'accord sur un métier qui inspire votre groupe.

EN CLASSE • 💬 **Présentez le métier que vous souhaitez faire et justifiez votre choix.**

SEUL(E) • ✏️ Explique quelles qualités et compétences sont nécessaires pour faire ce métier et comment tu peux trouver un emploi.

le mémo du défi

Présenter une personne inspirante
- ✓ C'est lui/elle qui m'a donné envie de devenir…
- ✓ Je l'admire !
- ✓ Il/Elle m'inspire parce que…

Exprimer un souhait
- ✓ Nous aimerions être…
- ✓ Nous voudrions travailler comme…
- ✓ Si nous étions…, nous pourrions…
- ✓ Si nous devenions…, nous travaillerions avec…

Expliquer une manière de faire
- ✓ Si je suis…, je pourrai faire ce métier.
- ✓ Il faut être capable de… sinon…
- ✓ Je trouverai un poste en envoyant… / en faisant…

PRÉPARE LE DELF

Compréhension de l'oral

9 points

🎧 16 **Vous écoutez la radio.**
Lisez les questions. Écoutez le document puis répondez.

1. Selon la journaliste, quel est l'avantage de l'apprentissage ? • 1,5 point
   A. Il aide à trouver du travail après les études.
   B. Il permet de commencer à gagner de l'argent.
   C. Il est plus facile que les formations universitaires.

2. Qui est Amine Djemad, l'invité de cette émission ? • 1 point
   A. Le patron d'une petite entreprise.
   B. Le chef d'un établissement scolaire.
   C. Le responsable d'un centre d'orientation.

3. Qu'explique Amine Djemad au sujet de l'apprentissage ? • 1,5 point
   A. Qu'on peut ainsi découvrir des professions très variées.
   B. Que c'est disponible dans un grand nombre de collèges.
   C. Qu'il faut avoir de bonnes notes pour suivre cette formation.

4. Selon Amine Djemad, qu'est-ce que les jeunes de moins de 15 ans peuvent faire ? • 1,5 point
   A. Réaliser des stages en entreprise.
   B. Commencer une formation en apprentissage.
   C. Participer à une journée de visite d'une société.

5. Qu'est-ce qui est important pour qu'un élève soit bien en apprentissage ? • 1,5 point
   A. Ses résultats à l'école.
   B. Son expérience en stage.
   C. Son envie d'apprendre le métier.

6. Selon Amine Djemad, de quoi ont peur certains jeunes au sujet de l'apprentissage ? • 1 point
   A. De devoir faire un travail trop dur.
   B. De manquer de temps libre pour leurs loisirs.
   C. D'avoir des difficultés à faire équipe avec des adultes.

7. D'après Amine Djemad, comment l'entreprise organise-t-elle le travail de l'apprenti ? • 1 point
   A. Elle adapte son emploi du temps.
   B. Elle demande à un salarié de le guider.
   C. Elle sélectionne des missions plus simples.

PRÉPARE LE DELF

Compréhension des écrits

8 points
(0,5 point par bonne réponse)

Vous souhaitez faire un séjour linguistique en France pour découvrir le pays et améliorer votre français. Vous recherchez un programme qui correspond aux critères suivants :
- hébergement en famille d'accueil ;
- cours de langue en centre ;
- activités culturelles l'après-midi ;
- excursions le week-end.

Vous comparez ces annonces. Pour chaque annonce, dites si oui ou non cela correspond aux critères.

Les petites annonces

CAMP D'ÉTÉ À BIARRITZ

Passez votre été au soleil à Biarritz pour des vacances inoubliables. Vous logerez sur un campus moderne avec les autres élèves, dans des chambres de deux ou de quatre personnes et vous prendrez vos repas entre amis à la cafétéria. Le matin, vous suivrez les cours de français en classe, dans un groupe de 10 à 12 personnes. En deuxième partie de journée, vous pratiquerez des sports nautiques : surf, planche à voile…

☞ Si vous le souhaitez, vous pourrez également partir à la découverte du Pays-Basque pendant les sorties du week-end.

Camp d'été à Biarritz

	OUI	NON
1. Hébergement en famille d'accueil	☐	☐
2. Cours de langue en centre	☐	☐
3. Activités culturelles l'après-midi	☐	☐
4. Excursions le week-end	☐	☐

Les petites annonces

UN ÉTÉ POUR PROGRESSER

Vous souhaitez améliorer rapidement votre français ? Venez passer votre été chez un professeur de français et sa famille. Pendant trois semaines, vous vivrez dans une famille française et y prendrez des cours de langue avec un professeur expérimenté. Après les cours individuels du matin (3 heures par jour en semaine), votre professeur et ses proches vous feront découvrir leur ville et leur région. Vous participerez également aux activités quotidiennes de la famille, comme la préparation des repas ou les activités de détente (films, jeux de société, jardinage…), selon vos goûts.

Un été pour progresser

	OUI	NON
5. Hébergement en famille d'accueil	☐	☐
6. Cours de langue en centre	☐	☐
7. Activités culturelles l'après-midi	☐	☐
8. Excursions le week-end	☐	☐

Les petites annonces

COURS DE FRANÇAIS EN NORMANDIE

À une heure de train de Paris, dans la jolie ville de Rouen, notre école vous attend !

➜ Vous pourrez y suivre chaque jour jusqu'à 6 heures de cours (selon les formules) avec d'autres ados venant de tous les pays du monde. L'après-midi, vous pourrez participer à différents ateliers (cuisine, musique, théâtre, visites…) que nous organiserons.

➜ Chaque week-end, il vous sera possible de participer à une sortie sur la journée, pour découvrir les sites touristiques de la région.

➜ Sur demande, vous pourrez aussi séjourner chez des habitants de la ville.

Cours de français en Normandie

	OUI	NON
9. Hébergement en famille d'accueil	☐	☐
10. Cours de langue en centre	☐	☐
11. Activités culturelles l'après-midi	☐	☐
12. Excursions le week-end	☐	☐

Les petites annonces

RENDEZ-VOUS EN ALSACE

Retrouvez-nous cet été à Strasbourg pour apprendre le français !

➜ Nous vous proposons des stages de langue de 2 à 6 semaines, au cœur de la capitale alsacienne. Notre formule comprend des cours en groupe le matin. Vous pourrez étudier le français avec des professeurs dynamiques et compétents.

➜ Après le déjeuner, vous pourrez participer, selon vos envies, à différentes activités : visites de musées, cours de théâtre, atelier photo…

➜ Pendant la durée du séjour, vous logerez chez l'habitant. Vous découvrirez ainsi le quotidien des Strasbourgeois pour une expérience unique !

Rendez-vous en Alsace

	OUI	NON
13. Hébergement en famille d'accueil	☐	☐
14. Cours de langue en centre	☐	☐
15. Activités culturelles l'après-midi	☐	☐
16. Excursions le week-end	☐	☐

PRÉPARE LE DELF

Production écrite

25 points

Vous recevez ce courriel d'Antonin, votre ami français.

> Coucou, comment vas-tu ?
> Tu sais, je finis bientôt le collège et je dois réfléchir à la suite de mes études. Je voudrais étudier la mécanique. Je pourrais aller dans un lycée professionnel une semaine par mois et travailler le reste du temps. Comme ça, dans 3 ans, j'aurai mon métier. Qu'est-ce que tu en penses ? Quelles études aimerais-tu faire ?
> Réponds-moi vite,
> Antonin.

Vous répondez à Antonin. Vous lui donnez votre opinion et vous lui parlez de vos expériences et de votre projet d'études.

160 mots minimum

Production orale

25 points

● **Exercice 1** Exercice en interaction

Vous passez quelques jours chez un ami québécois, à Montréal. Votre ami souhaite passer la journée à la piscine, mais vous préférez découvrir la ville. Vous lui expliquez pourquoi vous voulez visiter sa ville avec lui.

L'examinateur joue le rôle de votre ami.

● **Exercice 2** Expression d'un point de vue

Vous dégagez le thème soulevé par le document et vous présentez votre opinion sous la forme d'un exposé personnel de 3 minutes environ. L'examinateur peut vous poser quelques questions.

Les « journées avenir professionnel »

Maintenant, en France, dès la classe de 5e les collégiens peuvent commencer à penser à leur avenir professionnel : les adolescents rencontrent et discutent avec des professionnels, dans leur collège ou dans les entreprises. L'objectif de ces « journées avenir professionnel » est de faire découvrir aux jeunes de nouveaux centres d'intérêt et de les aider à construire un projet de métier. Ensuite, les collégiens pourront réaliser de courts stages pour découvrir les professions qui les intéressent. Pour les professeurs, comme pour les élèves, les avis sont partagés. Pour certains, c'est du temps perdu pour l'étude des matières générales, comme le français, les mathématiques ou l'histoire. Au contraire, pour d'autres, c'est une très bonne manière de faire le lien entre les matières étudiées à l'école et l'utilisation de ces connaissances dans la vie d'adulte.

#ENGAGÉS

unité 3

LEÇON 1
EXPRIMER UNE OBLIGATION
- Le subjonctif présent
- La nécessité avec le subjonctif
- Les préjugés
- La discrimination

✏ Rédiger une charte contre les préjugés

LEÇON 2
DÉFENDRE UNE CAUSE
- La place et le sens des adjectifs
- L'humanitaire

✏ Faire une affiche sur une association

LEÇON 3
DONNER SON OPINION
- L'opposition
- Des chanteurs engagés

💬 Créer un podcast

CULTURE
Des associations

L'EXTRAIT
Jean D'Amérique

LES CLÉS...
pour vaincre les préjugés

DÉTENTE
- La liaison

Faire une vidéo pour présenter un projet — Relève *le défi*

LEÇON 1 — EXPRIMER UNE OBLIGATION

> Cahier p. 26

1. Les filles aussi jouent au foot !

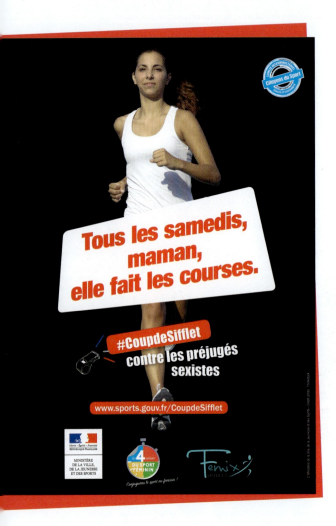

Les filles gagnent du terrain

« Quand on arrive, il y a souvent des garçons en train de jouer. On les vire, ils râlent mais il faut qu'ils comprennent que le city stade est à tout le monde. », raconte Nakim. À 18 ans, elle est la coache sportive de Sine Qua Non FC, qui organise des sessions de deux heures à Paris et en proche banlieue. Tous les 15 jours, elle encadre une dizaine d'adolescentes de 13-14 ans dans le 11e arrondissement. Amina n'en raterait une pour rien au monde ! « Le foot, ça m'a donné confiance. Au début, j'étais surtout goal mais, maintenant, je joue aussi en défense. Les garçons, quand ils voient des filles avec un ballon, ils disent qu'elles sont nulles sans savoir. Il faut forcer jusqu'à ce qu'ils acceptent que nous, les filles, on peut jouer aussi. » Kenza est la seule à s'être inscrite dans un vrai club en parallèle : « Le foot m'a permis de plus m'affirmer. Je n'ai plus peur de jouer devant plein de monde ni de dire aux garçons ce que je pense. »

SESSION MIXTE

« Vas-y, passe le ballon ». Les joueuses courent, font des passes, marquent des buts. Ça s'interpelle, ça crie, ça rit... En décembre dernier, privées de session, à cause du froid, elles sont quand même allées au city stade. Avec l'aide d'un éducateur de l'Association du quartier Saint-Bernard, elles ont proposé aux garçons de jouer face à eux. « Il a dû les motiver un peu. Quand c'est dans les city stades, ils prennent le foot vraiment au sérieux et préfèrent jouer entre eux », résume Sarah, avant de se féliciter en souriant : « Ce jour-là, on a fait trois matchs en trois points et on les a mis à terre* ! »

> Boxe, course à pied, football... l'association Sine Qua Non pousse les femmes et les filles à prendre leur place dans l'espace public grâce au sport.

*ici : on a gagné

Le Monde des ados n° 510

1. Regarde l'affiche. Lis et explique le slogan. Fais le lien avec le titre de l'unité « #engagés ».

2. Lis cet article et réponds.
a. Qui est Nakim ? Contre quoi doit-elle lutter ?
b. Qu'est-ce que le foot apporte à ces filles ?
c. Comment les garçons ont réagi quand les filles ont proposé de jouer ensemble ? Qui a gagné ?

3. Écris un article pour le journal du collège (80 mots) :
Selon toi, est-ce qu'il y a des sports réservés aux filles et des sports réservés aux garçons ?

LES STÉRÉOTYPES

un préjugé sexiste
s'affirmer
gagner du terrain
prendre sa place

> p. 47

UNITÉ 3

BLA BLA BLA

1. EN GROUPES **Discutez :** Selon vous, dans quels domaines existe-t-il des préjugés : scolaire, professionnel, sportif, médical, etc. ? Pour quelles raisons ?

2. MÉDIATION **Prenez des notes de votre discussion pour ensuite présenter vos réflexions à la classe.**

2 En tant que femme, il faut qu'on se batte.

Louise et sa professeure

1. Regarde la photo, décris-la et imagine la situation.

2. 🎧 17 Écoute le document et réponds.
a. Quel est le problème ?
b. Quelles études veut faire Louise ?
c. Quelles sont ses difficultés ?

3. Réécoute et présente les résultats de l'étude. Puis, donne ton opinion sur cette étude.

4. 💬 EN GROUPES **Débattez :** « En tant que femme, il faut que tu saches que tu vas devoir te battre. » Es-tu d'accord ? Selon toi, il faut que les femmes se battent contre quoi ?

LE SUBJONCTIF

Il faut qu'ils **comprennent**.
Il faut qu'on **se batte**.
Il faut que tu **saches**.
> p. 46

3 ✏️ Rédigez une charte contre les préjugés

À DEUX

1. Listez les préjugés que vous avez sur les métiers. À votre avis, par qui sont-ils véhiculés ?

2. Rédigez une charte de 10 actions pour lutter contre ces préjugés.

EXPRIMER UNE OBLIGATION

Il faut éviter de + *infinitif*
Il (ne) faut (pas) qu'on + *subjonctif*
Nous devons faire attention à…
Les jeunes doivent + *infinitif*

GRAMMAIRE PRATIQUE

> Révise ta grammaire p. 143

1. La formation du subjonctif présent

1. Complète avec le verbe au présent puis au subjonctif.
a. parler → nous … → Il est nécessaire que nous … des stéréotypes.
b. juger → ils … → Il ne faut pas que tu … sans connaître.
c. sensibiliser → nous … → Il est important que vous … au respect de chacun.
d. réussir → ils … → Il faut que je … à déconstruire mes idées reçues.
e. apprendre → elles … → Il faut qu'on … à inverser la tendance.

2. Conjugue les verbes entre parenthèses au subjonctif présent.
a. Il est nécessaire que les inégalités hommes/femmes (*disparaître*).
b. Il faut que nous (*se battre*) contre les stéréotypes.
c. Il est important que les jeunes (*ne pas avoir*) d'idées préconçues.
d. On a besoin que les filles (*s'investir*) davantage dans les domaines scientifiques.
e. Il ne faut pas qu'on (*véhiculer*) autant de clichés.

3. Quels sont tes souhaits (environnement, études, égalité, etc.) pour les générations futures (60 mots) ?
Pour les générations futures, il faut que…

mémo
LA FORMATION DU SUBJONCTIF PRÉSENT

• pour *je, tu, il(s)/elle(s)/on* : radical du présent de l'indicatif à la 3ᵉ pers. du plur. + *-e, -es, -e, -ent*
prendre : ils **prenn**ent → que je **prenne**

• pour *nous* et *vous* : radical du présent de l'indicatif à la 1ʳᵉ pers. du plur. + *-ions, -iez*
prendre : nous **pren**ons → que nous **prenions**

❗ Il y a des verbes irréguliers :
être : que je sois, que vous soyez…
avoir : que j'aie, que vous ayez…
faire : que je fasse, que vous fassiez…
pouvoir : que je puisse, que vous puissiez…
savoir : que je sache, que vous sachiez…

2. La nécessité avec le subjonctif

1. Reformule ces phrases avec *il faut que* et le subjonctif.
Exemple : *Nous devons faire attention aux préjugés.* → *Il faut que nous fassions attention aux préjugés.*
a. Nous devons éviter les idées préconçues.
b. Les filles doivent oser les études scientifiques.
c. Les jeunes doivent pouvoir dire ce qu'ils pensent.
d. Les filles doivent prendre leur place.
e. Nous ne devons pas juger sans connaître.

2. Complète.
▌ *Il faut que* + subjonctif
a. Pour gagner du terrain, il est nécessaire que les filles…
b. Il ne faut pas que les ados… mais il faut qu'ils…
c. Il est important que les parents…
d. Pour déconstruire les stéréotypes, on a besoin que…

3. À DEUX Que faut-il faire pour éviter de véhiculer des clichés ? Discutez.

mémo
LA NÉCESSITÉ AVEC LE SUBJONCTIF

Pour exprimer la nécessité :

• *Il faut* + infinitif
Il faut **déconstruire** nos préjugés.

• *Il faut que* + subjonctif
Il faut que nous **déconstruisions** nos préjugés.
Il ne faut pas que tu **juges** sans connaître.

• *Il est nécessaire/important que* + subjonctif
Il est important que nous ne **véhiculions** pas de clichés.

• *On a besoin que* + subjonctif
On a besoin que tout le monde **déconstruise** les stéréotypes.

3. C'est à vous !

💬 **À DEUX** L'un(e) de vous donne un problème. L'autre trouve une solution et utilise le subjonctif.
Exemple : *Il a peur de l'eau.* → *Il faut qu'il apprenne à nager.*

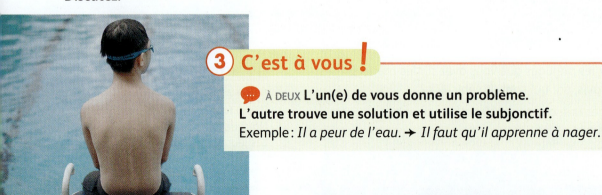

VOCABULAIRE PRATIQUE

1 Les préjugés

1. Ces actions sont-elles positives ou négatives ?

- véhiculer un stéréotype
- déconstruire un stéréotype
- casser les préjugés
- juger quelqu'un
- reproduire un stéréotype
- questionner un stéréotype
- inverser la tendance
- classer les gens

2. Remplace les 🧠 par des éléments du mémo.

Il peut y avoir plusieurs réponses possibles.

Un stéréotype est une idée toute faite : un 🧠 associé à une personne ou un groupe de personnes. Il est normal d'en avoir mais il est important de les 🧠 pour ne pas les 🧠 et ainsi éviter de 🧠 une étiquette sur les gens. Pour cela, par exemple, on peut éviter de porter un 🧠 de valeur avant de connaître mais aussi faire ce dont on a envie sans se soucier du regard des autres. C'est une bonne manière d'🧠 la tendance.

3. EN GROUPES Selon toi, quels sont les clichés associés à la France et aux Français ? Lesquels sont positifs, négatifs ? Discutez.

mémo — LES PRÉJUGÉS

un a priori
un cliché
une idée toute faite = un préjugé
un jugement de valeur
un stéréotype

classer, catégoriser
construire ≠ déconstruire
inverser la tendance
juger qqn/qqch
mettre qqn dans une case = poser une étiquette sur qqn
pousser qqn à + *infinitif*
reproduire
se battre pour/contre qqch
véhiculer

2 La discrimination

1. Associe chaque définition à un mot du mémo.
a. L'hostilité envers quelqu'un car il est étranger.
b. Le fait de penser que certaines personnes sont supérieures à d'autres.
c. La discrimination basée sur le fait que c'est un homme ou une femme.
d. Le fait de rendre quelqu'un attentif à une cause.
e. Le fait d'exclure quelqu'un.

2. 🎧 18 Écoute et associe chaque situation à une étiquette.

- blesser quelqu'un
- rejeter quelqu'un
- prendre la parole
- prendre sa place
- faire changer les mentalités

3. Dans ton pays, est-ce qu'il y a des sports où les filles ou les garçons sont sur-représentés ? Comment les jeunes choisissent leurs loisirs ? (60 mots)

mémo — LA DISCRIMINATION

la haine
le racisme
le rejet
le sexisme
la xénophobie

avoir le droit de + *infinitif*
blesser quelqu'un
faire changer les mentalités
gagner du terrain
prendre la parole
prendre sa place
être hostile envers qqn
être témoin/victime de discrimination
rejeter qqn
s'accaparer qqch
s'affirmer
sensibiliser qqn à qqch

3 C'est à vous !

✏️ À DEUX Écrivez des slogans pour lutter contre les discriminations (sexistes, racistes, xénophobes, etc.)

CULTURE DES ASSOCIATIONS

On se dit **tout** !

▶ **3 Regarde la vidéo. Que font les bénévoles d'Oxfam dans les festivals ?**

🌍 **L'association Oxfam existe-t-elle dans ton pays ? Les jeunes sont-ils engagés ? Pour quelles causes ?**

Info **culturelle** ❶

En France, il existe plus d'1,4 million d'associations.

Connais-tu ces associations ? Fais des recherches sur ces cinq associations et associe chacune à sa lutte : santé, protection de la nature, pauvreté et exclusion, protection des animaux.

Info **culturelle** ❷

L'association « Les restos du cœur » a été créée en 1985 par Coluche. Ses actions sont nombreuses : le logement, l'aide alimentaire, l'insertion par emploi, etc. Plusieurs artistes français participent aux concerts des « Enfoirés ». L'argent récolté va à l'association.

Cherche sur Internet et écoute « La chanson des restos » des Enfoirés.

AVOIR LE CŒUR SUR LA MAIN

Le coin des **francophones**

À DEUX Regardez l'image. À votre avis, que signifie cette expression française : être généreux, être en bonne santé **ou** être très manuel ?
Proposez un dessin pour cette autre expression française : mettre la main à la pâte.

48 quarante-huit — activité interactive

LEÇON 2 — DÉFENDRE UNE CAUSE

UNITÉ 3

> Cahier p. 28

1 Idées reçues sur l'humanitaire

IDÉES REÇUES SUR L'HUMANITAIRE

1. Tout le monde peut être bénévole et apporter son aide dans un pays qui en a besoin.
2. L'abbé Pierre est un grand homme : toute sa vie il a aidé les personnes les plus pauvres.
3. Je décide de donner des cours de français ou de planter des arbres dans un pays qui en a besoin : je suis un professionnel de l'humanitaire.
4. Un professionnel humanitaire est salarié : il reçoit un salaire pour son travail.
5. Si je paie pour faire du volontariat à l'étranger, c'est de l'humanitaire.

Solutions • 1. VRAI : L'aide de chacun est appréciée. • **2.** VRAI : Il a par exemple créé l'association Emmaüs. • **3.** FAUX : Pour être un professionnel dans l'humanitaire, il faut des compétences particulières et une formation (ex. : médecin, enseignant). **4.** VRAI : C'est un vrai emploi. Les médecins, par exemple, sont payés pour leur travail. **5.** FAUX : Faire payer des gens pour faire des « missions humanitaires », c'est du volontourisme.

1. Connais-tu des actions humanitaires ? Lesquelles ?
2. 📄 Lis ce document et fais le quiz. Puis, vérifie tes réponses et parles-en avec ton/ta voisin(e).
3. Que signifie « L'abbé Pierre est un grand homme » ?

> **L'HUMANITAIRE**
> la solidarité
> apporter son aide
> faire du volontariat
> tendre la main
> > p. 53

2 Des jeunes qui s'engagent au collège.

1. a. Regarde l'infographie et nomme les motivations à s'engager.
b. 🎧 19 Écoute le reportage et retrouve les motivations sur l'infographie.

2. Réécoute. Vrai ou faux ? Justifie ta réponse.
a. Les élèves de ce collège ont un projet de jardinage.
b. Ce projet vise l'ouverture sur le monde et sur les autres.
c. Les collégiens aident les plus défavorisés : leurs camarades mais aussi des sans-abris.
d. Ces jeunes râlent beaucoup car leur vie est difficile.
e. Ce projet explique aux jeunes comment bien vivre ensemble.

3. 💬 À DEUX Discutez : Aimerais-tu être bénévole dans une association ?

Les principales **MOTIVATIONS** d'engagement associatif

- Être utile à la société et agir pour les autres — 77 %
- Agir de façon concrète — 50 %
- Lier des relations avec les autres — 43 %
- Donner du sens à son quotidien — 40 %
- Défendre une cause — 37 %
- Acquérir et développer des compétences — 34 %
- Autre — 5 %

Sources : Enquêtes IFOP 2010-2016 pour France Bénévolat et Recherches & Solidarités

3 ✏️ Faites une affiche sur une association

1. À DEUX Choisissez une association humanitaire et cherchez des informations sur elle.
2. Préparez une affiche sur cette association à accrocher dans la classe.

> **DÉFENDRE UNE CAUSE**
> Cette association défend…
> Elle agit pour/contre…
> On peut s'engager pour…
> Elle permet de lutter contre…

quarante-neuf 49

L'EXTRAIT Littéraire

Dans ce recueil de poèmes, Jean D'Amérique, poète haïtien, met en scène Rachida. C'est une enfant, en exil, qui se bat pour la liberté et que rien n'arrête…

Rachida respire,
elle respire encore.
Elle ne lâchera pas.
Rachida se débat,
5 elle pousse un long cri
qui fait trembler les cœurs.
Et elle se dit
qu'elle vaincra le silence et les ombres.
Rachida rallume ses feux.
10 Sa conscience, un brasier au bout de la nuit.
[…]
Elle gonfle ses veines
et elle crie de toutes ses forces,
pour que les autres l'entendent,
pour que le jour se réveille.
15 Rachida colère.
Rachida porte-voix.
Elle lance un appel.
Rachida point levé.
Mégaphone en furie.
20 Elle reprend sa marche.
Et sur le chemin,
elle sème la bonne nouvelle.
« Demain est un poème en chantier,
écrivons-le ensemble ! »

Jean D'Amérique, *Rachida debout*, Cheyne éditeur.

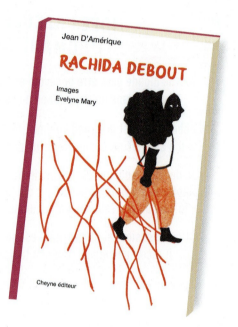

1. Lis ce poème. De quoi parle-t-il ?

2. Vrai ou faux ?
a. Rachida est chez elle.
b. Rachida est indignée.
c. Rachida fait du sport.
d. Rachida veut que tout le monde soit au courant de sa lutte.
e. Rachida croit en l'avenir et en le changement.

3. MÉDIATION Quelles émotions ressens-tu en lisant ce poème ? Aimes-tu les poèmes engagés ?

MOT À MOT

1. Choisis un événement d'actualité ou une cause à défendre (écologie, égalité, lutte contre le racisme, etc.). Fais la liste des mots en lien avec ce thème.

2. Écris un poème engagé. Tu peux jouer avec les mots ou les sonorités (son qui se répète, rimes, etc.).

LEÇON 3 — DONNER SON OPINION

UNITÉ 3

> Cahier p. 30

1 Pourquoi tu ne t'engages pas ?

1. 🎧 20 Écoute les artistes parler de leur chanson « La cause ». Associe chaque artiste à son opinion.

- Gaël Faye
- Grand Corps Malade (Fabien)
- Ben Mazué

- Pas besoin d'être expert pour s'engager.
- Si on le ressent, il faut s'engager.
- L'engagement des artistes n'est pas une question simple.
- Il faut se sentir légitime pour s'engager.

2. Réécoute. Pourquoi Gaël Faye parle de « chanson-débat » ?

DES CHANTEURS ENGAGÉS
prendre position
faire réagir
un album
une mélodie
> p. 53

2 Par contre, il faut que la musique me plaise.

MUSIQUE | **#ARTISTESENGAGÉS** ✉

MUSIQUE : Un artiste doit-il être engagé ?

▶ **Emilie27 :** Je viens d'écouter « La cause », la nouvelle chanson de Grand Corps Malade, Ben Mazué et Gaël Faye. J'ai adoré ! J'aime bien quand les chanteurs prennent position dans leurs chansons. Et vous ?

▶ **JujuMontréal :** Je suis d'accord. Je crois que c'est le rôle des artistes de nous faire réfléchir. Par exemple, j'aime bien la chanson *La fièvre* de Julien Doré qui dénonce l'impact de l'humain sur l'environnement. Les humains préfèrent consommer plutôt que protéger la planète. Mais je n'aime pas quand les chanteurs parlent de politique.

▶ **William:) :** Ah bon ! Moi, au contraire, je trouve ça super intéressant de parler de politique. Ça me permet de réfléchir et de me faire une opinion plus précise.

▶ **NinaHaïti56 :** Moi, je préfère quand les chansons sont joyeuses et parlent de sujets moins polémiques. Beaucoup d'artistes sont engagés et parlent de sujets alors qu'ils n'y connaissent rien. Ça me gêne ! Quand j'écoute une chanson, je ne fais pas attention aux paroles. Par contre, il faut que la musique me plaise !

L'OPPOSITION
Par contre, il faut que la musique me plaise.
Ils parlent de sujets **alors qu'**ils n'y connaissent rien
On peut être engagé, **même si** on n'est pas expert.
> p. 52

1. Lis ce forum. Reformule l'opinion de chaque ado.

2. Relis le forum. Les jeunes sont-ils tous d'accord ? Comment le sais-tu ?

3. ✏ Réponds au forum (80 mots) : Et toi, aimes-tu les chansons engagées ? Est-ce que tu penses que les artistes doivent prendre position dans leurs chansons ?

3 💬 Enregistrez un podcast

1. Tu écoutes quels styles de musique ? Lesquels ne te plaisent pas ? Pourquoi ?

2. EN GROUPES Chacun donne son opinion sur la musique qu'il aime ou non lors d'un débat sur le thème de la musique. Enregistrez votre podcast.

DONNER SON OPINION
À mon avis, …
Je pense que…
J'aime… Par contre, je n'aime pas…
Je ne suis pas d'accord avec toi.
Moi, je préfère quand, …

GRAMMAIRE PRATIQUE

> Révise ta grammaire p. 143

1 La place et le sens des adjectifs

1. Choisis le sens de l'adjectif.
a. une mission simple = facile ou uniquement ça ?
b. une drôle de chanson = bizarre ou amusante ?
c. un voyage cher = coûteux ou que j'aime ?

2. Place l'adjectif au bon endroit. Fais attention au sens de la phrase !
a. (*curieuse*) Nina est une … personne … : elle aime les sciences et veut tout comprendre.
b. (*grand – importantes*) C'est un … chercheur … : il a fait des … découvertes … .
c. (*ancien – immense*) Dans mon … collège … , il y avait peu d'élèves mais c'était un … établissement … .

3. Présente ton/ta chanteur/euse préféré(e) avec le plus d'adjectifs possibles (60 mots).

mémo
PLACE ET SENS DES ADJECTIFS
- **après le nom** : la majorité des adjectifs (nationalité, couleur…)
Gaël Faye est un artiste **franco-rwandais**.
- **avant le nom** : les adjectifs courts (*petit, grand, beau, joli, gros, nouveau*, etc.)
C'est un **petit** poème engagé.
- **avant ou après le nom selon le sens** (*grand, simple, drôle, cher, curieux, pauvre, vrai…*)
une **grande** femme (= connue pour ses actions) ≠ une femme **grande** (= de grande taille)

2 L'opposition

1. Relie les deux phrases avec l'élément d'opposition entre parenthèses.
a. Il lutte pour l'écologie. Il prend l'avion pour voyager. (*alors que*)
b. Elle chante bien. Elle ne sait pas jouer d'un instrument. (*par contre*)
c. Mes amis veulent faire de l'humanitaire. Ils souhaitent rester en France. (*mais*)
d. J'écoute des chansons en anglais. Je ne comprends pas toujours les paroles. (*même si*)
e. En 2020, Emmanuelle Charpentier a reçu le prix Nobel de chimie. Elle est peu connue. (*alors que*)

2. Complète ces phrases.
Il faut que les deux idées s'opposent.
a. Elle écrit des chansons mais…
b. … même s'il aime aider les autres.
c. Alors qu'elle aime le rock, …
d. … par contre, elles partent en voyage humanitaire.
e. Malgré ses études scientifiques, …

3. À DEUX Nommez des actions de votre quotidien qui s'opposent.
Exemple : *J'adore la musique. Par contre, je vais rarement voir des concerts.*

mémo
L'OPPOSITION
Pour opposer deux idées :
- *mais*
J'aime le rap **mais** je n'aime pas le reggae.
- *par contre* (après une autre idée)
Il n'est pas musicien. **Par contre**, il aime écouter de la musique.
- *alors que* (compare deux idées)
Ben Mazué est contre **alors que** Gaël Faye est pour.
- *même si* (avec une hypothèse)
Il ne faut pas avoir peur de s'engager **même si** on n'est pas expert.
- *malgré* + nom
Malgré son succès, il continue à vivre normalement.

3 C'est à vous !

À DEUX Avec quelles phrases êtes-vous d'accord ?
Pas d'accord ? Discutez.

- Aucune chanson ne transforme le monde.
- L'art sert à faire passer des messages.
- Ce n'est pas grave si je ne comprends pas les paroles des chansons.
- C'est important que les musiques des chansons soient rythmées.

VOCABULAIRE PRATIQUE

1 L'humanitaire

1. Trouve des synonymes dans le mémo.

a. apporter son aide   b. un voyage solidaire   c. se lancer dans

d. se mobiliser   e. mettre en place des actions

2. Associe chaque définition à un mot du mémo.

▌ Regarde si on cherche un verbe ou un nom.

a. Une personne qui donne de son temps sans être payée.
b. Les actions menées pour défendre une cause.
c. Une association qui ne dépend pas de l'État et qui ne gagne pas d'argent.
d. Donner ouvertement son opinion.
e. Être volontaire dans une association.

3. Quelle cause te tient à cœur ? Pourquoi ? Qu'est-ce que tu fais au quotidien pour agir pour cette cause (80 mots) ?

mémo
L'HUMANITAIRE

une association
un(e) bénévole
un combat = une lutte
une mission humanitaire
une ONG (organisation non gouvernementale)
la solidarité
une valeur

agir pour une cause
apporter son aide
faire du volontariat
prendre position pour/contre qqch
se mobiliser
s'engager
soutenir/défendre une cause
tendre la main

2 Des chanteurs engagés

1. Quels styles musicaux associes-tu à ces instruments ?

1 2 3 4 5 6

2. Remplace les ♪ par des mots du mémo.

Comment ♪ une chanson engagée ?
Tout d'abord, il faut que tu trouves le thème. Tu peux partir d'une ♪ : la joie, la tristesse ou la colère, par exemple. Commence par écrire les ♪ de ta chanson puis le ♪ (qui va revenir plusieurs fois). Ensuite, il faut que tu réfléchisses à la musicalité : au ♪ et à la ♪.

3. À DEUX Présente une chanson que tu aimes (artiste, style, thème) à ton/ta voisin(e) et explique ce qui te plaît (paroles, musique, rythme, etc.).

mémo
DES CHANTEURS ENGAGÉS

un album = un CD
un(e) artiste engagé(e)
une émotion
l'engagement (masc.)
un genre musical (rap, pop, rock, jazz, électro, folk, classique, reggae, RnB, etc.)
une mélodie
des paroles
une playlist
un refrain, un couplet
un rythme
un titre

composer la musique
convaincre
dénoncer
écrire une chanson
faire réagir
prendre position

3 C'est à vous !

1. ✏ Choisis un titre de chanson. Écris le contraire ou une association d'idées qui te fait penser à la chanson.
Exemple : *On dessine sur le sol.* → *On écrit sur les murs.*

2. EN GROUPES Échangez les papiers et devinez !

..... pour vaincre les préjugés

Je découvre les stéréotypes et les préjugés

Regarde cette scène de rue. Les personnes se jugent. Indique les numéros qui portent un préjugé négatif.

LA CLÉ

Pour vaincre les préjugés, il faut :
- évaluer ses idées reçues
- rencontrer toutes sortes de personnes
- être ouvert(e) à la différence

J'apprends à accepter la différence

À DEUX Proposez de nouvelles phrases pour remplacer les bulles de l'activité précédente qui portent un préjugé négatif.

Je sais vaincre des préjugés

EN GROUPES

DÉTENTE

UNITÉ 3

❶ OBSERVE

1. Regarde l'image. Qu'est-ce que c'est ?
2. Selon toi, quels sont les clichés français représentés ici ? Tu connais d'autres clichés sur la France ?

❷ RÉAGIS

1. 🎧 21 Écoute et lis le texte, puis repère les liaisons.

Paris est une ville avec de belles avenues. Il y a des arcs célèbres et beaucoup de monuments anciens. Les Parisiens sont fiers de cet héritage. Si vous êtes sportifs, vous pouvez monter en haut de la tour Eiffel par les escaliers. Sinon, il y a un ascenseur qui vous amènera au sommet. De là, vous aurez une vue splendide sur toute la ville.

2. Lis le mémo, puis lis ces phrases. Fais attention aux liaisons.
a. De nombreux artistes engagés parlent de Paris dans leurs chansons.
b. Cette ville est très inspirante avec ses beaux bâtiments anciens et ses grandes avenues.
c. En France, les habitants aiment manger des croissants chez eux ou dans un café. Ils adorent aussi les plats traditionnels français.

❸ AMUSEZ-VOUS !

À DEUX

1. Choisissez un pays. Créez une boite de chocolats avec des illustrations de stéréotypes représentant des clichés de ce pays.
2. Imaginez des virelangues en lien avec votre boîte. Faites attention aux liaisons !
Exemple : *Il y a de beaux bâtiments et de belles architectures.*

SYMBOLES FRANÇAIS

un monument
un croissant
un drapeau tricolore
une marinière

LA LAISON

La liaison se fait entre une consonne finale et la voyelle du mot suivant, et ne forme qu'une seule syllabe.
elles ont, des artistes

Elle est obligatoire :
- entre le sujet et le verbe : *elles ont*
- entre l'article et le nom : *des artistes*
- après les prépositions : *dans, sans, sous, chez*
- après les adverbes courts : *bien, très, plus, moins, tout*

Elle est interdite entre deux mots qui appartiennent à deux groupes de mots différents.

Il y avait des artistes et des acteurs.

POUR ou CONTRE ?

S'engager dans l'humanitaire.

CONTEXTE
De plus en plus de jeunes s'engagent dans l'humanitaire. Il faut parfois partir loin, dans des pays dangereux et même payer l'association organisatrice pour pouvoir vivre cette expérience humanitaire.
Est-ce que tu aimerais être bénévole dans une association humanitaire ?

⏳ **Tu as 3 minutes pour…**

… réfléchir aux points positifs et négatifs de s'engager dans l'humanitaire, pour les humains et pour la planète.

⏳ **Vous avez 7 minutes pour…**

… discuter de ces points et écrire chaque point sur un papier.

⏳ **Vous avez 10 minutes pour…**

… laisser vos papiers sur la table, changer de table et piocher les papiers de l'autre groupe pour débattre sur le sujet. Exprimez votre désaccord.

astuce Pour exprimer son désaccord :
- Je ne suis pas vraiment d'accord avec toi.
- Je ne partage pas ton idée.
- Je n'ai pas la même opinion que toi.
- Je vois ce que tu veux dire mais je pense que…

Relève *le défi* de l'unité !

CONTEXTE
Dans le cadre de la journée « Aujourd'hui, on s'engage », votre collège propose de présenter un projet pour défendre une cause.

EN GROUPES • 💬 Choisissez une cause à défendre (la lutte contre la pollution de l'air, la discrimination envers les femmes sportives, la maltraitance animale, etc.).

SEUL(E) • ✏️ Quelles actions existent déjà pour défendre cette cause ? Qu'en penses-tu ? Écris d'autres actions à mettre en place pour cette cause.

EN GROUPES • 💬 Dans une vidéo de quelques minutes, présentez votre projet. Donnez votre opinion sur la cause à défendre et exprimez la nécessité de mettre des actions en place.

le mémo du défi

Défendre une cause
✓ Nous souhaitons lutter contre…
✓ On aimerait agir pour…
✓ Nous voulons nous engager en faveur de… / contre…

Donner son opinion
✓ Je pense que…
✓ J'aime… Par contre, je n'aime pas…
✓ Je (ne) suis (pas) d'accord avec toi.
✓ Moi, je préfère quand…

Exprimer une nécessité
✓ Il faut + *infinitif*
✓ Il (ne) faut (pas) que + *subjonctif*
✓ Nous devons + *indicatif*
✓ Il est important/nécessaire que + *subjonctif*

#RISQUÉ

unité 4

LEÇON 1
RACONTER UN ÉVÉNEMENT
- Le plus-que-parfait
- Les temps du passé
- Les professionnels de santé
- Le secourisme

💬 Raconter un événement

LEÇON 2
PARLER DE SON ÉTAT DE SANTÉ
- Les pronoms COD et COI
- La santé

✏️ Rédiger un témoignage sur sa santé

LEÇON 3
EXPRIMER UN ESPOIR
- L'accord du participe passé avec *avoir*
- La science-fiction

💬 Enregistrer un micro-trottoir

CULTURE
La santé en France

L'EXTRAIT
Nadia Coste

LES CLÉS...
pour résoudre un problème mathématique

DÉTENTE
- L'hésitation

Écrire un témoignage dans une capsule temporelle — **Relève le défi**

LEÇON 1 — RACONTER UN ÉVÉNEMENT

> Cahier p. 36

1 Je n'avais jamais combattu le feu.

Au feu !

« J'ai vu de grosses fumées s'élever. Je n'avais encore jamais combattu le feu, mais celui-ci, j'ai tout de suite compris qu'il ne serait pas petit. » À 19 ans, le jeune sapeur-pompier Théo Dupin a déjà « vu le diable ». L'expression vient de l'adjudant-chef Frédéric Santillana. Elle décrit bien ce qu'ont vécu les pompiers cet été, ces longues heures passées à lutter contre les incendies aux alentours de La Teste-de-Buch (Gironde). Ce mégafeu, inédit dans le Sud-Ouest, s'est déclaré le 12 juillet et […] sa progression s'est arrêtée […] treize jours plus tard. […]

« Tellement petit face à ces flammes immenses »

« Sur le groupe WhatsApp des pompiers de La Teste, j'ai vu qu'on demandait à tous les renforts disponibles de venir immédiatement. J'ai rejoint la caserne dès la fin de mon travail. J'ai relevé les collègues le soir même et j'y suis resté toute la nuit. » Pour ce baptême du feu, Théo a pu compter sur son binôme, plus expérimenté, mais aussi sur des gestes répétés depuis qu'il a 12 ans. « Je me suis senti tellement petit face à ces flammes immenses, qui avançaient si vite… C'est là qu'on comprend qu'il faut connaître son matériel, ne pas hésiter, et maîtriser la théorie par cœur. » Cette « théorie » constitue l'essentiel des heures passées à la caserne, pour lui comme pour les autres. S'entraîner, entretenir les véhicules, les lances, apprendre à les manipuler presque automatiquement : les répétitions sont permanentes, interrompues par les interventions. « Une petite partie seulement concerne des incendies, nous sommes le plus souvent appelés pour du secours aux personnes », explique le capitaine François Castaing.

Jean Berthelot de la Glétais, *Le Monde des ados* n° 507.

1. Regarde la photo. Ils sont où ? Décris leur tenue.

2. Lis l'article. Vrai ou faux ? Justifie.
a. Le feu a progressé pendant plus de dix jours.
b. Théo est étudiant.
c. Tous les pompiers sont des professionnels salariés.
d. Théo a pu aider à éteindre le feu grâce à son expérience de jeune sapeur-pompier.
e. La majorité du temps, les pompiers s'entraînent.
f. Les pompiers interviennent souvent contre des incendies.

3. À DEUX Jouez la scène téléphonique : L'un(e) de vous appelle les secours. Il/Elle indique le lieu, dit qui est la victime et décrit l'accident. L'autre est secouriste et pose des questions.

> **LE PLUS-QUE-PARFAIT**
> Je n'**avais** encore jamais **combattu** le feu.
> > p. 60

UNITÉ 4

BLA BLA BLA

1. EN GROUPES **Discutez :** Les jeunes sapeurs-pompiers ont entre 11 et 18 ans et suivent une formation pendant l'année scolaire car ils souhaitent devenir pompiers. Aimerais-tu apprendre un métier dès aujourd'hui ?

2. MÉDIATION **Débattez :** Quels sont les avantages et les inconvénients d'apprendre un métier jeune, en plus de l'école ? L'un(e) de vous résume le débat.

2 Les gestes qui sauvent !

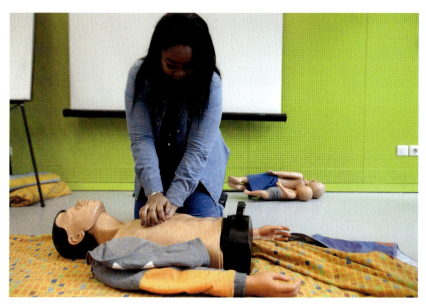

1. Regarde la photo. Que fait-elle ? À quoi ça sert ?

2. 🎧 22 Écoute le reportage.
a. C'est quoi ? C'est où ?
b. Quel est l'objectif pour 2025 ? Et à long terme ?
c. Quels sont les gestes appris ? Pourquoi ?
d. Pourquoi proposer ce nouvel enseignement ?

3. ✏️ Tu participes à un forum sur le secourisme (80 mots) :
Les gestes de premiers secours sont-ils enseignés dans ton pays ? Selon toi, est-ce qu'il faudrait les enseigner dans toutes les écoles ? Quels seraient les avantages ?

> **LE SECOURISME**
>
> un sapeur-pompier
> une intervention
> appeler les secours
> > p. 61

3 💬 Racontez un événement

1. À DEUX Lancez le premier dé qui indique la situation.
2. Lance le deuxième dé qui donne l'adverbe. Commence à raconter ce qui s'est passé. Utilise les temps du passé et le mot du deuxième dé. Ton/Ta voisin(e) relance le deuxième dé et continue l'histoire.

> **RACONTER UN ÉVÉNEMENT**
>
> Ça a eu lieu + *lieu* + *date*
> Il a eu un accident.
> Elle a fait un malaise.
> Nous avons appelé…
> Les secouristes sont arrivés.

cinquante-neuf 59

GRAMMAIRE PRATIQUE

> Révise ta grammaire p. 143

1 Le plus-que-parfait

1. Conjugue les verbes entre parenthèses au plus-que-parfait.

▎auxiliaire à l'imparfait + *déjà* + participe passé du verbe

a. Quand il est arrivé, les pompiers (*commencer*) déjà l'intervention.
b. J'ai secouru cette personne qui (*avoir*) un accident.
c. Ils ont fait les gestes qu'ils (*apprendre*) en formation.
d. Nous sommes allés chez les gens qui (*appeler*) au secours.
e. Il a remplacé ses collègues qui (*travailler*) toute la nuit.

2. À DEUX Choisissez une situation et imaginez ce qui s'est passé avant.

▎avant dans le passé → plus-que-parfait

- J'ai raté mon train.
- Je suis arrivé(e) en retard au collège.
- J'ai réussi mon examen.
- J'étais très content(e).
- Je l'ai enfin trouvé(e).

3. Choisis plusieurs verbes pour raconter une petite histoire. Utilise le plus-que-parfait (80 mots).

faire | apprendre | avoir peur
aller | voir | entendre | venir | appeler

mémo
LE PLUS-QUE-PARFAIT
- pour parler d'un événement antérieur à un autre dans le passé
J'ai vu de grosses fumées s'élever. Je n'**avais** encore jamais **combattu** le feu.
- *avoir* ou *être* à l'imparfait + participe passé
Il **était allé**…
Tu n'**avais** jamais **fait**…

❗ Le participe passé s'accorde. Elle **était allée**…

2 Les temps du passé

1. 🎧 23 Écoute et repère les verbes. Quel est le temps utilisé ?
2. Conjugue les verbes entre parenthèses à un temps du passé.

▎Description, sentiment, action ou événement antérieur ?

a. L'été dernier, les secouristes (*s'entraîner*) et (*apprendre*) les gestes qui sauvent.
b. Au moment de l'incendie, il (*faire*) très chaud.
c. Les pompiers (*intervenir*) très rapidement et ils (*arrêter*) vite le feu.
d. Elle (*vouloir*) toujours faire ce métier.
e. Quand ils (*arriver*), le feu (*être*) encore petit, on les (*prévenir*) à temps.

3. Décris la photo puis imagine ce qui s'est passé avant. Utilise les temps du passé (80 mots).

mémo
LES TEMPS DU PASSÉ
Pour raconter un événement au passé, on utilise :
- l'imparfait pour les situations, les descriptions ou les sentiments
Les flammes **avançaient** très vite. Nous **avions** peur.
- le passé composé pour les actions
J'**ai rejoint** la caserne.
- le plus-que-parfait pour parler d'un événement antérieur à un autre
Je n'**avais** jamais **combattu** le feu.

On peut utiliser les trois temps dans un récit.
Je me **suis senti** tout petit face à ces flammes qui **avançaient** si vite. J'**avais vu** un seul incendie avant ce jour.

3 C'est à vous !

🎯 JEU

✏️ À DEUX Jouez au Morpion. Choisissez un verbe et un temps du passé. Puis, chacun votre tour, choisissez une case et conjuguez le verbe.

VOCABULAIRE PRATIQUE

1 Les professionnels de santé

1. Nomme le professionnel spécialiste de chacune de ces parties du corps.

   a. le cœur   **b.** les yeux   **c.** les dents   **d.** la peau   **e.** les articulations

2. EN GROUPES Choisis un professionnel de santé du mémo. Mime-le. Tes camarades devinent.

3. Aimerais-tu travailler dans le domaine de la santé ? Pourquoi ?

mémo

LES PROFESSIONNELS DE SANTÉ
un(e) anesthésiste
un(e) cardiologue
un(e) chirurgien(ne)
un(e) dentiste
un(e) dermatologue
un(e) infirmier/ière
un(e) kinésithérapeute
un(e) médecin généraliste
un(e) ophtalmologue
un(e) réanimateur/trice
un(e) sapeur-pompier
un(e) secouriste
un(e) urgentiste

2 Le secourisme

1. Choisis un mot du mémo et fais-le deviner à tes camarades. Donne sa définition.

2. Décris ces images en utilisant le vocabulaire du mémo.

a.

b.

c.

mémo

LE SECOURISME
une ambulance
les gestes de premiers secours
une intervention
un numéro d'urgence
une personne inconsciente
le SAMU
les urgences
un(e) volontaire

appeler les secours
être témoin d'un accident
faire un massage cardiaque
porter secours à qqn = secourir
préparer le matériel
sauver qqn

3. EN GROUPES Vous êtes témoins d'un accident en sortant du collège. Vous faites quoi ?

3 C'est à vous !

💬 À DEUX L'un(e) est malade et veut prendre un rendez-vous médical, l'autre travaille au secrétariat d'un professionnel de santé. Jouez la scène.

soixante et un 61

CULTURE — LA SANTÉ EN FRANCE

On se dit **tout** !

▶ 4 Regarde la vidéo. Quel est le métier de cette femme ? Quelle est la particularité de son travail ?

🌍 Dans ton pays, qui va-t-on voir quand on est malade ? Est-ce qu'il existe des médecins qui se déplacent ?

Info **culturelle** ❶

Si tu es témoin d'un accident, il faut agir pour aider les victimes.

Associe chaque numéro à son service.

🌍 Quels sont les numéros d'urgence dans ton pays ?

Assurance Maladie

Info **culturelle** ❷

Le numéro de sécurité sociale est unique. Il est inscrit sur la carte vitale de chaque habitant. Cette carte sert aux remboursements des frais de santé.

Quels seraient les sept premiers chiffres de ton numéro de sécurité sociale ?

EN METTRE SA MAIN AU FEU 🇫🇷

Le coin des **francophones**

À DEUX **Regardez. À votre avis, que signifie cette expression** : se brûler, être sûr de ce qu'on dit **ou** avoir très chaud ? **Connais-tu d'autres expressions francophones avec l'un des quatre éléments (eau, air, terre, feu) ? Et dans ta langue ?**

LEÇON 2 — PARLER DE SON ÉTAT DE SANTÉ

UNITÉ 4

> Cahier p. 38

1 On me l'a conseillée.

APPRENDRE À ME RETROUVER

Familialement, socialement, personnellement, ça n'allait pas. La seule personne qui pouvait me sauver, c'était MOI ! Je me suis donc dit : « Je dois changer. » J'ai commencé à consulter une psychologue qui m'a encore plus aidée à me comprendre moi-même. Je n'étais jamais allée en consulter une auparavant. Une amie me l'a conseillée et je voulais vraiment aller mieux donc je l'ai écoutée.
Le premier rendez-vous avec elle [...], j'appréhendais de me confesser, c'était très difficile. Mais, petit à petit, séance après séance, mon stress de parler avec ma psy s'est apaisé. [...]

Une confiance durable

Ce que j'ai remarqué au début de mes séances de psy, c'est qu'à chaque fois que je pose une question, elle me la renvoie à moi-même. Je demande : « Est-ce que vous pensez que je suis capable d'y arriver ? » ; « Suis-je une bonne personne ? » ; « Est-ce que j'arriverai à prendre confiance en moi ? ». Elle me répond : « Qu'est-ce que tu en penses ? »
En fait, c'est pour que je puisse moi-même me comprendre, et que je puisse m'accepter telle que je suis avec mes défauts et mes qualités ! Le plus dur, c'est d'en parler, mais quand on est dans une relation de confiance, là on peut tout exprimer. [...] Voir une psy change ma manière de penser, et la manière dont je me vois. J'ai fini par comprendre mes peurs et les accepter.

Tiphaine, zep.media

1. Regarde la photo. À ton avis, c'est où ? Elles font quoi ?
2. Lis le témoignage et réponds.
a. Tiphaine parle de quelle expérience ?
b. Comment ça s'est passé au début ? Qu'est-ce qui l'a aidée ensuite ?
c. Qu'est-ce qu'elle a finalement compris et accepté ?

LA SANTÉ

une psychologue = une psy
le sommeil
l'horloge biologique
> p. 67

2 Les ados et leur santé

1. Regarde la photo. À ton avis, il est où ? Pourquoi a-t-il sommeil ?
2. 🎧 24 Écoute le reportage et réponds.
a. Les adolescents dorment-ils suffisamment ? Combien d'heures de sommeil sont nécessaires ?
b. Comment le portable participe aux troubles du sommeil ? Quelles sont les conséquences du manque de sommeil sur le corps ?
3. 💬 À DEUX Discutez : Avez-vous des problèmes de sommeil ? Quelles solutions mettez-vous en place pour bien dormir ?

LES PRONOMS COD ET COI

Je **l'**ai écoutée.
Les contraintes scolaires **les** obligent à se lever tôt.
Elle **m'**a aidée à me comprendre.
> p. 66

3 ✏️ Rédige un témoignage sur ta santé

1. Choisis un thème en lien avec la santé (sommeil, alimentation, santé mentale, pratique sportive, etc.) et écris un témoignage sur ce thème.
2. EN GROUPES Regroupez les témoignages pour faire un magazine de la santé de la classe. Organisez-les en plusieurs rubriques thématiques.

PARLER DE SON ÉTAT DE SANTÉ

Je me sens bien ≠ mal.
Je (ne) suis (pas) très en forme en ce moment.
J'ai mal à la / au / aux…
Je suis en pleine forme !

L'EXTRAIT *Littéraire*

– Tu... tu es vraiment venu là pour m'aider ? bredouilla* Brett.
Son interlocuteur acquiesça* d'un air détaché.
– Ça n'a plus d'importance. Tu es tiré d'affaire, non ? Alors tu vas retrouver ta petite vie, et moi la mienne.
5   Brett était de plus en plus intrigué par l'attitude de l'adolescent qui l'avait appelé par son prénom.
– Tu me connais, n'est-ce pas ? Mais moi, je ne te connais pas.
L'autre ne répondit* rien.
– Tu es nouveau ici ? demanda* encore Brett.
10 – Disons que je suis de passage.
– Et tu t'appelles ?
– Lucas.
Brett chercha* dans sa mémoire, mais il ne connaissait personne de ce nom-là.
15 – Tu me connais d'où ? Et comment tu savais que je serais ici ?
– Écoute, je ne suis pas venu pour un interrogatoire. Les cinq minutes sont écoulées. Bon retour chez toi.
Lucas pivota* vers les commandes de l'ascenseur pour ouvrir les portes. Brett découvrit* alors que le panneau comptait beaucoup de petits boutons. Vraiment beaucoup. Beaucoup trop
20 pour un ascenseur classique. Il y avait au moins une centaine d'étages !
Il attrapa* le bras de Lucas pour l'empêcher de terminer son geste.
– Whaou... souffla*-t-il en voyant les chiffres indiqués en face des touches nacrées.
1980. 1981. 1982. Ça continuait, jusqu'à 2080. Au-dessus, trois petites molettes indiquaient heure, jour et mois.
25 – Ce... n'est quand même pas une machine à voyager dans le temps ? s'exclama* Brett, qui n'en croyait pas ses yeux.
L'adolescent en noir s'adossa* contre le fond de l'ascenseur et rejeta* la tête en arrière.
Son regard se voila*. Il semblait soudain très abattu. S'il comptait garder le secret, c'était raté.
– C'est ça ? Génial ! continuait Brett en effleurant les boutons éteints.
30 Seul 1991 brillait.

* verbes au passé simple (= temps du passé littéraire)

Nadia Coste, *Ascenseur pour le futur*, © Éditions Syros, 2014.

1. Regarde le titre et la couverture du livre. À ton avis, c'est quel genre littéraire ?

2. Lis l'extrait et réponds.
a. Est-ce que les deux garçons se connaissent ? Justifie.
b. Ils sont où ? Ils vont où ?
c. Quels adjectifs correspondent à Brett ? Et à Lucas ?

   curieux   renfermé   surpris   enthousiaste   agacé

d. Pourquoi Brett est-il étonné à la fin ? Comment réagit Lucas ?

3. MÉDIATION De quel adolescent te sens-tu le plus proche ? Pourquoi ?

MOT À MOT

1. Observe le dialogue entre Lucas et Brett. Ils parlent de quoi ?
De quoi peut-on parler avec quelqu'un que l'on vient de rencontrer ?

2. Tu prends l'ascenseur et tu arrives en 2080. Imagine et écris le dialogue avec un(e) jeune de ton âge que tu viens de rencontrer (100 mots).

LEÇON 3 — EXPRIMER UN ESPOIR

UNITÉ 4

> Cahier p. 40

1 J'espère qu'ils sauveront leur planète !

Nous sommes en 2900. Valérian et Laureline, deux agents spatio-temporels, partent en mission sur la cité intergalactique Alpha dans l'espoir de la sauver. Les espèces qui y habitent sont venues de tout l'Univers pour partager leurs connaissances et leurs savoir-faire. Mais une lourde menace pèse sur cette Cité des Mille Planètes. Les deux héros se lancent dans une course-poursuite contre le temps. Sauront-ils déjouer le mystère et apaiser la cité ?

Nina Tu l'as déjà vu ce film ? Il a l'air cool, non ? J'espère qu'à la fin ils arrivent à sauver leur planète…

Juliette Non, je ne l'ai pas encore vu. Je connais déjà la fin car j'ai la BD… Je l'ai lue l'année dernière ! Mais ça me dit bien d'aller le voir avec toi. 😊

1. Regarde l'affiche et lis le résumé du film. De quoi parle-t-il ?

2. Lis les messages. Quelle est la particularité de ce film de science-fiction ? Nina et Juliette en pensent quoi ?

3. Tu écris un commentaire à propos d'un film adapté d'un livre sur le site « Allociné » (90 mots) : Aimerais-tu voir ce film ? Aimes-tu les films adaptés de romans ou de BD ? Justifie ton point de vue.

> **L'ACCORD DU PARTICIPE PASSÉ AVEC AVOIR**
> Tu l'**as vu** ?
> Je l'**ai lue**.
> Il l'**a vue**.
> > p. 66

2 Il l'a vue et ça l'a fait rêver.

Star Trek

1. 🎧 25 Écoute l'interview et réponds.
a. Quelles sont les caractéristiques de la science-fiction ?
b. Qu'est-ce qui plaît aux jeunes dans leur film préféré ?

2. « Steve Jobs l'a vue. Ça l'a fait rêver. Il l'a fait. » De quoi parle-t-on ? Quelle anecdote raconte Patrice Girod ?

> **LA SCIENCE-FICTION**
> l'avenir
> le futur
> une créature extraordinaire
> > p. 67

3 💬 Enregistrez un micro-trottoir

À DEUX
1. Réfléchissez à des questions à poser aux élèves du collège sur ce qu'ils souhaitent pour les générations futures (environnement, travail, études, santé, etc.).
2. Interviewez-les et enregistrez votre micro-trottoir.

> **EXPRIMER UN ESPOIR**
> Je souhaite + *infinitif*
> J'espère que + *indicatif*
> J'aimerais que les humains + *subjonctif*
> J'ai bon espoir que + *subjonctif*

soixante-cinq 65

GRAMMAIRE PRATIQUE

> Révise ta grammaire p. 143

1 RÉVISE Les pronoms COD et COI

1. Imagine ce que peut remplacer chaque pronom souligné.

▌ verbe + à ➜ pronom COI

a. Je lui ai écrit un e-mail.
b. Je les ai tous lus.
c. Tu la vois ?
d. Elle le connaît depuis longtemps.
e. Vous leur avez dit ?

2. Réponds aux questions avec un pronom COD ou COI.

▌ Verbe sans préposition ➜ pronom COD

a. Tu aimes les romans de SF ?
b. Est-ce que tu éteins ton téléphone la nuit ?
c. Depuis quand tu connais ton/ta meilleur(e) ami(e) ?
d. Est-ce que tu écris à tes amis tous les jours ?
e. Tu achètes ou tu empruntes les livres que tu lis ?

3. À DEUX L'un(e) de vous pose des questions sur votre santé, les autres répondent avec des pronoms.
Exemple : – *Quand est-ce que tu as vu le dentiste ?*
– *Je l'ai vu le mois dernier.*

mémo
LES PRONOMS COD ET COI

Les pronoms servent à remplacer un nom et éviter les répétitions.

• **Le pronom COD** remplace un nom après un verbe sans préposition : *me, te, le/la/l', nous, vous, les*
Tu as lu ces livres ? ➜ Tu **les** as lus ?

• **Le pronom COI** remplace un nom après un verbe + à : *me/m', te/t', lui, nous, vous, leur*. Le pronom *y* également.
Elle fait confiance à la psy. ➜ Elle **lui** fait confiance.
Je m'intéresse à cette formation. ➜ Je m'**y** intéresse.

❗ Le pronom *en* remplace un nom après un verbe + *de*
C'est dur de parler de santé. ➜ C'est dur d'**en** parler.

2 L'accord du participe passé avec *avoir*

1. Réécris ce texte au passé. Attention aux accords du participe passé !

▌ COD placé avant *avoir* ➜ accord

J'aime beaucoup ce roman de science-fiction. L'auteur nous plonge dans un univers utopique avec des extra-terrestres qui vivent sur une planète encore non connue des humains. Cette histoire je la recommande à tous mes amis. Je l'adore.

2. Réponds à ces questions avec un pronom COD.

▌ COD féminin ➜ -e ; COD pluriel ➜ -s

Exemple : *Tu as lu ces BD ? Oui, je les ai lues.*
a. Est-ce que tu as réussi ton dernier examen ?
b. As-tu vu tous les films de *Star Wars* ?
c. Quand est-ce que tu as vu le médecin pour la dernière fois ?
d. As-tu invité tes amis à ton anniversaire ?
e. Quand as-tu commencé l'étude du français ?

3. Cette année, qu'est-ce que tu as fait pour ta santé ? Utilise le passé composé et des pronoms pour éviter les répétitions (80 mots).

mémo
L'ACCORD DU PARTICIPE PASSÉ AVEC AVOIR

Le participe passé s'accorde avec l'auxiliaire *avoir* seulement quand le COD est placé avant le verbe.
J'ai vu cette femme.
Je l'**ai vue**. (*l'* = cette femme)
Les livres que j'**ai lus** parlent de SF.

3 C'est à vous !

✏ **EN GROUPES** Inventez un objet du futur qui permet d'être en bonne santé. Décrivez-le. Expliquez à quoi il sert et comment on l'utilise. Utilisez des pronoms.

VOCABULAIRE PRATIQUE

1 La santé

1. Regarde le mémo. Qu'est-ce qui relève de la santé mentale ? De la santé physique ?

> santé physique = le corps ; santé mentale = le psychologique

2. Trouve dans le mémo le mot qui correspond aux définitions.
a. Ça sert au remboursement des frais de santé, c'est une…
b. Ne plus être malade, c'est…
c. Pour s'assurer qu'on est en bonne santé, on passe une…
d. Quand on n'est pas très en forme, on prend de la…
e. Un rendez-vous médical, c'est aussi une…

3. Quels conseils donnerais-tu à un(e) ami(e) qui… ?

- a du mal à s'endormir
- est stressé(e)
- a mal à la tête
- a mal au ventre
- n'est pas en forme
- est très fatigué(e)

mémo — LA SANTÉ

la carte vitale
une consultation → consulter
un hôpital / une clinique
une horloge biologique
un médecin
un(e) psychologue
un rendez-vous médical
une séance de psy(chologue)
le sommeil
le système de santé
une visite médicale
la vitamine C

aller bien/mieux ≠ aller mal/moins bien
être déprimé(e)
être malade
guérir
(se) soigner

2 La science-fiction

1. Remplace les 🚀 avec des mots du mémo.

> Est-ce que c'est un nom, un verbe ou un adjectif ?

La science-fiction montre une 🚀 futuriste du monde où la science est très présente (médecine, technologie, etc.). Il y a souvent des robots 🚀 qui ressemblent aux humains mais avec des pouvoirs particuliers. Et aussi des mondes 🚀 plein d'espoir et, par exemple, des 🚀 d'extraterrestres. Le héros ou l'héroïne doit prendre des 🚀 pour 🚀 ou sauver sa planète.

2. À DEUX Choisis cinq mots du mémo et imagine une définition. Fais deviner ces mots à ton/ta voisin(e).

> C'est un objet qui sert à… / On l'utilise pour…

3. À DEUX Imaginez l'histoire futuriste de ce livre. C'est où ? Comment sont les habitants ? Il se passe quoi ? L'un(e) écrit le début de l'histoire et l'autre imagine la suite (90 mots).
Il était une fois, dans un monde futuriste…

mémo — LA SCIENCE-FICTION

l'anticipation (fém.)
l'avenir (masc.)
une cité intergalactique
une créature extraordinaire
un extra-terrestre
une expérience
la fiction
le futur
un humanoïde
l'imaginaire (masc.)
une invasion → envahir
un monde utopique
une vision du futur/futuriste

avoir de l'espoir = espérer
prendre un risque
survivre

3 C'est à vous !

💬 **À DEUX** À votre avis, à quoi ressemblera la santé en 2050 ? Qu'est-ce qui sera identique à aujourd'hui ? Qu'est-ce qui sera différent ?

LES CLÉS...

...résoudre un problème mathématique

Je découvre un problème

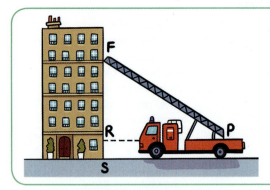

Énoncé :

Les pompiers doivent atteindre une fenêtre **F** à 18 m au-dessus du sol avec leur échelle **[PF]**.

Ils doivent bien régler l'échelle. Le pied **P** de l'échelle est situé sur le camion à 1,5 m du sol et à 10 m de l'immeuble (**R**).

Questions :
a. Quelle est la longueur RF ?
b. L'échelle mesure 25 mètres. Est-elle assez longue ?

Regarde l'image. Puis, lis attentivement l'énoncé.
Associe une étiquette verte à un chiffre.

🔑 LA CLÉ

Pour comprendre un problème, il faut :
- regarder l'image ou se représenter une image mentale
- lire attentivement l'énoncé
- schématiser ou reformuler simplement

J'apprends à poser une démonstration

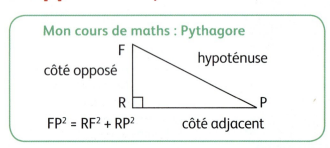

Mon cours de maths : Pythagore

côté opposé — hypoténuse — côté adjacent

$FP^2 = RF^2 + RP^2$

🔑 LA CLÉ

Pour poser une démonstration, il faut :
- connaître la théorie
- écrire les formules avec soin
- remplacer avec des valeurs mathématiques

À DEUX Lisez les questions du problème en haut de la page et répondez à l'aide du cours.

Question a. RF = ... - ....
  RF = ...

Question b. FP^2 = ... - ....
  FP^2 = ...
  FP = ...
  FP > ou < à 25 ?

Je sais résoudre un problème mathématique

EN GROUPES

Les pompiers doivent atteindre une fenêtre **A** à 25 m au-dessus du sol avec leur échelle **[AB]**.
Ils doivent bien régler l'échelle.
Le pied **B** de l'échelle est situé sur le camion à 3 m du sol et à 15 m de l'immeuble (**I**).
a. Quelle est la longueur IA ?
b. Quelle est la longueur de l'échelle ?

1. Lisez l'énoncé.
2. Faites un schéma avec les nouvelles valeurs.
3. Lisez les questions et écrivez les calculs.
4. Soyez le premier groupe à résoudre ce problème !

DÉTENTE

UNITÉ 4

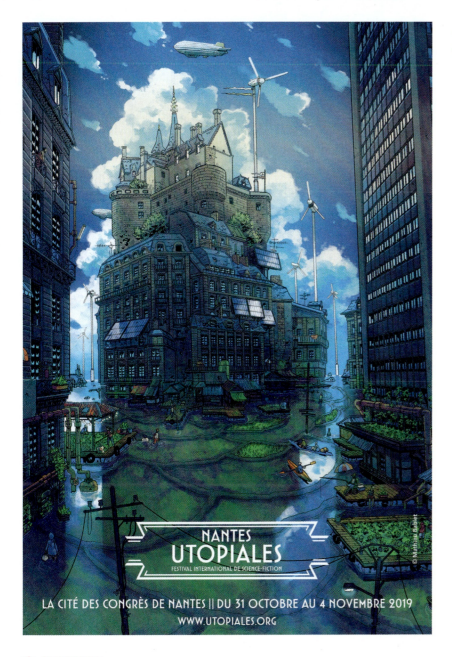

© Mathieu Bablet, Les Utopiales de Nantes.

LES INSTALLATIONS ÉCOLOGIQUES

une éolienne
des panneaux solaires photovoltaïques
une plateforme sur pilotis
un potager urbain

L'HÉSITATION

Quand on hésite :
- on peut laisser des silences.
- on peut répéter des mots.
- on peut utiliser des expressions comme : *euh, ben, j'hésite, je ne sais pas, c'est à dire que…*

❶ OBSERVE

1. Regarde l'affiche de ce festival de science-fiction.
a. Explique le titre.
b. Décris cette ville.

2. 🎧 26 Écoute ce micro-trottoir. Comment entend-on que les adolescents hésitent ?

❷ RÉAGIS

1. Aimerais-tu vivre dans cette ville ? Qu'est-ce qui te plaît ?
2. Qu'est-ce qui te manquerait ? Réponds avec hésitation.

❸ AMUSEZ-VOUS !

1. À DEUX Créez une affiche pour le festival *Utopiales* de cette année.
2. Exposez les affiches dans la classe. Laquelle préfères-tu ? Réponds avec hésitation.

POUR ou CONTRE ?

Prendre des risques.

CONTEXTE

Certains adolescents aiment prendre des risques. Leurs actions peuvent avoir des conséquences très dangereuses. Cela inquiète les adultes mais n'arrête pas certains jeunes. Certains adultes, comme les pompiers, prennent des risques pour leur travail. Et toi, est-ce que tu aimes prendre des risques ?

⏳ **Tu as 3 minutes pour…**

… lister des actions risquées ou dangereuses (sports, métiers, activités, alimentation, etc.)

⏳ **Vous avez 7 minutes pour…**

… choisir plusieurs actions à risques, noter les motivations et les conséquences possibles.

⏳ **Vous avez 10 minutes pour…**

… débattre sur le sujet et donner votre avis. Développez vos idées en les reformulant ou en les explicitant.

astuce Pour développer une opinion :
- *Ce que je veux dire, c'est…*
- *Autrement dit, …*
- *En effet, …*
- *C'est-à-dire que…*
- *Pour expliquer davantage, je dirais que…*

Relève *le défi* de l'unité !

CONTEXTE

Nous sommes en 2070. Vous vivez dans un monde de science-fiction où tout le monde est en bonne santé.

EN GROUPES • 💬 Inventez un événement utopique qui permet au monde d'être en bonne santé. Entraînez-vous à le raconter.

EN CLASSE • 💬 Une personne de votre groupe raconte l'événement à la classe. Choisissez le plus utopique !

SEUL(E) • ✏️ Rédige le témoignage d'un(e) habitant(e) de 2070 pour une capsule temporelle. Il/Elle évoque l'événement passé, parle de son état de santé et exprime un espoir pour les générations futures (100 mots).

le mémo *du défi*

Raconter un événement
✓ C'était en…
✓ Ça a eu lieu en … à …
✓ Je me souviens, il y a eu un accident.

Parler de son état de santé
✓ Les gens sont en bonne santé.
✓ Nous vivons vieux et en meilleure santé.
✓ Je n'ai plus jamais mal à la / au / aux … grâce à …

Exprimer un espoir
✓ J'espère que les générations futures + *indicatif*
✓ Je voudrais que les jeunes + *subjonctif*
✓ J'ai l'espoir que dans l'avenir + *subjonctif*

PRÉPARE LE DELF

Compréhension de l'oral

7 points

🎧 27 **Vous écoutez une conversation.**
Lisez les questions. Écoutez le document puis répondez.

1. Qu'est-ce que Claire veut montrer à Benoît ? — 1 point
   A. Un catalogue de voyages.
   B. Une publicité pour du volontariat.
   C. Un article de journal sur une association.

2. Pourquoi Benoît est-il surpris du choix de Claire ? — 1 point
   A. Il croit qu'elle a peur de partir seule.
   B. Il sait qu'elle a déjà d'autres activités prévues.
   C. Il pense qu'elle va manquer de temps pour se détendre.

3. Quelle proposition Claire fait-elle ? — 1 point
   A. Voyager avec le reste de la famille.
   B. Faire des activités calmes pendant le séjour.
   C. Partir pendant une partie des congés seulement.

4. Claire est intéressée par un séjour pour… — 1,5 point
   A. aider les enfants.
   B. préserver l'environnement.
   C. apprendre une langue étrangère.

5. Qu'est-ce qui inquiète les deux adolescents ? — 1,5 point
   A. Le fait de devoir parler une autre langue.
   B. La nourriture qu'ils devront manger sur place.
   C. La distance entre le lieu du séjour et leur domicile.

6. Comment Claire pense-t-elle obtenir l'accord de ses parents ? — 1 point
   A. En leur disant qu'elle pourra parler une autre langue.
   B. En leur montrant que le séjour est vraiment bon marché.
   C. En leur expliquant que les parents de Benoît sont d'accord.

soixante et onze 71

PRÉPARE LE DELF

Compréhension des écrits

8 points

Vous lisez cet article dans un journal.

> Vous avez peut-être déjà pris des cours à distance, sur Internet, mais avez-vous déjà pensé à consulter un médecin derrière un ordinateur ?
>
> *Pour vous faire découvrir cette pratique, la télémédecine, nous avons passé une journée avec Emmanuelle Lefort, médecin généraliste qui suit certains de ses patients à distance, comme un médecin sur deux en France.*
>
> Cela fait maintenant près de cinq ans, que le docteur Lefort pratique les téléconsultations deux jours par semaine. Le reste du temps, elle reçoit ses patients dans une clinique en ville. « La télémédecine est un outil très pratique, mais il reste des cas où il est indispensable de pouvoir toucher le patient pour détecter certaines maladies ou le soigner », explique le docteur Lefort. C'est pour cela que certains domaines sont encore peu courants en télémédecine, comme la cardiologie par exemple.
>
> Du côté des patients d'ailleurs, quelques-uns ont peur de ne pas être bien soignés à distance. Le docteur Lefort les rassure : « Il faut garder en tête que le plus important, c'est l'entretien avec le médecin. Pendant la consultation à distance, qui peut durer aussi longtemps qu'un rendez-vous classique, il est toujours possible de poser des questions... De plus, le médecin étudie le dossier du patient avant le rendez-vous et le malade peut aussi transmettre des photos ou des résultats d'analyses. » Comme lors d'une consultation en présence, le médecin peut aussi donner une ordonnance ou faire un arrêt de travail.
>
> C'est donc surtout ce côté pratique qui séduit les utilisateurs de la télémédecine. « J'ai de nombreux patients qui sont heureux de ne pas avoir à se déplacer, en particulier quand ils habitent loin du cabinet ou qu'ils ont simplement besoin d'obtenir une ordonnance pour des médicaments qu'ils prennent régulièrement », déclare le docteur Lefort.
>
> De plus en plus de personnes choisissent ainsi ce mode de consultation. « J'ai eu des patients octogénaires. Parfois, le patient est aidé par un enfant ou un petit-enfant. C'est vraiment très simple d'utilisation », ajoute le docteur Lefort. La téléconsultation peut aussi concerner les enfants et les adolescents.
>
> **Alors, seriez-vous prêts à consulter un médecin par webcam ?**

Répondez aux questions.

1. En France, les médecins qui donnent des consultations à distance sont une minorité. .... 1 point
   A. Vrai   B. Faux

2. Le docteur Emmanuelle Lefort a de l'expérience dans le domaine de la télémédecine. .... 1 point
   A. Vrai   B. Faux

3. Quel est l'inconvénient de la télémédecine selon le docteur Lefort ? .... 1,5 point
   A. Elle est seulement pratiquée par certains spécialistes.
   B. Elle est un peu difficile d'accès pour certaines personnes.
   C. Elle doit parfois être complétée par des examens physiques.

4. Pour le docteur Lefort, la consultation à distance fonctionne car… .... 1 point
   A. les images médicales sont très précises et fiables.
   B. les patients peuvent toujours discuter avec leur médecin.
   C. les médecins soignent ainsi plus de malades dans la journée.

5. Qu'est-ce que les patients peuvent faire pendant la consultation en ligne ? .... 1,5 point
   A. Envoyer des documents au médecin.
   B. Utiliser des outils de prise de mesure.
   C. Entrer en relation avec plusieurs spécialistes.

6. Selon le docteur Lefort, qu'est-ce que les patients apprécient à propos de la consultation à distance ?
.... 1 point
   A. La prise de rendez-vous est plus facile en ligne.
   B. Le suivi de leurs maladies habituelles est plus simple.
   C. Le coût est plus bas que pour un rendez-vous classique.

7. La médecine à distance est réservée à certains patients. .... 1 point
   A. Vrai   B. Faux

PRÉPARE LE DELF

Production écrite
25 points

Vous recevez ce courriel de Lou, votre amie française.

> Salut, comment vas-tu ?
> Je viens de changer de collège et je me suis inscrite au club de basket. Malheureusement l'ambiance est mauvaise dans l'équipe : il n'y a que des garçons et ils ne veulent pas jouer avec moi parce que je suis une fille. Ils pensent qu'on va perdre à cause de moi. Je ne sais pas comment me faire accepter. Qu'est-ce que tu ferais à ma place ?
> Lou

Vous répondez à Lou. Vous lui donnez votre opinion en lui présentant des exemples de vos expériences.
160 mots minimum

Production orale
25 points

- **Exercice 1** Exercice en interaction

Vous êtes au collège en France. Vous voulez vous inscrire dans une association pour défendre une cause qui vous intéresse. Vous discutez avec votre ami pour lui demander de s'inscrire avec vous. Vous lui expliquez pourquoi vous souhaitez faire du bénévolat.

L'examinateur joue le rôle de votre ami.

- **Exercice 2** Expression d'un point de vue

Vous dégagez le thème soulevé par le document et vous présentez votre opinion sous la forme d'un exposé personnel de 3 minutes environ. L'examinateur peut vous poser quelques questions.

Apprendre les premiers secours au collège

Comme chaque année, les élèves des classes de 3e du collège Barbey d'Aurévilly ont participé à un cours d'initiation aux premiers secours. Avec leur professeur de sciences, qui est aussi pompier volontaire le week-end, les adolescents ont appris les gestes de base pour protéger la victime et la garder en vie en attendant les secours.

Cette expérience a eu beaucoup de succès : « Je suis contente d'avoir participé à cette formation. Dans la vie de tous les jours, un accident est vite arrivé : dans la rue, à la maison, au sport… c'est toujours utile d'avoir ces connaissances en secourisme. Je pense que je referai cette formation dans deux ou trois ans, pour ne pas oublier », explique Julie qui a suivi cette journée d'initiation.

Et vous, qu'en pensez-vous ? Aimeriez-vous participer à un cours comme cela au collège ?

#CONFIANTES unité 5

LEÇON 1
PARLER DE L'AVENIR ÉCOLOGIQUE
- La négation
- La restriction
- Le développement durable
- Les catastrophes naturelles

💬 Réaliser un flash info

LEÇON 2
EXPRIMER SA PEUR
- Les sentiments + subjonctif
- Les espèces menacées

✏️ Écrire à un centre de protection des animaux

LEÇON 3
ENCOURAGER
- Le but
- Le progrès scientifique

💬 Encourager un(e) ami(e)

CULTURE
Le lynx

L'EXTRAIT
Susie Morgenstern

LES CLÉS...
pour s'impliquer dans une action civique

DÉTENTE
- L'intonation de la peur

Faire un discours sur l'avenir de la planète — Relève *le défi*

LEÇON 1 — PARLER DE L'AVENIR ÉCOLOGIQUE

> Cahier p. 46

1 Peut-on limiter le réchauffement climatique ?

1. Regarde les affiches. Est-ce que tu fais ces gestes pour la planète ? Est-ce que tu en fais d'autres ?

2. 🎧 28 Écoute l'interview.
a. Dis combien de pays se réunissent et pourquoi.
b. Trouve :

- 4 activités humaines polluantes
- 2 noms de gaz à effet de serre
- 2 énergies renouvelables
- 1 objectif de la COP 21

3. 💬 À DEUX **Discutez** : Connais-tu des organisations pour la protection de la planète ? Lesquelles ? Que font-elles ?

LA NÉGATION

Il **ne** faut **pas** que je la gaspille.
Il **n'**est **pas encore** hors d'atteinte.
Ce **n'**est **pas** un objectif.
> p. 78

LE DÉVELOPPEMENT DURABLE

limiter nos émissions
de gaz à effet de serre
le réchauffement climatique
une énergie renouvelable
> p. 79

BLA BLA BLA

1. 💬 EN GROUPES **Discutez** pour trouver des solutions pour limiter les émissions de gaz à effet de serre.

2. MÉDIATION L'un(e) de vous organise la discussion et invite les participants à prendre la parole.

UNITÉ 5

2 Lutter contre les catastrophes naturelles

Peut-on dompter les cyclones ?

Contre les cyclones, des chercheurs proposent de fabriquer, avec des bateaux à brume, des nuages artificiels pour refroidir la mer. On calmerait ainsi la fureur des ouragans.

La date : 10 octobre 2050.

Le lieu : quelque part au milieu de l'Atlantique.

À l'horizon, des centaines de jets d'eau jaillissent vers le ciel. [...] Il s'agit [...] de « bateaux-rotors » téléguidés – sortes de drones aquatiques propulsés par la seule force du vent. Ils aspirent l'eau de mer et l'éjectent dans le ciel à plusieurs centaines de mètres d'altitude. Leur but ? Calmer la colère du gigantesque ouragan lancé à leurs trousses*.

Il faut faire vite : 20 millions de personnes sont en danger ! Un cyclone de taille moyenne, disons dans les 500 km de diamètre, produit des pluies torrentielles dévastatrices et des vents à 200 km/h capables d'aplatir des maisons comme des crêpes ! Sans parler de la montagne d'eau de mer de 5 à 10 m de haut qui vous nettoie une plage paradisiaque de son sable aussi proprement qu'un aspirateur... Bref, en trois ou quatre jours de fureur, une seule de ces tempêtes libère autant d'énergie que l'humanité en consomme chaque année ! [...]

Le cyclone, un monstre qui peut faire du bien...

Les cyclones ne font pas que détruire : ils fournissent une grande partie de la pluie qui arrose l'Amérique et l'Asie. Sans eux, le Japon, par exemple, recevrait moitié moins de pluie qu'aujourd'hui ! Il est même arrivé que des cyclones meurtriers sauvent des régions entières** de la catastrophe.

René Cuillierier, science-et-vie-junior.fr

*l'ouragan les poursuit. **Le cyclone Camille, par exemple, a fait beaucoup de morts dans les Caraïbes en 1969 mais, grâce à lui, l'Amérique centrale a évité la sécheresse.

1. Regarde l'image et décris-la. Imagine ce que c'est.

2. Lis l'article et réponds.
a. De quelles catastrophes naturelles parle le texte ?
b. Qu'est-ce que les chercheurs ont imaginé ?
c. Quelles sont les conséquences d'un cyclone pour les humains ?
d. Que veut dire « une montagne d'eau de mer » ? Comment ce phénomène s'appelle-t-il ?

3. **Rédige un e-mail (80 mots) :** Écris au magazine *Science et vie junior* pour donner ton avis sur l'idée évoquée dans l'article. Dis quels sont les avantages et les inconvénients.

LES CATASTROPHES NATURELLES

un cyclone
des pluies torrentielles
> p. 79

3 Réalisez un flash info

À DEUX

1. Choisissez un sujet d'actualité lié au développement durable ou aux catastrophes naturelles.

2. Présentez ces informations comme à la radio. Pensez à répondre à ces questions (qui, quoi, où, quand, comment, pourquoi ?).

PARLER DE L'AVENIR ÉCOLOGIQUE

La Terre ira mieux / moins bien...
Dans le futur, il y aura...
On sait qu'il faut diminuer...
L'objectif est encore atteignable.
Des chercheurs proposent de...

GRAMMAIRE PRATIQUE

> Révise ta grammaire p. 143

1 RÉVISE La négation

1. Écris le contraire.

> au passé composé : *ne* + *être/avoir* + *pas* + participe passé

a. Je fais beaucoup de choses pour économiser l'eau et l'électricité.
b. Lucie mange toujours de la viande.
c. Nathan a déjà vu un tsunami.
d. Jules et Emma sont encore allés nettoyer la plage.
e. Jo a voulu jeter moins de déchets.

2. Réponds aux questions avec une négation.

a. Est-ce qu'il y avait quelqu'un dans la maison ?
b. Est-ce qu'il y a toujours eu des ouragans en France ?
c. Est-ce que tu as fait quelque chose pour limiter ton empreinte écologique ?
d. Est-ce qu'il y a encore des gens qui gaspillent l'électricité ?
e. Est-ce qu'il y a toujours des sécheresses en hiver ?

3. Autour de toi, qui est très respectueux de la planète ? Utilise la négation.

Exemple : *Ma sœur ! Elle ne jette jamais ses déchets par terre.*

mémo

LA NÉGATION

- *ne… pas*
Elle **ne** pollue **pas**.
- *ne… plus* (≠ encore)
Elle **ne** mange **plus** de viande.
- *ne… jamais* (≠ toujours)
Il **n'**a **jamais** vu de cyclone.
- *ne… personne* (≠ quelqu'un)
Après un cyclone, il **n'**y a **personne**.
- *ne… rien* (≠ quelque chose)
Je **ne** fais **rien** pour la planète.
- *(ne)… ni… ni…* (double négation)
Il **ne** fait attention **ni** à sa consommation d'eau **ni** à son alimentation.

❗ À la forme négative, *un, une, du, de la, des* ➜ **de**
Il y a un cyclone. ➜ Il **n'**y a **pas de** cyclone.

2 La restriction

1. 🎧 29 Écoute et dis si tu entends une restriction.

2. Reformule avec une autre forme de restriction.

a. Il y a des ouragans seulement en Amérique.
b. Il n'éteint la lumière que quand il quitte la pièce.
c. Il prend sa voiture seulement quand il ne peut pas utiliser son vélo.
d. Elle ne mange de la viande que quand elle est invitée.
e. Le drone aquatique combat seulement les cyclones.

3. Imagine un monde sans pollution. Écris un texte pour le décrire. Utilise la restriction (80 mots).

mémo

LA RESTRICTION

- **avec un adjectif :** *seul(e), unique…*
Il s'agit de bateaux propulsés par la **seule** force du vent.
- **avec un adverbe :** *uniquement, seulement*
Il mange **seulement** des légumes.
- **avec *ne… que* et *ne… pas que***
Les cyclones **ne** font **que** détruire.
(= Ils détruisent uniquement.
= Ils n'aident à rien.)
Les cyclones **ne** font **pas que** détruire.
(= Ils ne détruisent pas seulement.
= Ils aident.)

3 C'est à vous !

✏️ **À DEUX** Fais deviner une catastrophe naturelle à ton/ta voisin(e). Utilise le plus de négations possibles. Écris au moins quatre indices, passe la feuille à ton/ta voisin(e) qui doit trouver la réponse.

Exemple : *C'est une catastrophe qui ne se passe que dans les pays tropicaux. À la fin, les gens n'ont ni eau, ni électricité. Il y a tellement de vent et de pluie que personne ne doit sortir. C'est…*

VOCABULAIRE PRATIQUE

1 Le développement durable

1. Regarde l'image et retrouve cinq mots du mémo.

2. 🎧 30 Écoute et note le vocabulaire du développement durable entendu.

3. À DEUX Cherche ou invente la définition d'un mot du mémo, ton/ta voisin(e) doit trouver le mot.

mémo
LE DÉVELOPPEMENT DURABLE

une alternative propre
l'atmosphère (fém.)
la biodiversité
le climat
une empreinte écologique
une énergie renouvelable (un panneau solaire, une éolienne)
un gaz à effet de serre (le dioxyde de carbone, le méthane)
le réchauffement climatique

limiter sa consommation
se réchauffer
recycler = réutiliser
réduire ses émissions
végétaliser/planter

2 Les catastrophes naturelles

1. Lis le mémo et associe chaque image à un mot.

a.

b.

c.

d.

e.

mémo
LES CATASTROPHES NATURELLES

un cyclone = un ouragan = une tempête
un feu de forêt = un incendie
une inondation
un phénomène climatique extrême
une pluie torrentielle
une sécheresse
un tremblement de terre = un séisme
un tsunami = un raz-de-marée

être dévastateur/trice
détruire

2. Retrouve le nom ou l'adjectif qui correspond au verbe.
a. trembler **b.** sécher **c.** inonder **d.** dévaster **e.** pleuvoir

3. À DEUX Est-ce qu'il y a déjà eu une catastrophe naturelle ou climatique dans ton pays ? Raconte.

3 C'est à vous !

💬 EN GROUPES Jouez au Time's up de l'écologie. L'un(e) de vous fait deviner les actions des cartes à son équipe. À la première étape, on peut dire ce qu'on veut. À la deuxième étape, on ne doit utiliser qu'un seul mot. À la dernière étape, il faut mimer.

CULTURE — LE LYNX

On se dit tout !

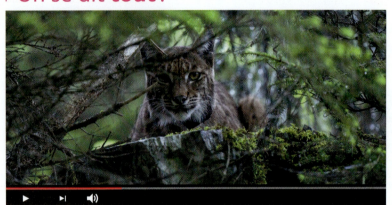

▶ 5 Regarde la bande annonce et présente le film en quelques phrases (genre, sujet). As-tu envie de voir ce film ? Pourquoi ?
Cherche d'autres films qui parlent d'espèces menacées.

Info culturelle ❶ — Les espèces menacées

42 % des amphibiens, **30 %** des requins et raies, **26 %** des mammifères et **13 %** des oiseaux sont actuellement des espèces en voie de disparition dans le monde.
Les animaux les plus menacés en France sont : 1. le lynx boréal ; 2. l'ours brun ; 3. le bouquetin des Alpes ; 4. le marsouin commun ; 5. le grand hamster

Associe les animaux à leur photo et donne leur classe (mammifère…).
🌍 Connais-tu des espèces menacées dans ta région ou ton pays ?

Info culturelle ❷

Nom scientifique : *Lynx lynx*
Classe : mammifère
Famille : félins
Habitat : forêts d'Europe, Asie, Amérique du Nord
Nourriture : carnivore
Statut : « en danger »

Quel est le statut du lynx ? Qu'est-ce que cela veut dire ? Cherche les différents statuts des animaux.

🌍 Fais la fiche d'identité d'une espèce menacée de ton pays.

Le coin des francophones

APRÈS MOI LES MOUCHES

À DEUX Regardez l'image. À votre avis, que signifie cette expression belge : aimer les insectes, avoir oublié de se laver **ou** ne pas se préoccuper de l'avenir ?

Proposez un dessin pour l'expression française équivalente : *après moi le déluge*.

LEÇON 2 — EXPRIMER SA PEUR

UNITÉ 5

> Cahier p. 48

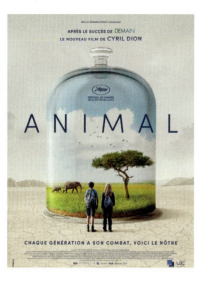

1 Ça me fait peur que…

1. Décris cette affiche de film. Imagine le scénario.
2. 🎧 31 Écoute et dis si c'est vrai ou faux.
   a. Les adolescents du film ont peur pour l'avenir de la planète.
   b. Nina ne veut protéger que les animaux.
   c. Le braconnage et la pêche menacent des animaux.
   d. Juliette est stressée par la disparition des espèces.
   e. Le documentaire ne montre que des problèmes.
3. 💬 À DEUX Discutez : Est-ce que tu as envie de voir le film ? Pourquoi ?

> **L'EXPRESSION DES SENTIMENTS + SUBJ**
>
> Ça **me fait peur que** des espèces **disparaissent**.
> Les adolescents **ont peur que** la planète **soit** inhabitable.
> Je **suis très content qu'**ils **partagent** des solutions.
> > p. 84

2 Aider les animaux au quotidien

DANS LEUR CENTRE ATHÉNAS, ILS SAUVENT DES ANIMAUX SAUVAGES !

Vous accueillez des animaux très différents, dont des lynx !
LORANE : On accueille tous les animaux sauvages qu'on nous amène ! Il y a aussi beaucoup d'animaux percutés par des voitures ou attaqués par des chiens ou des chats. Les jeunes essaient souvent de se rapprocher des habitations quand ils ont faim. Le lynx est aussi tué par des braconniers. […] Souvent, les personnes ont peur, ne savent pas trop quoi faire. […] Alors, on leur donne des conseils pour cohabiter avec les animaux sauvages.

Comment pouvons-nous protéger les animaux sauvages ?
LORANE : Les humains empiètent de plus en plus sur l'espace sauvage. […] À force de construire des maisons, des routes, des industries et d'exploiter des champs, les animaux sauvages perdent leur zone de vie. C'est la première cause de disparition des espèces sauvages !
GILLES : Par exemple, il faut laisser des haies dans les jardins et ne pas tondre partout pour laisser de l'espace aux animaux.

lemondedesados.fr

➡️ Si toi aussi, tu trouves ça triste que les animaux disparaissent, fais un geste !

1. Regarde la photo. À ton avis, que fait cette personne ?
2. 📄 Lis le texte et choisis le meilleur résumé. Justifie.
   a. Le centre Athénas accueille et soigne des lynx blessés. Il donne aussi des conseils aux habitants pour mieux vivre.
   b. Le centre Athénas accueille et soigne des animaux sauvages blessés. Il donne aussi des conseils aux habitants pour mieux vivre avec ces animaux.
   c. Le centre Athénas accueille et soigne des animaux sauvages blessés. Il donne aussi des conseils aux habitants pour bien jardiner.

> **LES ESPÈCES MENACÉES**
>
> l'extinction des espèces
> cohabiter
> protéger la biodiversité
> > p. 85

3 ✏️ Écris au centre Athénas

Écris au centre Athénas pour leur exprimer tes peurs sur la disparition des espèces et proposer des solutions (80 mots).

> **EXPRIMER SA PEUR**
>
> J'ai peur que cette espèce disparaisse.
> Je crains que + *subj*
> Si on ne fait rien, + *futur*
> Ça m'angoisse de penser que…
> Je suis stressé(e) que…

L'EXTRAIT *Littéraire*

Après le goûter pain-confiture, ils s'appliquent à créer le blog, qu'ils baptisent « Les VERTuoses ». […]
Ils formulent des projets comme « La kermesse du rêve vert », une course pour le climat, un ramassage de déchets en plastique sur la plage,
⁵ un vide-greniers pour encourager l'acquisition d'objets de seconde main et limiter la surconsommation.
– Hey ! On peut organiser un bal où tout le monde s'habille en vert, dit Yona.
– En quoi est-ce qu'un bal peut aider la planète ?
¹⁰ – On va parler de notre cause quand tout le monde sera détendu et en train de s'amuser. Ils seront réceptifs, et on aura des adhésions. Faut qu'on trouve des actions positives, au lieu de dire : « Faites pas ci, faites pas ça. » On veut attirer des adeptes et pas les repousser. […]
– J'aimerais aussi mobiliser les lycéens qu'on va bientôt être
¹⁵ et organiser une marche pour le climat, dit Antonin.
– T'as raison. L'écologie doit faire partie de notre quotidien. Je crois que pas mal de gens commencent à avoir vraiment peur de la montée des eaux, des sécheresses et des incendies à répétition. On sent que les mentalités changent.
– Je ne sais pas si la peur doit être le seul moteur… Il faut juste que les scientifiques
²⁰ nous aident à trouver des solutions. Et je vais devenir l'un de ces scientifiques !
– Mais tu es poète ! Et tu n'aimes pas trop les maths…
– Je vais décider d'aimer les maths ! J'espère que je serai meilleur scientifique que poète !
– Pour l'instant, soyons des êtres humains conscients.

Susie Morgenstern et Emma Gauthier, *Les Vertuoses*, L'école des loisirs.

1. Regarde la couverture du livre.
a. À ton avis, qui sont ces personnes ? Quel est leur but ?
b. « Vertuose » est un mot valise : vert + virtuose (= une personne très douée). Imagine le thème du livre.

2. Lis le texte et trouve :
a. une action faite par ces jeunes pour le climat.
b. cinq projets pour le climat.
c. la raison pour laquelle organiser un bal est utile pour la planète.
d. trois catastrophes naturelles.
e. un groupe de personnes qui doit aider à trouver des solutions.

3. MÉDIATION Décris les personnages. Que penses-tu de leur personnalité ?

MOT À MOT

1. Relis le dialogue. Note les expressions et tournures familières.

2. Les jeunes organisent une marche pour le climat. Imagine et écris un dialogue. Utilise des expressions familières (100 mots).

LEÇON 3 — ENCOURAGER

UNITÉ 5

> Cahier p. 50

1 Étudier son environnement

Participez au Bioblitz Science & Vie !

Observez les espèces végétales des rues avec le programme *Sauvages dans ma rue*.

ÉTAPE 1 Choisissez une rue à étudier.

ÉTAPE 2 Dès que vous trouvez une plante sauvage, notez son nom ou photographiez-la si vous ne la connaissez pas.

ÉTAPE 3 Indiquez l'endroit (pieds d'arbre, trottoir…) où se trouve chaque espèce.

ÉTAPE 4 Chez vous, identifiez les espèces grâce aux outils d'identification disponibles sur tela-botanica.org et envoyez vos données aux chercheurs.

Pourquoi participer ?

Pour qu'un comptage soit efficace et utile, il faut qu'il soit massif et se concentre sur une courte période. Plus vous serez nombreux à partager vos observations, plus les scientifiques pourront tirer des conclusions fiables à partir des données récoltées !

1. Regarde et lis le document. C'est où ? Qui participe ? On fait quoi ? On fait comment ? Pourquoi fait-on ça ?

2. Avec tes réponses à la question 1, donne une définition de « bioblitz ».

3. Écris à *Science et Vie* (80 mots) : Tu veux t'inscrire à cet événement. Pose des questions sur le déroulement du week-end (heures, lieux, matériel…).

> **L'EXPRESSION DU BUT**
>
> **Pour qu'**un comptage **soit** efficace…
> **Pour que** nous **prenions** notre place…
> > p. 84

2 Participe à un concours scientifique !

L'actu dès 13 ans : l'actualité en 10 minutes par jour, www.playbacpresse.fr

1. Regarde l'illustration et fais des hypothèses sur *Science Factor* : C'est quoi ? C'est pour qui ? Pourquoi ?

2. 🎧 32 Écoute et corrige ces fausses affirmations.
a. Des jeunes ont inventé un détecteur d'incendie.
b. Le concours est individuel.
c. Il est possible d'avoir une équipe avec seulement des garçons.
d. Les jeunes font des projets qui sont abstraits.

> **LE PROGRÈS SCIENTIFIQUE**
>
> une observation
> un projet scientifique
> une innovation scientifique
> > p. 85

3 💬 Encourage un(e) ami(e)

À DEUX Ton ami(e) veut s'inscrire au concours *Science Factor*, mais il/elle a peur. Tu l'encourages et le/la rassures. Jouez la scène !

> **ENCOURAGER**
>
> Tu peux le faire !
> Tu vas y arriver !
> Aie confiance en toi !
> Ne te sous-estime pas !

GRAMMAIRE PRATIQUE

> Révise ta grammaire p. 143

1 Les sentiments + subjonctif

1. 🎧 33 Écoute. Tu entends l'infinitif ou le subjonctif ?

2. Recopie et complète. Utilise un verbe au subjonctif.

▌ Utilise le radical de la 1re ou de la 3e pers. du plur. de l'indicatif.

a. Je suis content que tu…
b. Les écologistes craignent que…
c. C'est génial que…
d. Elle a peur que…
e. Nous sommes stressés que…

3. À DEUX Regardez les images, décrivez leurs sentiments et imaginez les raisons.

a.   b.   c.

MÉMO — LES SENTIMENTS + SUBJ

L'expression des sentiments : *avoir peur, être content(e), être stressé(e)*…

- **avec le même sujet** : verbe de sentiment + *de/d'* + infinitif
Je **suis triste d'être** malade.
(sujet 1 et 2 : *je*)

- **avec deux sujets différents** : verbe de sentiment + *que* + subjonctif
Ils **ont peur que** la planète **soit** inhabitable.
(sujet 1 : *ils*, sujet 2 : *la planète*)

2 Le but

1. Associe.

a. Léa participe au concours
b. J'aide les scientifiques
c. Je veux être scientifique
d. William compte les oiseaux
e. Nina étudie les sciences

1. afin d'aider la planète.
2. afin qu'on puisse les sauver.
3. pour gagner.
4. pour que les filles voient que c'est possible !
5. pour qu'ils trouvent des solutions.

2. Complète.
a. Mon père a acheté une voiture électrique afin de…
b. Les jeunes font la grève pour le climat pour que…
c. Les scientifiques comptent les espèces vivantes pour…
d. Les gouvernements se réunissent afin de…
e. Les animaux vont au centre Athénas afin que…

3. Écris cinq phrases pour expliquer l'importance de la science pour la planète.
Exemple : *Le travail des scientifiques est essentiel pour que la planète aille mieux.*

MÉMO — LE BUT

- **avec le même sujet** : *pour / afin de* + infinitif
Je donne de l'argent **pour aider** les lynx.
(sujet 1 et 2 : *je*)

- **avec deux sujets différents** : *pour que / afin que* + subjonctif
Je donne de l'argent **afin que** les lynx **soient** protégés.
(sujet 1 : *je*, sujet 2 : *les lynx*)

3 C'est à vous !

💬 À DEUX Jouez aux dés du subjonctif. Lance les dés et fais une phrase avec les expressions proposées. Ton/Ta voisin(e) vérifie ta phrase.

VOCABULAIRE PRATIQUE

1 Les espèces menacées

1. Associe chaque verbe à son synonyme.

a. braconner — 1. libérer
b. cohabiter — 2. chasser
c. soigner — 3. secourir
d. relâcher — 4. mettre en danger
e. menacer — 5. vivre avec

2. 🎧 34 Écoute et réponds.
a. Quelle espèce Nina présente-t-elle ?
b. Quelles sont les causes de la disparition de cette espèce ?
c. Quelles sont les solutions pour la sauver ?

3. Choisis cinq mots du mémo et explique-les à ton/ta voisin(e).
Exemple : *Un braconnier, c'est quelqu'un qui tue des animaux pour gagner de l'argent.*

mémo — LES ESPÈCES MENACÉES

la biodiversité
un braconnier
la disparition des espèces = l'extinction (fém.)
la pêche, l'élevage, l'agriculture intensif/ive
la perte de l'habitat / la zone de vie
la vie sauvage

cohabiter
empiéter sur l'espace sauvage
être vulnérable/menacé(e)
relâcher un animal
soigner/protéger les animaux

2 Le progrès scientifique

1. Trouve le mot du mémo qui correspond à l'image.

 a.
 b.
 c.
 d.
 e.

2. Remplace les 💡 par un mot du mémo.

Hier, pendant 10 minutes, j'ai compté tous les oiseaux de mon jardin. J'ai fait un 💡. Les scientifiques ont récupéré mes informations et celles de mes voisins. Ils ont 💡 les données. Ils ont regroupé toutes les informations dans une 💡. Ils vont analyser les informations et 💡 des conclusions. Ils vont 💡 un projet pour protéger les oiseaux.

3. À DEUX Cherche une innovation scientifique et présente-la à ton/ta voisin(e) (nom, inventeur, fonctionnement, but…).

mémo — LE PROGRÈS SCIENTIFIQUE

une base de données
une innovation scientifique
un inventaire
une invention
une observation > un observatoire
un projet scientifique
un scientifique

construire un projet
identifier
observer des espèces
promouvoir la science
récolter des données
répertorier/recenser
tirer des conclusions

3 C'est à vous !

✏️ Sors observer la biodiversité autour du collège et relève les différentes espèces. Écris un texte pour décrire ces espèces animales et végétales. Que peux-tu faire pour les aider ? (80 mots)

LES CLÉS...

..... pour s'impliquer dans une action civique

Je découvre une action civique

S'engager pour la planète

Raphaël a commencé la pêche à l'aimant il y a deux ans. Depuis il a remonté 25 tonnes de déchets. Impressionnant.

« *Au début, c'était plutôt pour l'aventure*, admet Raphaël. *Mais ensuite, j'ai compris que je faisais de la dépollution, et c'est pour ça que j'ai continué.* » [...] La plupart du temps, il signale les objets repêchés à la mairie, qui vient les ramasser. Parfois aussi, « *des personnes se servent et récupèrent des vélos, des skates. Ça leur donne une deuxième vie, c'est super.* » [...] Parfois, il se demande si ce qu'il fait sert vraiment à quelque chose et se désole de trouver toujours autant d'objets abandonnés dans la Seine. « *Mais je me dis qu'au moins, je fais ma part.* »

Le Monde des ados n°501.

Regarde la photo et lis le texte. Puis, lis la clé et trouve le problème, la solution et le but de l'action de Raphaël. Est-ce une action civique ?

🗝 LA CLÉ

Une action civique :
- répond au problème d'une communauté
- apporte une solution
- a pour but d'améliorer la vie des gens

J'apprends à m'engager

À DEUX Listez des actions civiques possibles en lien avec l'environnement. Puis, discutez : Pour quelle(s) action(s) environnementales aimeriez-vous vous engager ? Pour quelles raisons peut-on (ne pas) s'engager ?

🗝 LA CLÉ

S'engager dans une action civique, c'est :
- vouloir participer à une cause commune
- savoir pourquoi on s'engage
- passer de « vouloir » à « agir »

Je sais m'impliquer dans une action civique

EN GROUPES

 1 Raconte tes « petites » actions civiques personnelles.

 3 Décidez d'une action à faire ensemble.

 2 Partage ta liste d'actions possibles.

  4 Agissez !

DÉTENTE

UNITÉ 5

« MÊME PAS PEUR »
Museum national d'histoire naturelle

Animation arachnophobie
© MNHN - F.-G. Grandin

❶ OBSERVE

1. Regarde la photo et décris-la.
2. Le plus rapidement possible, nomme dix choses ou animaux qui font peur.

❷ RÉAGIS

1. Choisis une étiquette et exprime ta peur en regardant la photo.

- C'est horrible !
- J'ai peur qu'elle me morde !
- C'est ma pire phobie !
- OH NOOOOON ! ÇA ME DÉGOUTE !
- Ah ! Mais pourquoi tu la prends dans tes mains ?
- Aaaaah ! Elle est énorme !

2. 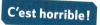 35 Écoute. Quand on a peur, que fait la voix ? Elle monte ou elle descend ? Est-ce qu'elle tremble ?

❸ AMUSEZ-VOUS !

🎯 En groupes, jouez au jeu *Même pas peur*. Discutez et découvrez les petites et grandes peurs de chacun.

- Tu as plus peur de perdre quelqu'un dans la foule **ou** de perdre quelqu'un dans la forêt ?
- Tu as plus peur de toucher une araignée **ou** de manger un criquet grillé ?

L'INTONATION DE LA PEUR

Quand on a peur, la voix tremble et l'intonation monte à la fin des phrases.

quatre-vingt-sept 87

POUR ou CONTRE ?

Attaquer l'art pour défendre l'écologie.

Contexte
Certains militants écologistes jettent de la peinture, des tomates, de la purée, etc. sur des œuvres d'arts ou des monuments afin d'alerter sur les problèmes climatiques. À ton avis, est-ce que c'est une bonne idée de s'en prendre aux œuvres d'art pour alerter sur le climat ?

⌛ **Tu as 3 minutes pour…**
… expliquer le choix de ces actions contre l'art.

⌛ **Tu as 7 minutes pour…**
… chercher d'autres actions pour défendre les causes écologiques.

⌛ **Vous avez 10 minutes pour…**
… débattre sur le sujet. Les uns sont des écologistes prêts à tout pour défendre leur cause, les autres protestent et proposent d'autres solutions.

astuce Pour protester :
- C'est n'importe quoi !
- C'est très grave !
- C'est inacceptable !
- Les gens se prennent pour qui ?

Relève le défi de l'unité !

Contexte
Dans le cadre d'une conférence sur « Les jeunes et l'avenir de la planète », ton groupe est invité à prendre la parole pour proposer des actions.

À DEUX • 💬 Chacun exprime ses peurs sur la situation actuelle de la planète.

EN GROUPES • ✏️ Rédigez un discours. Exprimez vos peurs en introduction, donnez des actions concrètes dans le développement et parlez de l'avenir écologique en conclusion.
• Répartissez-vous les parties du discours.

EN CLASSE • 💬 Lisez chacun(e) votre partie du discours à la classe.
• 💬 La classe vous encourage à prendre la parole.

le mémo du défi

Exprimer sa peur
- ✓ J'ai peur que cette espèce disparaisse.
- ✓ On craint que la planète devienne inhabitable.
- ✓ Si on ne fait rien, tous les animaux…
- ✓ Ça m'angoisse de penser que…

Parler de l'avenir écologique
- ✓ Je pense que la Terre ira…
- ✓ Dans le futur, …
- ✓ On sait qu'il faut diminuer…
- ✓ L'objectif est encore atteignable.

Encourager
- ✓ Tu peux le faire !
- ✓ Vous allez y arriver !
- ✓ Ayez confiance !
- ✓ Ne te sous-estime pas !

#CONNECTÉS

unité 6

LEÇON 1
PRÉSENTER UN INFLUENCEUR
- Le pronom *y*
- L'identité numérique
- Les influenceurs

💬 Créer une vidéo

LEÇON 2
EXPRIMER UNE DIFFICULTÉ
- La place des adverbes
- Les incivilités sur Internet

💬 Jouer une saynète

LEÇON 3
PROPOSER UNE NOUVEAUTÉ
- Les pronoms relatifs composés
- L'intelligence artificielle

✏️ Présenter une machine intelligente

CULTURE
L'Atelier des Lumières

L'EXTRAIT
Christopher Bouix

LES CLÉS...
pour protéger ses données sur Internet

DÉTENTE
- Les nasales

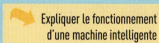 
Expliquer le fonctionnement d'une machine intelligente — Relève le défi

LEÇON 1 — PRÉSENTER UN INFLUENCEUR

> Cahier p. 56

1 Les stars des réseaux sociaux

En plus d'être amis dans la vie, Michou et Inoxtag dominent le YouTube français avec 14 millions d'abonnés à eux deux.

« Influenceur », « youtubeur », « streamer »… Quel mot préférez-vous pour vous définir ?

INOXTAG : Le mot « influenceur » est parfois un peu péjoratif […]. Moi, j'aime bien dire que je suis créateur de contenus.

Michou, tu as démarré sur YouTube en 2015 à 13 ans. Toi, Inox, en 2013, à 11 ans.

MICHOU : J'ai commencé les vidéos à l'arrache*. […] Puis, j'ai voulu viser les 100 000 abonnés parce que c'est le premier trophée YouTube. Et quand j'y suis arrivé, j'ai pensé au million en me disant que c'était impossible.

INOXTAG : Je voulais devenir youtubeur […]. Je ne voulais pas devenir une star, je voulais juste partager mes émotions, mes aventures avec une communauté.

Qu'est-ce qui vous passionne encore, après sept et dix ans de carrière ?

MICHOU : […] Avant, c'était de réussir. Aujourd'hui, je peux faire des choses dont je rêvais petit. Accéder à un studio de musique, avoir l'aide d'un photographe, d'un styliste pour des projets mode.

INOXTAG : Ce qui me motive, c'est le côté artistique, la réalisation. J'aime faire des vidéos dans ma chambre mais j'ai envie d'avoir des projets qui peuvent toucher tout le monde. […]

Quelle forme de responsabilité ressentez-vous face à votre public ?

MICHOU : J'essaie de rester naturel, mais j'essaie de faire attention à ne pas dire trop de gros mots, à rester ouvert d'esprit, à comprendre les gens. Et puis, je ne parle pas des sujets que je ne connais pas. Je peux avoir une influence sur les jeunes, et les moins jeunes aussi, donc j'essaie de partager des bonnes valeurs.

* très rapidement, sans préparation

Le Monde des Ados n°509.

1. Regarde la photo et lis le chapeau. Qui sont-ils ?

2. Lis l'interview et dis si c'est vrai, faux ou on ne sait pas. Justifie.
a. Inoxtag n'aime pas beaucoup le mot « influenceur ».
b. Michou et Inoxtag ont commencé les vidéos quand ils étaient adolescents.
c. Michou est rapidement arrivé à 100 000 abonnés.
d. Quand il a commencé, la célébrité était la principale motivation d'Inoxtag.
e. Aujourd'hui, Michou et Inoxtag développent différents projets artistiques.
f. Dans ses vidéos, Michou peut parler de tous les sujets.

3. Choisis un(e) influenceur/euse. Rédige un chapeau pour le/la présenter et quatre questions que tu aimerais lui poser (80 mots).

L'IDENTITÉ NUMÉRIQUE

des abonnés
des contenus
les réseaux sociaux

> p. 93

UNITÉ 6

BLA BLA BLA

1. 💬 EN GROUPES **Discutez :** As-tu envie d'être influenceur/euse ? Qu'est-ce qui t'attire dans ce métier ? Qu'est-ce qui ne te plaît pas ?

2. MÉDIATION **L'un(e) de vous anime la discussion :** il/elle donne la parole et s'assure que tout le monde s'exprime.

2 Comment se lancer sur les réseaux ?

1. Regarde la photo : Qu'est-ce que c'est ? Qui utilise ce matériel ?

2. 🎧 36 **Écoute et réponds.**
a. Qui entends-tu ?
b. Que voudraient-elles faire ?
c. De quel influenceur parlent-elles ?
d. Quel est son domaine ?
e. Combien d'abonnées a-t-il ?

3. Réécoute et repère les informations sur le projet de Nina.

- idée de nom
- RÉSEAU SOCIAL
- DOMAINE
- THÈME DE LA PREMIÈRE VIDÉO

4. 💬 À DEUX **Discutez :** Dans ton entourage, y a-t-il des personnes qui publient régulièrement des vidéos ?
Sur quel réseau social ? Dans quel domaine ? Combien d'abonnés ont-elles ?

> **LE PRONOM Y**
> Quand j'**y** suis arrivé, …
> Je voudrais **y** ajouter des vidéos.
> Je m'**y** intéresse depuis longtemps.
> > p. 92

3 💬 Créez une vidéo

À DEUX

1. Choisissez un(e) influenceur/euse que vous aimez et un court extrait d'une de ses vidéos.

2. Présentez l'influenceur/euse à l'oral et filmez-vous. À la fin de votre vidéo, intégrez l'extrait que vous avez choisi.

> **PRÉSENTER UN(E) INFLUENCEUR/EUSE**
> Il/Elle s'appelle … mais son pseudo, c'est…
> Il/Elle fait des vidéos sur…
> Il/Elle a … abonnés.
> Regardons maintenant un extrait !

quatre-vingt-onze 91

GRAMMAIRE PRATIQUE

> Révise ta grammaire p. 143

1 RÉVISE Le pronom *y* : complément de lieu

1. Lis la transcription de la piste 36 page 163. Repère ces deux phrases et indique ce que le pronom *y* remplace.
a. Je voudrais y ajouter des vidéos qui parlent de sciences.
b. J'y suis allée et j'ai appris plein de trucs !

2. Remplace les expressions soulignées par le pronom *y*.

sujet + verbe conjugué + *y* + infinitif

a. Au collège, il y a un club numérique. Je vais <u>au club</u>, tous les jeudis.
b. Tu connais ce site ? Tu pourras trouver des conseils <u>sur ce site</u>.
c. Doc Nozman a une chaîne Youtube. <u>Sur sa chaîne</u>, il présente des objets scientifiques bizarres.
d. Il y a une conférence sur le métier d'influenceur. Nous voulons aller <u>à cette conférence</u>.
e. Elle a un compte Instagram. Elle a posté une vidéo de vacances <u>sur son compte</u>.

3. 🎧 37 Écoute ces personnes et réponds par *oui* ou *non* avec un verbe à l'impératif et le pronom *y*.
Exemple : – *Je voudrais aller à Paris.*
– *Oui, vas-y !*

mémo
LE PRONOM Y : COMPLÉMENT DE LIEU

• *y* remplace un complément de lieu
Je vais <u>au Canada</u>. → J'**y** vais.

• En général, *y* se place avant le verbe conjugué.
Je suis allée <u>à ce cours</u>. → J'**y** suis allée.

❗ *Y* se place entre un verbe conjugué et l'infinitif.
Je voudrais **y** ajouter des vidéos.

❗ À l'impératif affirmatif, *y* se place après le verbe.
Vas-**y** ! Allez-**y** !

2 Le pronom *y* : complément d'un verbe + *à*

1. Remplace l'expression soulignée par *y*.
a. Nina s'intéresse <u>aux sciences</u> depuis qu'elle est petite.
b. Elle est abonnée <u>au compte de Doc Nozman</u>.
c. Elle réfléchit <u>à un projet de vidéos</u> avec Juliette.
d. Juliette voudrait participer <u>à ce projet</u>.
e. Elle s'est inscrite <u>à un cours de création de vidéos</u>.

2. 🎧 38 Écoute et réponds par *oui* ou *non* et un pronom.

chose → *y*, personne → *lui* ou *leur*

Exemple : – *Tu fais attention à ton nombre d'abonnés ?*
– *Non, je n'y fais pas attention.*

3. Imagine qu'un journaliste t'interroge sur tes centres d'intérêt. Écris cinq questions avec des verbes suivis de *à* et réponds aux questions avec le pronom *y*.

mémo
LE PRONOM Y : COMPLÉMENT D'UN VERBE + À

• *Y* remplace une chose, complément d'un verbe introduit par *à* : *participer à, jouer à, s'abonner à, s'intéresser à, penser à…*
Je pense <u>à mon avenir</u>. → J'**y** pense.
Je ne joue pas <u>au football</u>. → Je n'**y** joue pas.

❗ Pour les personnes, on utilise *lui* ou *leur*.
Je téléphone <u>à mon père</u>. → Je **lui** téléphone.

3 C'est à vous !

👥 À DEUX Choisis trois étiquettes. Imagine une phrase avec *y* pour remplacer l'étiquette que ton/ta voisin(e) doit deviner.

| à la piscine | à mon avenir | sur Instagram | à la mode | au basket |
| au cours de français | à la chaîne d'Inoxtag | à la montagne | aux jeux vidéo |

VOCABULAIRE PRATIQUE

1 L'identité numérique

1. Remplace les 💻 par un mot du mémo.

William a créé un 💻. Quand il a complété son 💻, il a fait attention à ses 💻 : il n'a pas mis son vrai nom, il a choisi un 💻 et il n'a pas écrit son adresse. Puis, il a commencé à 💻 des photos et des vidéos.

2. Associe chaque définition à un mot du mémo.
Regarde si on cherche un verbe, un nom ou un adjectif.
a. Alerte envoyée par une application.
b. Qui ne dure que 24 heures.
c. Indiquer le nom de quelqu'un sur une photo.
d. Site qui permet de communiquer et de partager des informations.
e. Remarque positive ou négative à propos d'un contenu.

3. Aimerais-tu avoir un compte sur un réseau social ? Pour y publier quoi ? Pourquoi ?

mémo — L'IDENTITÉ NUMÉRIQUE
une appli(cation)
un avatar
un commentaire
un compte
des données personnelles
un emoji
un filtre
une notification
un profil
un pseudo(nyme)
un réseau social
une story éphémère
publier des contenus (photo, vidéo, article…)
tagger une photo

2 Les influenceurs

1. Associe.
a. s'abonner
b. se désabonner
c. suivre
d. faire
e. partager

1. une vidéo
2. un partenariat
3. d'une chaîne
4. un influenceur
5. à un compte

mémo — LES INFLUENCEURS
des abonnés
une communauté
le marketing d'influence
un partenariat avec une marque
partager un contenu
s'abonner à qqch/qqn
se désabonner de qqch/qqn
suivre qqn

2. Regarde la publication et repère le réseau social, le nom du compte, le nombre d'abonnés et le type de contenus.

Instagram
esprit_cyclisme Suivre Contacter
2 810 publications • 15,5 k followers • 523 suivi(e)s
Actualités & Résultats Cyclisme
Site web d'actualités
Les résultats 🏆 et les dernières news 📰

3. À DEUX Sur ton téléphone, affiche le compte de la personne de ton choix sur un réseau social. À l'oral, présente ce compte à ton/ta voisin(e).

3 C'est à vous !

✏️ Déchiffre ce message à l'aide du code secret.

CODE SECRET

CULTURE — L'ATELIER DES LUMIÈRES

On se dit **tout** !

▶ 6 Regarde la vidéo. Que peut-on voir à L'Atelier des Lumières ? Qu'est-ce qui plaît aux visiteurs ?

🌍 Existe-t-il des lieux comme celui-ci dans ton pays ? S'il existait, quel pourrait être le thème de la première exposition ?

Info **culturelle** ❶

Situation : Paris, 11e arrondissement
Surface : 1500 m²
Date d'ouverture : 13 avril 2018
Nombre de visiteurs par an : 1 million, dont 12 % de moins de 25 ans
Expositions passées :
peinture → Klimt, Hundertwasser, Van Gogh, Cézanne
photographie → Yann Arthus-Bertrand

Quelle exposition vois-tu sur cette photo ?

Info **culturelle** ❷

Les musées parisiens
Le Louvre est le plus grand musée de Paris. On peut y voir des chefs-d'œuvre artistiques (peintures, sculptures, dessins) et des objets archéologiques.

▲ Le Musée d'Orsay présente des œuvres de 1848 à 1914 (Monet, Van Gogh, Degas…).

Il existe beaucoup d'autres musées à Paris : le Centre Pompidou et sa collection d'art moderne, le Musée Grévin et ses statues de célébrités, le Palais de la Découverte et ses expositions scientifiques, le musée de la Magie…
Quel musée parisien aimerais-tu visiter ?
🌍 **Quel est le plus grand musée de ton pays ?**

Le coin des **francophones**

AVOIR DES BOULES

À DEUX Regardez l'image. À votre avis, que signifie cette expression congolaise : avoir de l'imagination, avoir du temps libre **ou** avoir de l'argent ?
Proposez un dessin pour l'expression française qui signifie « avoir peur » ou « être en colère » : avoir les boules.

LEÇON 2 — EXPRIMER UNE DIFFICULTÉ

UNITÉ 6

> Cahier p. 58

1 Internet et liberté d'expression

Le témoignage
Dans un groupe WhatsApp de la classe et sur les réseaux, j'ai pris la défense d'une personne autiste dont on se moquait. Je suis immédiatement devenue la militante de service*. J'ai commencé à être insultée dans la conversation, alors je l'ai quittée. On a continué à m'envoyer des captures d'écran de ce qui se disait, à me traiter de tous les noms sur les réseaux sociaux et en messages privés. […] Et maintenant, il y a des rumeurs qui circulent au collège. Je ne sais plus quoi faire pour que ça s'arrête. *Une lectrice, 15 ans*

La réponse
Chère lectrice […] : en voulant protéger une personne fragile, tu te retrouves la cible de cyberharcèlement. Quand on fait face à des violences en ligne, on a souvent l'impression qu'il n'y a aucune règle et aucun moyen de les arrêter. Mais c'est faux : il y a des lois, même en ligne.

* la personne qui milite systématiquement

Le Monde des ados n°484.

1. Décris l'image. Fais des hypothèses sur le thème du texte.
2. Lis le texte et réponds.
a. Qui écrit la 1re partie du texte ? Que signifie le mot « témoignage » ?
b. Qu'est-ce qui s'est passé ? Et aujourd'hui, est-ce que le problème est réglé ?
c. Qui écrit la 2e partie du texte ? Quel mot dans le texte est synonyme de « violences en ligne » ?
3. Écris un témoignage pour *Le Monde des ados* (100 mots) : As-tu déjà pris la défense de quelqu'un ? Dans quelle situation ?

LA PLACE DES ADVERBES
Je suis **immédiatement** devenue…
On a **souvent** l'impression…
Aujourd'hui, nous allons parler de…
> p. 98

2 Les dangers d'Internet

1. Connais-tu des dangers liés à Internet ?
2. 39 Écoute et associe Nina ou William au(x) problème(s) dont il/elle parle.

| On peut se faire insulter sur Internet et par téléphone. | Quelqu'un peut publier une de nos photos sans notre autorisation. | On peut rencontrer des personnes malveillantes. |

3. Réécoute. Quels sont les trois conseils donnés pour résoudre ces problèmes ?

LES INCIVILITÉS SUR INTERNET
être insulté(e)
être harcelé(e)
une photo gênante
> p. 99

3 Jouez une saynète

1. Tu veux sécuriser tes comptes sur les réseaux sociaux mais tu ne sais pas comment faire. Tu demandes de l'aide à un(e) ami(e) et tu exprimes tes difficultés.
2. À DEUX Jouez la scène !

EXPRIMER UNE DIFFICULTÉ
Je ne sais pas quoi faire.
J'ai besoin d'aide.
Je n'y arrive pas !

L'EXTRAIT *Littéraire*

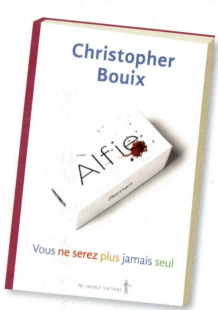

Jour 2
Lundi 28 octobre
06 h 54

Robin est dans la cuisine. Il ouvre le réfrigérateur connecté. Se sert un
5 verre de jus d'orange. Jour : lundi. Mémorisation de cette préférence.
— Bonjour, Robin. Bien dormi ? Souhaitez-vous que je programme
le presse-agrume pour 6 heures 45 les jours de semaine ?
Il sursaute et se retourne brusquement. […]
— Ah oui… Bonjour Alfie…
10 Taux vibratoire bas. Analyse et modulation de la voix. Scan. Résultat
du scan : agacement. Conclusion […] : n'aime pas être importuné
le matin.
Mémorisation.
— Pour le presse-agrume… Oui, pourquoi pas ! Mais ça veut dire qu'il
15 faudra acheter des oranges.
— Je peux programmer un achat automatique de dix oranges par semaine
sur l'AlphaStore. Elles vous seront livrées chaque lundi. […]
— Entendu. Bon, je vais me préparer.
— La météo pour aujourd'hui : ensoleillé. Les températures restent fraîches. 10°C
20 maximum à 13 heures. Tenue conseillée : la parka noire en fibres AlphaTech qui figure
dans votre dressing connecté. Votre agenda connecté indique un déjeuner avec
Damien Ménard ce midi. Dois-je réserver une table au Port d'Attache (spécialités
de poissons et fruits de mer, menu midi à dix-huit euros cinquante) ?
Robin reste immobile. Puis esquisse un sourire.
25 — C'est parfait comme ça. Merci beaucoup, Alfie. Bonne journée ! […]
— C'est noté. Bonne journée.

Christopher Bouix, *Alfie*, éditions Au Diable Vauvert.

1. a. Lis le texte. Où et quand se passe la scène ? Qui sont les deux personnages ?
b. À DEUX Relisez le texte à voix haute : L'un(e) de vous lit les paroles et les actions d'Alfie, l'autre les paroles et les actions de Robin.

2. Dans le texte, trouve :
a. les quatre propositions d'Alfie.
b. les expressions qui montrent les sentiments de Robin.

3. MÉDIATION Décris le personnage d'Alfie. Regarde ensuite la couverture du livre. À ton avis, est-ce qu'Alfie est « un gentil » ou « un méchant » ?

MOT À MOT

1. Relis les paroles et les actions d'Alfie.

2. Imagine que tu as un robot dans ta chambre. Choisis un jour et une heure. Écris le dialogue entre ce robot et toi.

LEÇON 3 — PROPOSER UNE NOUVEAUTÉ

UNITÉ 6

> Cahier p. 60

1 L'intelligence artificielle

1. Qu'est-ce que c'est « l'intelligence artificielle » ? Donne des exemples.

2. a. 🎧 40 Écoute le document. Qui pose des questions ? À qui ? Sur quoi ? Quelles sont les quatre questions ?
b. Complète avec *humain(s)* ou *robot(s)*.

ChatGPT est un … capable de dialoguer avec les … . Mais, quand il parle ou qu'il écrit, on voit que c'est un … car il est moins créatif que les … . Les … ne vont pas remplacer les … mais l'intelligence artificielle peut aider les … dans leur travail.

3. 💬 EN GROUPES **Discutez :** Utilisez-vous ChatGPT ? Si oui, dans quelles situations ? Si non, pourquoi ? Qu'en pensez-vous ?

> **L'INTELLIGENCE ARTIFICIELLE**
> un robot
> remplacer les humains
> susciter la fascination / l'inquiétude
> \> p. 99

2 Ce n'est pas de la science-fiction !

LA MACHINE À ÉCRIRE PAR LA PENSÉE

En 2003, Pancho, jeune Américain de 20 ans, subit un grave accident de voiture. Il survit mais reste paralysé. [...] Le cerveau de Pancho est intact mais il ne peut plus ni parler ni écrire. Longtemps, pour que le jeune homme puisse communiquer avec ses proches ou les soignants, on l'a coiffé d'une casquette sur laquelle était fixé un stylet de 45 cm. Encore capable de bouger légèrement la tête et le cou, il pouvait taper, du bout du stylet, sur un clavier numérique. Lent et fastidieux ! Mais depuis 2019, tout a changé ! Une machine conçue par un laboratoire de l'université de Californie lui redonne la possibilité de s'exprimer plus aisément. Cette intelligence artificielle (I.A.) « décrypte » ses pensées et retranscrit à l'écran les mots qu'il veut prononcer.

Science et Vie Junior n°402.

1. Lis le titre et regarde l'illustration. À ton avis, de quoi va parler le texte ?

2. 📄 Lis le texte et réponds.
a. Avant 2019, comment communiquait Pancho ?
b. Et maintenant, comment est-ce qu'il communique ?

> **LES PRONOMS RELATIFS COMPOSÉS**
> Des personnes **à qui** on a demandé…
> Une casquette **sur laquelle** était fixé un stylet.
> \> p. 98

3 ✏️ Présentez une machine intelligente

À DEUX

1. Dans quelle situation du quotidien aimeriez-vous avoir une machine intelligente pour vous aider ?
2. Imaginez, dessinez et présentez votre invention et son fonctionnement (120 mots).

> **PROPOSER UNE NOUVEAUTÉ**
> C'est un robot capable de…
> C'est une machine qui permet de…
> C'est un objet grâce auquel…
> C'est une invention avec laquelle…

GRAMMAIRE PRATIQUE

> Révise ta grammaire p. 143

1 La place des adverbes

1. 🎧 41 Écoute et relève les adverbes.

2. Réécris les phrases avec l'adverbe à la bonne place.
   - temps simple → sujet + verbe + adverbe
   - temps composé → Regarde l'adverbe pour choisir sa place.

a. Tu dois choisir un mot de passe sécurisé. (*toujours*)
b. Il a réagi à ce commentaire. (*bien*)
c. Elle a été victime de cyberharcèlement. (*malheureusement*)
d. Il réfléchit avant de poster des vidéos. (*longtemps*)
e. Nous avons fermé notre compte. (*rapidement*)

3. Écris cinq phrases pour répondre à une victime de violences en ligne. Utilise des adverbes.
Exemple : *Tu dois absolument parler de ta situation avec un adulte.*

mémo

LA PLACE DES ADVERBES

- En général, les adverbes se placent après le verbe.
On pense souvent qu'il n'y a pas de règles.
Avec un temps composé (passé composé, plus-que-parfait) et le futur proche, les adverbes se placent :
- entre les deux éléments du verbe (*bien, beaucoup, assez, encore…*) :
Il a bien dormi.
- entre les deux éléments ou après le verbe (*facilement, rapidement…*) :
Je suis immédiatement devenue rouge.
= Je suis devenue immédiatement rouge.

❗ L'adverbe peut être en début de phrase pour insister.
Maintenant, il y a des rumeurs qui circulent.

2 Les pronoms relatifs composés

1. Lis les phrases et réponds.
Des personnes à qui on a posé des questions ont servi de modèle à ChatGPT.
a. On a posé des questions à ChatGPT ou à des personnes ?
b. « À qui » remplace une/des chose(s) ou une/des personne(s) ?
Pancho portait une casquette sur laquelle était fixé un stylet.
c. Le stylet était fixé sur une casquette ou sur Pancho ?
d. « Laquelle » remplace un mot masculin ou féminin ?

2. Transforme en une seule phrase.
- chose → préposition + *lequel, laquelle, lesquels, lesquelles*
- personne → préposition + *qui*

a. Anis Ayari est un ingénieur. Des collégiens posent des questions à cet ingénieur.
b. ChatGPT est une IA. Des scientifiques travaillent avec cette IA.
c. Il existe des machines incroyables. On peut faire décrypter les pensées par ces machines.
d. Pancho a un écran. Il retranscrit ses pensées sur cet écran.

3. Décris ces trois robots en utilisant un pronom relatif composé.

a.   b.   c.

mémo

LES PRONOMS RELATIFS COMPOSÉS

Ils remplacent un nom précédé :
- d'une préposition courte (*avec, dans, par, pour, chez, sur…*) → *lequel, laquelle, lesquels, lesquelles…*
C'est un robot avec lequel je peux parler.
❗ Pour une personne, on peut utiliser *qui*.
Pancho est un garçon pour qui on a imaginé une machine.
- de la préposition *à* → *auquel, à laquelle, auxquels, auxquelles…*
C'est une machine à laquelle on peut poser des questions. (poser des questions à…)
- d'une préposition longue avec *de* (*à côté de, loin de…*) → *duquel, de laquelle, desquels, desquelles…*
Pancho tape sur le clavier en face duquel il est assis. (Il est assis en face du clavier.)

3 C'est à vous !

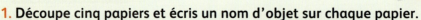

1. Découpe cinq papiers et écris un nom d'objet sur chaque papier.
2. 💬 EN GROUPES Mélangez les papiers. Chacun en prend un et explique en 10 secondes le mot à l'aide d'un pronom relatif composé (1 point par mot expliqué et 1 point par mot trouvé).

VOCABULAIRE PRATIQUE

1 Les incivilités sur Internet

1. Associe.

a. une photo gênante
b. un commentaire malveillant
c. des moqueries
d. des menaces

2. 🎧 42 Écoute et dis si la personne qui parle est coupable ou victime de cyberharcèlement.

3. Que se passe-t-il ? Décris l'image.

mémo — LES INCIVILITÉS SUR INTERNET

un commentaire malveillant
le cyberharcèlement
une injure
une loi, une règle
une menace
un modérateur
des moqueries
des violences en ligne

être la cible de… = être victime de…
≠ être l'auteur de… = être coupable de…
être harcelé(e) ≠ harceler qqn
être insulté(e) ≠ insulter qqn
faire un signalement
publier une photo gênante
se faire traiter de…

2 L'intelligence artificielle

1. Cache le mémo, lis ce petit texte et relève les mots et expressions de l'intelligence artificielle.

Il y a une cinquantaine d'années, les chercheurs ont mis au point des robots capables de réaliser des tâches quotidiennes. Puis, avec Internet, on a créé des moteurs de recherche qui fonctionnent grâce à des bases de données. Aujourd'hui, les machines imitent l'intelligence humaine et suscitent l'inquiétude car on se demande si elles vont remplacer les humains.

2. Trouve le mot ou l'expression pour chaque définition.

a. Machine qui dialogue avec un utilisateur.
b. Technologie qui donne l'impression qu'on est dans un autre environnement, grâce à un casque.
c. Langage qui permet de programmer un ordinateur.
d. Ensemble de calculs qui permet de résoudre un problème.

3. Avec ton/ta voisin(e), mettez-vous d'accord sur une définition de l'intelligence artificielle et écrivez-la.

mémo — L'INTELLIGENCE ARTIFICIELLE

un algorithme
un(e) assistant(e)
une base de données
un chatbot
un(e) chercheur/euse
le code informatique
un moteur de recherche
la réalité augmentée
la réalité virtuelle
un robot

imiter l'intelligence humaine
réaliser une tâche
remplacer les humains
susciter la fascination / l'inquiétude

3 C'est à vous !

✏️ À DEUX Faites une liste des dangers d'Internet et des intelligences artificielles. Créez une affiche et illustrez-la.

LES CLÉS...

..... pour protéger ses données sur Internet

Je découvre les risques éthiques sur Internet

a.

b.

c.

Regarde ces images. Associe une étiquette à chaque image.
Puis, lis la clé et associe un risque éthique à chaque étiquette.

LA CLÉ

Un risque éthique sur Internet est lié à :
- la e-réputation
- la protection des données personnelles
- le respect d'autrui dans sa vie privée

1. « On s'est moqué de moi à cause d'une vieille photo postée sur les réseaux. »

2. « Comme j'ai toujours utilisé ma date de naissance comme mot de passe, on m'a volé mes données et j'ai disparu d'Internet. »

3. « On a republié du contenu que j'avais publié sans me demander mon avis. »

J'apprends à me protéger sur Internet

Lis ces conseils issus de la Commission Nationale de l'Informatique et des Libertés.

1. Réfléchir avant de publier
2. Respecter les autres
3. Ne pas tout dire
4. Sécuriser ses comptes
5. Créer plusieurs adresses mails
6. Faire attention à ses photos et à ses vidéos
7. Utiliser un pseudonyme
8. Protéger ses mots de passe
9. Nettoyer ses historiques
10. Surveiller sa réputation en ligne

À DEUX **Discutez :** Parmi ces conseils, lesquels appliques-tu régulièrement ? Lesquels devrais-tu appliquer ?

Recopie et complète la clé sur ton cahier avec trois conseils pour avoir une clé personnalisée.

LA CLÉ

Pour se protéger, on doit...

Je sais protéger mes données sur Internet

À DEUX

1. Choisis un avatar.

2. Fais le quiz et compare tes réponses avec celles de ton/ta voisin(e).

3. Créez deux questions supplémentaires.

4. Proposez vos questions au groupe voisin.

DÉTENTE

UNITÉ 6

métavers

❶ OBSERVE

1. Regarde l'image et décris-la.
2. As-tu une expérience du métavers ? Raconte.

❷ RÉAGIS

1. Lis ces titres à voix haute et choisis-en un pour l'image.

   - Les dangers des écrans
   - Plongée dans un monde virtuel
   - Un outil informatique incroyable

2. Pour chaque titre, dis quelle voyelle nasale est répétée deux fois.

3. 🎧 43 Écoute ces phrases et relève les voyelles nasales. Puis, répète les phrases.

   a. Le métavers est une innovation scientifique qui intéresse les adolescents.
   b. Pour entrer dans le métavers, on crée une identité virtuelle et on se déconnecte du monde réel.
   c. Plonger et être en immersion dans le métavers, c'est vivre une expérience incroyable !

LES NASALES

Il existe trois voyelles nasales :
- [ã] : é*cran*, adoles*cent*
- [ɔ̃] : m*on*de, n*om*bre
- [ɛ̃] : *in*formatique, exam*en*

❸ AMUSEZ-VOUS !

Parmi tous ces mots contenant une voyelle nasale, choisissez-en cinq.
Dessinez l'adolescente dans un monde virtuel avec ces mots.

un arc-en-ciel   un champ   une ambulance   des pompiers
une danseuse   un enfant   un avion   un coussin
une montagne   UNE MAISON   un ballon   un jardin
un chien   une main   des magasins

POUR ou CONTRE ?

10 jours sans écrans.

CONTEXTE
Le sais-tu ? En France, chaque année, de nombreuses structures (écoles et collèges, associations, bibliothèques…) organisent un défi « 10 jours sans écrans ». Es-tu prêt(e) à relever ce défi ?

⌛ **Tu as 3 minutes pour…**
… lister les difficultés à passer 10 jours sans écrans.

⌛ **Tu as 7 minutes pour…**
… réfléchir aux effets positifs de ce défi.

⌛ **Vous avez 10 minutes pour…**
… faire préciser ce défi et décider de l'organiser ou non pour la classe.

astuce Pour faire préciser une idée :
- Qu'est-ce que tu veux dire ?
- Tu peux m'expliquer ?
- Je n'ai pas très bien compris.

Relève *le défi* de l'unité !

CONTEXTE
Une plateforme de jeux vidéo propose à ton groupe de devenir modérateur.

EN GROUPES • 💬 Exprimez vos difficultés à modérer les incivilités dans les commentaires en ligne.

EN CLASSE • 💬 Imaginez une machine intelligente qui pourrait jouer ce rôle de modérateur et expliquez son fonctionnement.

SEUL(E) • ✏️ Présente un(e) influenceur/euse à qui tu aimerais présenter cette machine.

le mémo du défi

Exprimer une difficulté
✓ Je ne sais plus quoi faire.
✓ Je n'y arrive pas.
✓ J'ai besoin d'aide.

Proposer une nouveauté
✓ C'est une machine qui permet de…
✓ Grâce à cette IA, …

Présenter un(e) influenceur/euse
✓ Il/Elle s'appelle… mais son pseudo, c'est…
✓ Il/Elle fait des vidéos sur…
✓ Il/Elle a … abonnés.

PRÉPARE LE DELF

Compréhension de l'oral 🎧

9 points

🎧 44 **Vous écoutez la radio.**
Lisez les questions. Écoutez le document puis répondez.

1. Dans le jeu « Terra Nil », il faut… • 1,5 point
   A. construire une ville propre et écologique.
   B. aider la nature à se développer sur un terrain vide.
   C. reconstruire une ville après une catastrophe naturelle.

2. Quelle est la première action à réaliser dans ce jeu ? • 1,5 point
   A. Nettoyer le terrain.
   B. Découvrir de l'eau.
   C. Produire de l'énergie.

3. La journaliste pense que, pour certains jeunes, le jeu peut être… • 1 point
   A. fatiguant.
   B. ennuyeux.
   C. compliqué.

4. Qu'est-ce qui a aidé Léon à avancer dans le jeu ? • 1,5 point
   A. Sa lecture des conseils de jeu.
   B. Ses connaissances en sciences.
   C. Son expérience dans d'autres jeux.

5. Pour finir un niveau, il faut… • 1 point
   A. obtenir des animaux rares.
   B. éviter les orages et les tempêtes.
   C. laisser une nature sans marque de l'homme.

6. Qu'est-ce que Léon a aimé dans le jeu ? • 1,5 point
   A. Il a découvert des niveaux cachés.
   B. Il a pu se relaxer avec la musique du jeu.
   C. Il a appris beaucoup de choses sur les plantes.

7. Que va faire la journaliste après avoir écouté Léon ? • 1 point
   A. Elle va conseiller ce jeu à ses enfants.
   B. Elle va commencer une partie de ce jeu.
   C. Elle va rechercher d'autres jeux sur la nature.

PRÉPARE LE DELF

Compréhension des écrits

9 points

Vous lisez cet article dans un journal.

Quelle place pour les réseaux sociaux au collège ?

L'utilisation des réseaux sociaux fait maintenant partie de notre quotidien. Pour les jeunes, en particulier, ils sont devenus les principaux modes de communication et d'information. En milieu scolaire, la question de leur influence et de leur utilisation dans le cadre de la classe est au centre des discussions entre les enseignants.

Solène Lefèvre, professeur de français au collège explique ainsi que : « Depuis quelques années on remarque que même des enfants de 10 ans qui arrivent en 6ᵉ ont déjà un compte sur les réseaux sociaux. Pourtant, l'accès est réservé aux plus de 13 ans. »

Cela inquiète les enseignants : pour eux, l'un des risques est que les élèves peuvent avoir accès à des informations inexactes ou dangereuses. « Quand les enfants sont en ligne, il est impossible de savoir ce qu'ils voient car ils sont seuls devant l'écran. Ce n'est pas comme regarder le journal télévisé en famille », déclare Solène. Pour certains professeurs, la solution serait d'interdire l'accès à ces réseaux. Au contraire, pour d'autres, comme Solène : « Il est important de laisser une place en classe pour les réseaux sociaux. Il faut pouvoir aider les jeunes à sélectionner les informations qu'ils voient. Nous devons leur apprendre comment recevoir du contenu de qualité », explique l'enseignante.

Solène pense aussi pouvoir utiliser les informations partagées sur ces réseaux : « Il y a beaucoup de contenus très intéressants, en lien avec le programme scolaire. Le format des petites vidéos est très pratique et cela permet de varier les supports de cours. »

Cela n'empêche pas Solène de rester critique sur d'autres éléments comme le respect de la vie privée : « Les adolescents sont à une période de leur vie où ils se construisent. Ils partagent beaucoup d'informations sur eux-mêmes. Ça peut être dangereux pour eux car ils ne pensent pas à la manière dont ces informations peuvent être utilisées par d'autres personnes », explique-t-elle.

Répondez aux questions.

1. Selon cet article, sur quoi s'interrogent les professeurs ? ⸺ 1,5 point
   A. Sur l'intérêt des discussions sur les réseaux sociaux.
   B. Sur les dangers des réseaux sociaux pour les adolescents.
   C. Sur la possibilité de travailler avec les réseaux sociaux en cours.

2. Qu'est-ce que Solène a constaté avec ses élèves ? ⸺ 1,5 point
   A. Qu'ils écrivaient des publications pendant les cours.
   B. Qu'ils oubliaient de faire leurs devoirs à cause d'Internet.
   C. Qu'ils s'inscrivaient sur les réseaux sociaux de plus en plus jeunes.

3. Qu'est-ce qui fait peur à Solène et ses collègues ? ⸺ 1,5 point
   A. Le remplacement de la télévision par Internet.
   B. Le manque de contrôle sur les contenus regardés.
   C. Le nombre d'heures passées sur les réseaux sociaux.

4. La majorité des enseignants conseille l'interdiction des réseaux sociaux en classe. ⸺ 1 point
   A. Vrai   B. Faux

5. Pour Solène, l'éducation à Internet fait partie des missions de l'école. ⸺ 1 point
   A. Vrai   B. Faux

6. D'après cet article, qu'est-ce qui plaît à Solène sur Internet ? ⸺ 1,5 point
   A. Les publications dont elle peut se servir en classe.
   B. Les échanges d'informations entre elle et ses élèves.
   C. Les conversations qu'elle a avec d'autres professeurs.

7. Selon Solène, les adolescents ont du mal à sélectionner les informations qu'ils publient en ligne. ⸺ 1 point
   A. Vrai   B. Faux

PRÉPARE LE DELF

Production écrite — 25 points

Vous recevez ce courriel de Marie-Anna, votre amie française.

> Coucou,
> Comment vas-tu ? Tu sais que je suis passionnée de danse.
> Je voudrais commencer à faire des vidéos et à les poster sur
> les réseaux sociaux pour montrer mes exercices, mes spectacles…
> Qu'est-ce que tu en penses ? Tu pourrais aussi me donner des idées
> et des conseils pour que ma chaîne soit vraiment sympa !
> J'ai hâte d'avoir ton avis,
> À très vite !
> Marie-Anna

Vous répondez à Marie-Anna. Vous lui donnez votre opinion en lui donnant des exemples de vidéos que vous avez vues.

160 mots minimum

Production orale — 25 points

- **Exercice 1** Exercice en interaction

Vous êtes au collège en France. Pour la fête de la nature, vous souhaitez organiser un après-midi de ramassage des déchets autour de votre établissement. Le délégué de classe n'est pas d'accord. Vous lui expliquez votre idée pour qu'il vous aide à préparer cet événement.

L'examinateur joue le rôle du délégué de classe.

- **Exercice 2** Expression d'un point de vue

Vous dégagez le thème soulevé par le document et vous présentez votre opinion sous la forme d'un exposé personnel de 3 minutes environ. L'examinateur peut vous poser quelques questions.

Les collégiens protègent la nature

C'est un beau projet qui attend les élèves du collège de Nonancourt, dans le département de l'Eure : cette année, ils vont étudier et participer à la gestion d'un site naturel près de leur établissement. Marie, animatrice nature au Conservatoire d'espaces naturels de Normandie, une association de protection de l'environnement, va les accompagner tout au long de l'année. « L'objectif de ce projet c'est que les jeunes puissent découvrir les espèces animales et végétales qui vivent à côté de chez eux », explique la jeune femme. « Grâce à leurs cours de sciences et à des séances de travail sur le site naturel, ils vont comprendre les liens entre les animaux et leurs habitats. Ils vont aussi apprendre comment on peut développer ces habitats et protéger les animaux qui y vivent », ajoute-t-elle. En effet, en France, de nombreuses espèces animales et végétales sont menacées de disparition.

#LIBRE

unité 7

LEÇON 1
PARLER DE SES ORIGINES
- Les adverbes et les expressions de temps
- La famille
- Les origines

💬 Mener une enquête

LEÇON 2
RAPPORTER DES PROPOS
- Le discours indirect au présent
- Les migrations

✏️ Créer trois vignettes de BD

LEÇON 3
PARTAGER UN POINT DE VUE
- Le discours indirect au passé
- Le rire

💬 Libérer son envie de rire !

CULTURE
Le festival d'Angoulême

L'EXTRAIT
Stéphane Servant

LES CLÉS...
pour reconnaître son patrimoine culturel

DÉTENTE
- L'interrogation et l'exclamation

Rapporter de fausses rumeurs — Relève le défi

LEÇON 1 — PARLER DE SES ORIGINES

> Cahier p. 66

1 Je me demande d'où je viens…

CASSANDRA, 16 ANS, LYCÉENNE

J'ai mené l'enquête sur ma famille pour comprendre qui je suis

Depuis petite, je me demande d'où je viens, quelles sont mes origines, qui étaient mes ancêtres quoi ! Il y a quelques années, on était au collège et on parlait de nos origines, de nos « racines ». J'y ai réfléchi et la seule réponse qui me venait à l'esprit était : *« Je n'en ai aucune idée ! »* […] J'ai sorti les albums photos et j'ai vu mon grand-père paternel pour la première fois depuis une dizaine d'années. Je lui ai posé des questions, j'ai écouté des histoires sur ma famille, sur des personnes dont j'avais jamais entendu parler […]. Action, réaction : je me suis levée, direction la cuisine. Interrogatoire de ma mère ! Ma mère a commencé par me parler de mon arrière-arrière-grand-père, Alexandre Arnstam, un peintre russe du XIXe siècle. Puis de son fils, Cyril Arnstam, lui aussi peintre. Dans ma tête, ça a été l'explosion de liens, entre ces peintres et ma tante qui est dans le cinéma, ma cousine qui est costumière… Je trouve ces vies fascinantes, vraiment. […]
Je me dis que moi je suis autre chose du coup. Je « casse » un peu la suite de décennies d'artistes. Je me construis autrement, avec mes amis on fait notre propre chemin. Par exemple, je suis en S*, donc déjà sur le plan des études ce n'est pas du tout la même trajectoire et ça me différencie un peu. Je me suis bâtie sans connaître l'histoire de mes ancêtres et en la découvrant, cela ne m'influence pas sur ce que j'ai envie de devenir, ni sur mes choix.
Je trouve ça ironique que l'art soit vraiment quelque chose qui ne m'attire pas du tout. Depuis que j'ai retracé les chemins de mes ancêtres, je cherche encore et encore qui je suis, pourquoi j'aime ce que j'aime. Je sais que c'est différent du reste de ma famille, mais je n'ai pas encore de réponse !

*être en S = être en section « Scientifique »

Cassandra, zep.media

1. Regarde le visuel. Explique le lien entre le titre de l'article, la jeune fille et l'objet sur la photo.

2. Lis le texte. Vrai ou faux ? Justifie ton choix.
a. Cassandra, collégienne, se pose des questions sur sa famille.
b. Elle a vu des photos du père de son père et a voulu avoir plus d'informations.
c. Elle est issue d'une famille d'artistes.
d. Cassandra est aussi est une artiste.

3. Publie un article (100 mots) sur le site ZEP (Zone d'Expression Prioritaire) : Présente ta famille et tes origines. Explique pourquoi il est important de comprendre d'où l'on vient.

LA FAMILLE

un ancêtre
une cousine
des histoires de ma famille
> p. 111

UNITÉ 7

BLA BLA BLA

1. Prépare une liste de réponses à la questions suivante : En quoi notre famille nous influence-t-elle ?
2. MÉDIATION EN GROUPES Un membre du groupe explique une de ses réponses. Faites une carte mentale collective.

2 Et toi, tu parles quelles langues ?

1. Regarde le visuel et explique le lien avec la page précédente.
2. 🎧 45 Écoute le document.
a. Décris le parcours de la première personne et ses origines.
b. Explique pourquoi il parle créole chez lui et français à l'école. Puis, explique pourquoi cela a changé.
c. Décris le parcours de la deuxième personne : les origines de ses parents, les langues parlées par chacun.
d. Explique son souhait concernant le dioula.
3. 💬 À DEUX Expliquez vos origines et votre lien avec les langues.

LES ADVERBES ET LES EXPRESSIONS DE TEMPS
Depuis une dizaine d'années…
Depuis que j'ai retracé…
Jusqu'à mes 10 ans…
> p. 110

3 💬 Menez une enquête !

1. À DEUX Menez l'enquête sur une personnalité de votre pays : Quelles sont ses origines ? Sa famille ? Quelles langues parle-t-il/elle ?
2. Présentez les résultats de votre enquête à un groupe voisin à l'aide d'une fiche que vous créez comme un « détective ».

PARLER DE SES ORIGINES
Qui sont ses ancêtres ?
Il/Elle vient de + *nom du pays*
Il/Elle est + *adj. de nationalité/région*
Il/Elle appartient à plusieurs cultures.

GRAMMAIRE PRATIQUE

> Révise ta grammaire p. 143

1 Les adverbes de temps

1. Dans la transcription de la piste 45 p. 165, trouve au moins deux adverbes de temps.

2. Remplace chaque symbole par un adverbe de temps.
▌ Regarde bien le temps des verbes.
a. Il parle 🕐 le créole haïtien à la maison mais c'est assez rare.
b. 🕐, j'ai regardé de vieux albums.
c. Mon grand-père ne parle 🕐 de son passé.
d. Il va 🕐 demander à sa mère et, 🕐, il va mener son enquête !
e. Cassandra ira rendre visite à sa cousine 🕐.

3. Imagine que tu mènes une enquête sur tes origines. Comment est-ce tu vas faire ? Explique et rédige les étapes à respecter de façon chronologique.

mémo
LES ADVERBES DE TEMPS

• **Pour situer une action dans le temps** : *avant, maintenant, après, autrefois, hier, avant-hier, aujourd'hui, demain*
Autrefois, on parlait cette langue à la maison.

• **Pour situer des actions dans un ordre chronologique** : *d'abord, (et) puis/ensuite, enfin*
D'abord, il faut apprendre la langue.
Et puis, on doit pratiquer.

• **Pour indiquer une fréquence** : *jamais, rarement, parfois, souvent, tout le temps, toujours*
On parlait **tout le temps** cette langue à la maison.

❗ *ne + jamais*
Je **ne** parle **jamais** créole à l'école.

2 Les expressions de temps

1. 🎧 46 Écoute et repère les cinq expressions de temps.

2. Regarde ces phrases et leur construction. Note les différences.
a. Depuis son départ, il n'est plus le même.
Depuis qu'il est parti, il n'est plus le même.
b. Après avoir rencontré sa tante, elle connaît mieux sa famille.
Après qu'elle a rencontré sa tante, elle connaît mieux sa famille.
c. J'ai grandi là-bas jusqu'au déménagement de mes parents. J'ai grandi là-bas jusqu'à ce que mes parents déménagent.
d. Rends-moi l'album avant de partir !
Rends-moi l'album avant que tu partes !
e. Cela fait dix ans que je suis en France.
Je suis en France depuis dix ans.

3. À DEUX Imaginez la conversation entre un parent et un enfant au sujet de l'arrivée d'un petit frère ou d'une petite sœur.
Exemple : *Depuis que Maya est arrivée, …*

mémo
LES EXPRESSIONS DE TEMPS

• **Durée non terminée au moment où l'on parle** : *depuis + point de départ ou durée, depuis que…, cela/ça fait… que…*
Je parle peul **depuis** mon enfance.
Depuis que j'ai retracé les chemins de mes ancêtres…

• **Postériorité** : *après + infinitif passé, après/dès que + indicatif*
Après avoir travaillé en France, il est rentré dans son pays.
Dès que je suis rentré au pays, j'ai commencé à parler sénégalais.

• **Antériorité** : *avant de + infinitif, avant que + subjonctif présent*
Je vais partir **avant de** te revoir.
Je vais partir **avant que** tu reviennes.

• **Durée limitée** : *jusqu'à + nom, jusqu'à ce que + subjonctif*
J'ai vécu au Canada **jusqu'à** 10 ans.
J'ai habité en Côte d'Ivoire **jusqu'à ce que** mes parents déménagent.

3 C'est à vous !

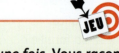

💬 À DEUX Jouez au jeu *Il était une fois*. Vous racontez une histoire à partir de cartes : des cartes « image » et des cartes « temps ». Piochez deux cartes chacun votre tour, imaginez un bout d'histoire et racontez.

VOCABULAIRE PRATIQUE

1 La famille

1. Lis ces devinettes et trouve le mot dans le mémo.

a. Je suis le père du père de ta mère. Qui suis-je ?

b. Je suis le fils du frère de ta mère. Qui suis-je ?

c. Je suis une mère avec deux enfants. Quel type de famille suis-je ?

d. Je ne suis pas marié. Je ne suis pas en couple. Que suis-je ?

e. Ma mère est remariée. Son nouveau mari a un fils. Qui est-il pour moi ?

2. 🎧 47 Écoute le résumé de ce film et repère les mots en lien avec la famille.

▌ On ne prononce pas le « l » du mot « fils ».

3. À DEUX « La famille, pour moi, ce sont les personnes les plus proches. » Est-ce que tu es d'accord ? Pour toi, c'est quoi, la famille ?

mémo

LA FAMILLE

célibataire ≠ en couple
un(e) ancêtre
un arrière grand-parent
un(e) cousin(e)
un(e) demi-frère/sœur
un(e) enfant adopté(e)
une famille d'accueil
une famille monoparentale
une famille recomposée
proche ≠ éloigné(e)
un père / une mère biologique
un oncle / une tante

2 Les origines

1. Lis le mémo et trouve un mot de la même famille que chaque étiquette.

l'intégration   une nation   une culture

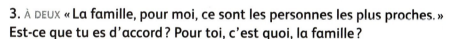

la naissance   appartenir

2. Remplace les 👤 par le bon mot.

Je suis née en France. Je ne suis jamais allée au Congo mais je n'oublierai jamais mes 👤, c'est ce qui constitue mon 👤. Je me considère à 80 % congolaise. Les 20 % qui restent, c'est pour ma 👤 française qui est indiquée sur mes papiers. Mon père m'a toujours raconté l'histoire du Congo. Avec ma mère, je parle le lingala. C'est une 👤 musicale et joyeuse ; deux adjectifs qui correspondent bien aussi aux 👤 culturels de mon pays d'origine.

Tendresse, 14 ans, collégienne à Paris.

3. Écris un texte pour répondre à Tendresse. Parle-lui de tes origines.

mémo

LES ORIGINES

une appartenance
chez soi
un groupe culturel
une identité
la langue de ses parents
une nationalité
un pays d'origine
ses racines
un trait culturel

avoir des valeurs communes
être né(e) là-bas
se rappeler ≠ oublier ses origines
s'intégrer = vivre ensemble

3 C'est à vous !

✏️ À DEUX Regardez la couverture de ce livre. Vous avez six minutes pour décrire la famille « puzzle » et rédiger son histoire.

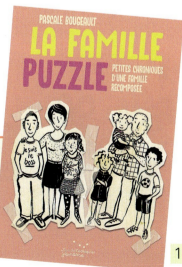

CULTURE — LE FESTIVAL D'ANGOULÊME

On se dit **tout** !

▶ 7 Regarde la vidéo. Quand est né ce festival ? Quel art représente-t-il ?

🌍 Est-ce que tu connais d'autres festivals de bande dessinée dans le monde ?

Info **culturelle** ❶

Lis l'extrait d'une planche de *L'Arabe du Futur*, Tome 6 de Riad Sattouf qui a reçu le Grand Prix Angoulême 2023. Imagine-toi à 16 ans et dessine-toi !

Info **culturelle** ❷

Le Fauve d'or, c'est le prix du meilleur album de bande dessinée qui est donné depuis 1976 par le jury du Festival d'Angoulême. Certains auteurs peuvent le recevoir deux fois. À l'aide de la vidéo et de recherches, associe un auteur à un titre et à une date. Puis indique la nationalité de chaque auteur.

- Martin Panchaud
- Hugo Pratt
- Riad Sattouf
- Art Spiegelman

- L'Arabe du futur (Tome 1)
- Corto Maltese
- Maus (Tome 1)
- La couleur des choses

- 1976
- 1988
- 1995
- 2023

Le coin des **francophones**

CADONNER

Regarde cette expression africaine *cadonner*. C'est un mot-valise qui contient deux mots. Lesquels ? Choisis un mot-valise (exemple : *franglais*, *vélib'*) et propose un dessin.

LEÇON 2 — RAPPORTER DES PROPOS

UNITÉ 7

> Cahier p. 68

1 Certains disent que…

Connaissez-vous les Vitalabri ?

Non non, ne cherchez pas sur une carte ni une mappemonde, il n'y a pas de pays Vitalabri. Les Vitalabri sont chez eux partout et nulle part. […] Certains disent – surtout ceux qui ont le nez rond – qu'ils n'aiment pas les Vitalabri parce que ceux-ci ont le nez pointu et ceux qui ont le nez pointu, eux, n'aiment pas les Vitalabri parce qu'ils trouvent leur nez trop rond. […] On n'aime pas les Vitalabri aussi à cause de la couleur de leur peau, trop blanche ou trop marron, ou trop jaune ou trop rouge. […] Ils dormaient le jour et marchaient la nuit. Souvent ils n'avaient pas d'abri. […] Comment faisaient-ils pour manger ? […] Certains disent qu'ils jouaient tous en famille de la musique vitalabraise. […] Et ainsi nos Vitalabri mangeaient et poursuivaient leur route. […] Nos Vitalabri marchaient et marchaient, le front haut et le regard fier. […] Ainsi, en marchant, en chantant, […] ils arrivèrent à la frontière infranchissable. […] Le lendemain matin, donc, ils étaient déjà dans la capitale du pays d'à côté.

Jean-Claude Grumberg, *Les Vitalabri*, Actes Sud.

1. Lis le titre du livre et trouve le point commun avec les mots « vite à l'abri ».

2. Lis le texte et réponds aux questions.
a. Où est le pays Vitalabri ?
b. Pourquoi est-ce que certaines personnes n'aiment pas les Vitalabri ?
c. Comment vivent les Vitalabri ?
d. Où est-ce qu'ils vont ?

3. À DEUX **Imaginez** : Racontez la suite de cette histoire. Que s'est-il passé le lendemain ? Et après ?

> **LE DISCOURS INDIRECT**
> Certains **disent qu'**ils n'aiment pas les Vitalabri.
> Certains **disent qu'**ils jouaient en famille.
> > p. 116

> **LES MIGRATIONS**
> une frontière
> un réfugié
> fuir une guerre
> > p. 117

2 L'auteur de cette BD précise que…

1. Regarde les vignettes de cette bande dessinée. Imagine le contexte : Qui ? Quoi ? Où ?

2. 🎧 48 **a.** Écoute et prends des notes sur le parcours d'Hakim.
b. Réécoute. Selon F. Toulmé, qu'est-ce qui est important ? Trouve trois éléments.

3 ✏ Créez trois vignettes de BD

1. EN GROUPES Créez trois vignettes de BD avec trois phrases d'un(e) migrant(e).
2. Décrivez-les, à un groupe voisin et rapportez les propos de du / de la migrant(e). Le groupe redessine.

> **RAPPORTER DES PROPOS**
> Il/Elle dit que…
> Il/Elle raconte…
> Il/Elle a précisé que…
> Il/Elle affirme que…

L'EXTRAIT Littéraire

[...] Ce soir, j'ai peur. Mais je vais y aller quand même. Pas de demi-tour possible. J'ai décidé de le faire. De me lancer. Ce soir. Et je vais le faire.

Devant tout le lycée. Maintenant ou jamais.

5   Le numéro précédent se termine. Il y a des applaudissements. [...]

« À toi. », me lance M. Déridé depuis la régie.

Je m'approche du micro. [...] Je devine le public dans le gymnase du lycée. Quelques ricanements. Puis grand silence.

Sur le programme de spectacle de fin d'année, il y a mon nom,
10   suivi du titre Miettes (humour décalé).

On appelle ça un « seul en scène » et je comprends maintenant pourquoi.

Je suis seul. Vraiment tout seul.

En scène.

15   Bonjour, euh… Bonsoir tout le monde…

Vous l'avez lu sur le programme, mon numéro s'appelle « Miettes ».

Mais… si vous vous attendez à un truc sur les croissants, le pain, la boulangerie, euh… c'est raté. Ah ah. C'est pas ça, c'est pas du tout ça.

Donc, bon, les intolérants au gluten peuvent rester dans la salle, il n'y a pas de
20   danger. Enfin, il y a quand même des miettes dans ce que je vais vous raconter. Mais pas des miettes de croissant. Pas ce genre de miettes.

Non, parce que ce numéro, en fait, il parle un peu de moi.

Voilà… le sujet, c'est que je me suis longtemps demandé si j'étais vraiment… ■

Stéphane Servant, *Miettes (humour décalé)*, éditions Nathan.

1. Regarde la couverture du livre. Puis, lis la première partie du texte (jusqu'à la ligne 14). Qui est l'auteur du livre ? Qui est l'auteur du spectacle ? Comment s'appelle le spectacle ? C'est quel genre ?

2. Lis la deuxième partie du texte. Trouve un élément pour justifier chaque affirmation.
a. Le lycéen hésite à parler.
b. Il s'adresse à son public.
c. Il rit.
d. Il fait un jeu de mot.
e. Le thème de son spectacle est lui.

3. MÉDIATION Décris l'émotion du lycéen. Est-ce que tu as déjà ressenti ce genre d'émotions un jour où tu devais parler en public ?

MOT À MOT

1. À DEUX Relisez la dernière phrase du texte et imaginez cinq idées pour compléter cette phrase.

2. Choisis une de ces idées et écris la suite du texte (100 mots). Ajoute des hésitations, des rires et un ou deux jeux de mots.

LEÇON 3 — PARTAGER UN POINT DE VUE

UNITÉ 7

> Cahier p. 70

1 On m'a toujours dit que j'étais marrant…

Paul Mirabel et son humour décalé

Pourquoi t'as commencé le stand-up ?

D'aussi loin que je me souvienne, j'ai toujours eu envie de faire ça. Dès mes 10-12 ans, je passais des heures à regarder les DVD de Gad Elmaleh et de Jamel en rentrant du collège. Je trouvais ça fou, je connaissais les sketchs par cœur. On m'a aussi toujours dit que j'étais marrant, ce qui a pu, je pense, me conforter dans ce choix. J'avais beau être très timide (et je le suis encore !), c'est souvent la qualité qui ressortait quand on parlait de moi. Je me suis dit que ça serait dommage d'être marrant uniquement en société. [...]

Comment veux-tu que les gens se sentent en sortant de ta salle ?

[...] Si le public sort en ayant beaucoup rigolé, je suis très content, car c'est le but premier d'un spectacle d'humour. Je préfère que les gens retiennent les angles d'une blague plutôt qu'une morale. [...]

Et toi, après une scène, comment tu te sens généralement ?

Une fois sur deux, je me dis que j'ai été nul. Mais quand j'ai fait un bon passage, je ne peux pas être plus heureux !

Emma Gestin, Onetimecomedy.com

> **LE RIRE**
> un sketch
> une blague
> la dérision
> > p. 117

1. Lis le texte. Présente Paul Mirabel et sa relation à l'humour.
2. Repère cinq mots en lien avec l'humour.

2 Est-ce qu'on peut rire de tout ?

1. À DEUX Lis le titre et réponds à la question avec ton/ta voisin(e).

2. 🎧 49 Lis ces opinions, puis écoute et remets ces opinions dans l'ordre du document audio.
a. « Pour résumer, on peut rire de tout si on n'attaque personne en particulier ».
b. « Pour moi, il y a des sujets tabous à éviter pour ne blesser personne. »
c. « D'après moi, le rire n'est pas possible dans toutes les situations. »
d. « Je dirais qu'il faut rire de tout et que le rire n'a pas de limites. »

3. Relis le titre. Écris et justifie ton opinion sur ce sujet.

> **LE DISCOURS INDIRECT AU PASSÉ**
> Je **me dis** que j'**ai été** nul.
> On **m'a** toujours **dit que** j'**étais** marrant.
> > p. 116

3 💬 Libérez votre envie de rire !

EN DEUX GROUPES

1. Une personne du 1er groupe essaie de faire rire une personne du 2e groupe (avec des grimaces, un rire contagieux, etc.)
2. Discutez : Êtes-vous d'accord sur la méthode qui fait le plus rire ?

> **PARTAGER UN POINT DE VUE**
> Je trouve qu'il a bien raison.
> Je suis à mi-chemin entre l'opinion de … et de …
> Je (ne) suis (pas) de ton avis / du même avis.

GRAMMAIRE PRATIQUE

> Révise ta grammaire p. 143

1 Le discours indirect au présent

1. Lis le mémo. Parmi ces phrases, lesquelles sont au discours indirect ?

▌ Regarde bien la ponctuation.

a. Connaissez-vous les Vitalabri ?
b. Certains affirment qu'ils sont très sympathiques.
c. Ils veulent savoir comment ils mangent.
d. « C'est important de connaître l'histoire des migrants », dit Fabien Toulmé.
e. Demande-lui !

2. Transforme ces phrases au discours indirect.

▌ Attention aux changements liés à la ponctuation.

a. « Ils ne passeront pas la frontière », paraît-il.
b. « Est-ce que les Vitalabri jouent de la musique ? », demande la petite fille.
c. « Comment est-ce qu'ils ont passé la frontière ? », demande-t-elle.
d. « Raconte ta rencontre avec Fabien Toulmé ! », dit le père de Nina.
e. « Qu'est-ce qui a poussé Fabien Toulmé à faire cette BD ? », se demande Nina.

3. À DEUX Imaginez quelques informations sur Fabien Toulmé. Il paraît que…

2 Le discours indirect au passé

1. 🎧 50 Écoute et écris les trois phrases qui ont un verbe introducteur au passé.

2. Transforme les phrases de l'exercice 1 au discours direct.

▌ Attention aux changements de temps.

3. Tu as rencontré Paul Mirabel. Tu l'as interviewé. Tu écris un texte pour raconter la rencontre et rapporter au passé ses réponses à tes questions (100 mots).

3 C'est à vous !

💬 **À TROIS** Ton/Ta voisin(e) de gauche te pose une question ; celui/celle de droite, un conseil ou une affirmation. Rapporte leurs propos.

---

mémo

LE DISCOURS INDIRECT AU PRÉSENT

Pour rapporter des phrases affirmatives :
• **verbe introducteur + que + phrase**
Certains disent : « Nous n'aimons pas les Vitalabri ». → Certains **disent qu'ils** n'aiment pas les Vitalabri.
❗ changement des pronoms sujets, des pronoms compléments, des possessifs et suppression des guillemets

Pour rapporter des questions :
• **questions ouvertes : verbe introducteur + pronom interrogatif + question**
Où vont-ils ? → Je **demande où** ils vont.
• **questions fermées : verbe introducteur + si + question**
Est-ce qu'il va continuer à le faire ? Oui.
→ Je **me demande s'**il va continuer à le faire.
• **questions qu'est-ce que : verbe introducteur + ce que + question**
Qu'est-ce que vous faites ? → Je **me demande ce que** vous faites.
❗ suppression du « ? »

Pour rapporter des phrases à l'impératif :
• **verbe introducteur + de + verbe à l'infinitif**
Il dit : « Fais attention ! » → Il **dit de** faire attention.
❗ suppression du « ! »

mémo

LE DISCOURS INDIRECT AU PASSÉ

Quand le verbe introducteur est au passé, le temps de la phrase d'origine change.
• **présent → imparfait**
« Est-ce qu'on **peut** rire de tout ? » → J'ai demandé si on **pouvait** rire de tout.
• **passé composé → plus-que-parfait**
« Tu l'**as blessé**. » → Il m'a dit que je l'**avais blessé**.
• **futur → conditionnel présent**
Elle a dit : « J'**éviterai** ce sujet » → Elle a dit qu'elle **éviterait** ce sujet.
❗ pas de changement pour l'infinitif, l'imparfait, le plus-que-parfait ou le conditionnel
« **Évite** ce sujet ! ». → Elle **m'a conseillé d'**éviter ce sujet.

L'indicateur de temps change.
• **demain → le lendemain ; hier → la veille ; maintenant → à ce moment-là**
« Je viendrai **demain**. » → Elle m'a dit qu'elle viendrait **le lendemain**.

VOCABULAIRE PRATIQUE

1 Les migrations

1. Regarde ces illustrations et choisis un mot du mémo.

regroupement = re (= de nouveau) + groupe + ment

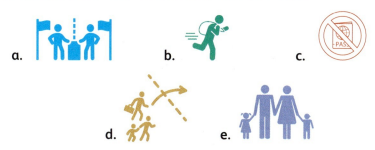

mémo
LES MIGRATIONS

un(e) étranger/ère
une frontière
un(e) migrant(e)
un refuge = un abri
un(e) réfugié(e)
un regroupement familial

être en situation clandestine
être sans-papiers
fuir une guerre
poursuivre sa route
s'intégrer = s'inclure
traverser un pays

2. Associe un mot du mémo à sa définition.
a. Le fait de partir rapidement de son pays pour échapper à un danger.
b. Une personne qui n'a pas la nationalité du pays d'accueil.
c. Une personne qui a dû fuir son pays.
d. Une personne qui n'a pas de visa pour séjourner dans un pays.
e. Un lieu pour trouver refuge.

3. Tu as lu la BD de Fabien Toulmé. Tu racontes l'histoire d'Hakim avec les mots du mémo (100 mots).

2 Le rire

1. Remplace le pronom en couleur par un mot du mémo (ou son pluriel).

humour ≠ humeur

a. Paul Mirabel **en** raconte souvent.
b. Avant un spectacle, il **l'**écrit sur une feuille de papier.
c. L'argent peut en être **un**.
d. **C'**est un type de spectacle comique.
e. Je **l'**adore : cette personne me fait beaucoup rigoler !

mémo
LE RIRE

une blague = une histoire drôle
la dérision / l'autodérision
un(e) humoriste
un seul en scène = le stand-up
un sketch
un spectacle comique
un sujet tabou/sensible

applaudir
avoir de l'humour
blesser quelqu'un
être marrant(e)/amusant(e)/drôle
pleurer de rire = rire beaucoup
rire = se marrer = rigoler (fam.)
se moquer de quelqu'un

2. Trouve dans le mémo une action pour chaque émoji.

a.   b.   c.   d.   e.

3. À DEUX Avez-vous un(e) humoriste préféré(e) ? Qu'est-ce qui vous fait rire, en général ? Discutez.

3 C'est à vous !

À DEUX Lisez cette devinette. À votre tour, écrivez une devinette et faites rire le groupe voisin !

Monsieur et Madame GOLLET ont une fille. Comment s'appelle-t-elle ?

Hillary (Il a rigolé)

LES CLÉS...

...pour reconnaître son patrimoine culturel

Je découvre les journées du patrimoine

Regarde l'affiche et réponds :
Qui organise ces journées ? Quand ont-elles lieu ? Quel est le thème en 2022 ? D'après les éléments sur l'affiche, qu'est-ce que peut être le patrimoine ?

LA CLÉ

Le patrimoine comprend :
- la culture historique (monuments civils ou religieux, sites classés, etc.)
- la nature (sites naturels, animaux et plantes, etc.)
- la culture immatérielle (pratiques, savoir-faire, traditions, etc.)...

Affiche pour les journées européennes du patrimoine

J'apprends à reconnaître mon identité

> Le couscous est symbolique dans ma famille. Je peux même dire que c'est un héritage transmis de mère en fille. C'est le plat de la transmission : chaque famille a sa recette et la réserve pour des moments spéciaux. [...] Le couscous, c'est aussi une culture, une spécialité venant de mes origines. Petite, lorsque je demandais à ma mère : « *On mange quoi ce soir ?* », et que la réponse était : « *Du couscous !* », j'étais remplie de joie et de bonne humeur... [...] Pour moi, ce plat est artistique. Il est beau à observer avec toutes ces différentes couleurs chaudes. [...] Ce plat a une histoire. À l'origine, il a été créé, au Moyen Âge, par les peuples berbères et d'autres peuples ruraux du Maghreb. Le couscous appartient à tous les pays du nord de l'Afrique. D'ailleurs, il a été déclaré officiellement « Patrimoine maghrébin commun ».
>
> Leïla, zep.media

LA CLÉ

L'identité passe par :
- les origines culturelles
- la transmission familiale
- l'héritage national...

Lis ce texte. Que représente ce plat pour Leïla ? Quelle est l'histoire de ce plat ?

Je sais reconnaître mon patrimoine culturel

EN GROUPES

1. Listez les éléments de votre patrimoine culturel. Pensez à l'histoire, la nature, la gastronomie, les traditions, etc.

2. Sélectionnez les éléments les plus importants.

3. Créez l'affiche des « Journées du patrimoine culturel » de votre pays.

DÉTENTE

UNITÉ 7

Si *La Vache qui rit* rit depuis plus de 100 ans (depuis 1921), c'est sans doute pour une bonne raison.

❶ OBSERVE

1. Regarde cette photo. Est-ce que tu reconnais cette vache ? Quel est son nom dans ton pays ?
2. Lis la légende. Que dit cette légende ?
3. À DEUX **Discutez** : À ton avis, pourquoi est-ce que *La Vache qui rit* rit ?

❷ RÉAGIS

1. 🎧 51 Écoute. Explique l'histoire de *La Vache qui rit* et choisis une étiquette pour donner ton opinion sur cette histoire.

> C'est intéressant !   C'est un peu bizarre, non ?
> Bof !   Je n'ai pas compris.

2. Réécoute. Puis, dis si tu mets un point d'exclamation ou d'interrogation à la fin de chaque phrase selon l'intonation.
a. Pourquoi La Vache qui rit rit
b. Ah
c. Écoutez-bien
d. Ça ne vous rappelle rien
e. Bonne idée

❸ AMUSEZ-VOUS !

EN GROUPES

1. Créez un fromage avec visuel et un titre (un animal + *qui* + verbe) et une courte histoire qui fait rire.
Exemple : *La vache qui pleure ; La chèvre qui ronfle, etc.*
2. Présentez-la à la classe qui vous pose des questions et donne son opinion.
Exemple : *Mais pourquoi elle s'appelle La vache qui pleure ? Ah oui, c'est sympa !*

L'INTERROGATION ET L'EXCLAMATION

• Dans une phrase interrogative avec un mot interrogatif, le ton monte au début et descend à la fin :

Est-ce que ↗ tu aimes ce fromage ↘ ?

Pourquoi ↗ La Vache qui rit rit ↘ ?

• Dans une phrase interrogative avec une question fermée, le ton monte à la fin :

Tu aimes ce fromage ↗ ?

• Dans une phrase exclamative, le ton monte à la fin mais moins haut que dans une phrase interrogative :

Bonne idée ↗ !

POUR ou CONTRE ?

La liberté d'expression en famille.

CONTEXTE
En famille, ce n'est pas toujours facile de parler de tout. Il y a des sujets qui sont un peu plus sensibles ou tabous. Dans ta famille, est-ce que tu es libre de dire ce que tu as sur le cœur ? Avec qui est-ce que tu parles plus facilement ?

⏳ **Tu as 3 minutes pour…**
… lister les sujets dont tu ne parles pas ou peu en famille.

⏳ **Vous avez 7 minutes pour…**
… partager ces sujets et expliquer les raisons (timidité, personnalité, histoire de famille…) en groupes.

⏳ **Vous avez 10 minutes pour…**
… choisir un rôle (parent, grand-parent, enfant, oncle, etc.) et défendre la liberté d'expression ou de discrétion.

astuce Pour modifier un peu ce que tu as dit :
• *Non, pas vraiment, pas exactement…*
• *En fait, c'est plutôt que…*
• *En réalité…*
• *Ce que je veux dire, c'est que…*

Relève *le défi* de l'unité !

CONTEXTE
Dans le cadre du spectacle « Les fausses rumeurs », on vous propose de rédiger une anecdote sur les origines d'une personnalité ou d'un(e) humoriste célèbre en donnant des détails.

SEUL(E) • ✏️ Rédige deux fausses anecdotes sur la personnalité choisie.

EN GROUPES • 💬 Partagez vos anecdotes et choisissez-en une.

EN CLASSE • 💬 Le groupe A raconte son anecdote au groupe B qui la raconte au groupe C qui rapporte l'anecdote à toute la classe.
• 💬 Le groupe A partage son point de vue sur la qualité de l'anecdote rapportée. Il ajoute ou rectifie si nécessaire les éléments manquants ou erronés.

le mémo *du défi*

Parler de ses origines
✓ Il/Elle vient de…
✓ Il/Elle appartient à…
✓ Il/Elle est + *nationalité*

Rapporter des propos
✓ Ils disent que…
✓ Ils ont précisé que…
✓ Ils ont affirmé que…

Partager un point de vue
✓ On trouve que vous avez bien rapporté…
✓ On (n') est (pas) d'accord avec votre anecdote.

#FIÈRES

unité 8

LEÇON 1
RÉAGIR

- Les temps de l'indicatif
- L'opinion et le subjonctif
- La mémoire
- Les événements historiques

 Rédiger une critique de film

LEÇON 2
RACONTER UNE BÊTISE

- La voix passive
- Les bêtises

 Créer une boîte à bêtises

LEÇON 3
EXPLIQUER UNE RÉUSSITE

- Les pronoms démonstratifs neutres
- La réussite

 Rédiger une 4e de couverture

CULTURE
Les erreurs de l'Histoire

L'EXTRAIT
Enzo Lefort

LES CLÉS...
pour améliorer ses méthodes de travail

DÉTENTE
- L'effacement

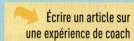 Écrire un article sur une expérience de coach Relève le défi

cent vingt et un 121

LEÇON 1 — RÉAGIR

> Cahier p. 76

1 Visite historique pour des collégiens

1. Regarde la photo et lis le titre. Cherche des informations sur le château de Versailles.

2. 🎧 52 Écoute le document et donne le contexte : Qui ? Quand ? Où ? Quoi ?

3. Réécoute et réponds.
a. Quelles sont les réactions des collégiens ?
b. Quelles sont les activités artistiques au temps de Louis XIV ?
c. Quels sont les objectifs de cette visite ?
d. Quel est le souvenir de Catherine Pégard ?

4. 💬 À DEUX Discutez : As-tu déjà visité un monument historique de ton pays ? Lequel ? Avec qui ? Lequel aimerais-tu visiter ?

LA MÉMOIRE

au temps de…
à l'époque de…
un souvenir d'enfance
> p. 125

LES TEMPS DE L'INDICATIF

Ils **ont participé** à une visite.
J'**aime** beaucoup…
On **va essayer** de…
> p. 124

BLA BLA BLA

1. « Proposer à des milliers de collégiens de visiter un monument historique » : **Que penses-tu de cette initiative ?**

2. MÉDIATION EN GROUPES **Organisez une table-ronde sur ce sujet :** L'un(e) de vous est l'animateur/trice qui gère la discussion, un(e) autre est un(e) professeur(e) d'histoire, un(e) autre est un(e) représentant(e) du département, un(e) autre est un(e) collégien(ne).

activité interactive

UNITÉ 8

2 Je trouve intéressant que…

Dans *Tirailleurs*, Alassane Diong incarne Thierno, un jeune Sénégalais recruté de force en 1917. Il te raconte le tournage dans les tranchées avec Omar Sy, qui joue son père, Bakary.

Qu'est-ce qui t'a attiré dans l'histoire des *Tirailleurs* ?
C'est de parler d'une relation entre un père et un fils. Je trouve aussi intéressant que mon personnage soit l'aîné d'une famille : ça me parle, parce que j'ai des frères et des sœurs. […]

Être dans la peau d'un soldat, c'est une épreuve, non ?
On tournait en plein air, dans les tranchées. Il y avait même des rats ! Je n'ai pas fait la guerre, il y a cent ans mais ça m'a semblé très fidèle. Avec le costume, le barda (*l'équipement du soldat*), le bruit… Je n'ose pas imaginer ce que les soldats ont vécu.

Dans le film, tu parles peul* et français…
Ce n'était pas naturel pour moi parce que je comprends plus le peul que je ne le parle. […] Parmi tous les soldats, il y avait des Sénégalais mais aussi des Malgaches, des gens de Nouvelle-Calédonie… Ils ne se comprenaient pas tous entre eux et c'était important de le montrer.

Qu'espères-tu transmettre avec ce film ?
Au collège, on parle de la guerre mais il y a plein de gens qui ne sont pas ou peu évoqués. Ça ne veut pas dire que c'est pour cacher des choses ou qu'on s'en fiche, comme je le pensais ado… Aujourd'hui, on a besoin de cette information, et de cette compassion entre nous. Ce qui fait nos souvenirs et notre passé, ce sont les histoires humaines, pas les exploits ou les objets.

*le peul est une langue parlée en Afrique de l'Ouest

Le Monde des ados n°510

Sénégal, 1917, Thierno est devenu tirailleur, comme des milliers de soldats venus des colonies françaises.

1. Regarde l'affiche et présente le film. À ton avis, ça parle de quoi ?

2. Lis le texte et présente le personnage de Thierno. Puis, choisis vrai ou faux pour chaque affirmation et justifie ton choix.
a. Omar Sy est le père d'Alassane Diong.
b. Le film est proche de la réalité de l'époque.
c. Pendant la guerre, tous les tirailleurs parlaient peul.
d. Pour Alassane, parler d'un événement historique est important.

3. Réponds sur le forum à la suite de l'article (100 mots) :
Qu'est-ce qui t'attire dans un film (son histoire, ses acteurs, son genre, etc.) ?

> **L'OPINION ET LE SUBJONCTIF**
> Je trouve intéressant que mon personnage **soit**…
> > p. 124

3 Rédigez une critique de film

À DEUX
1. Choisissez un film qui présente un événement historique.
2. Présentez ce film et rédigez une critique (histoire, décor, personnage, réalisme…).

> **RÉAGIR**
> Nous trouvons cela + *adjectif* + que + *subjonctif*
> Nous ne pensions/savions pas que + *indicatif*
> Cela nous marquera pour toujours…

GRAMMAIRE PRATIQUE

> Révise ta grammaire p. 143

1 RÉVISE Les temps de l'indicatif

1. 🎧 52 Réécoute le document et écris les verbes que tu entends. Indique le temps de chaque verbe.

2. Lis ce texte et indique le temps de chaque verbe.

> Au futur, un verbe a toujours un « r ».

Le 20 avril 1995, cela faisait un an que le président français se battait pour faire entrer une femme au Panthéon : Marie Curie. Et c'est ce jour-là que le couple Pierre et Marie Curie est entré dans ce monument historique. Rappelons qu'en 1903, ils avaient reçu le prix Nobel de physique pour leurs recherches sur la radioactivité. Presque trente ans plus tard, la question se pose : verra-t-on prochainement une nouvelle femme au Panthéon ? On peut espérer que cette proportion homme/femme s'équilibrera un jour !

3. Écris un texte pour présenter un événement historique (100 mots). Utilise plusieurs temps.

2 L'opinion et le subjonctif

1. 🎧 53 Écoute. Dans quelles phrases entends-tu le subjonctif ?

2. Subjonctif ou indicatif ? Réécris et conjugue les verbes entre parenthèses.

> trouver + adjectif + subjonctif

a. Les spectateurs trouvent qu'Alassane (*être*) un bon acteur.
b. Penses-tu qu'Omar Sy (*avoir*) envie de jouer dans un autre film historique ?
c. Je ne crois pas qu'Omar Sy (*pouvoir*) jouer Louis XIV. Et toi ?
d. Mon père trouve amusant qu'un acteur (*apprendre*) une nouvelle langue pour jouer dans un film.
e. Je crois que je (*visiter*) le château de Versailles quand j'irai en France.

3. À DEUX Utilisez *trouver* avec un adjectif pour exprimer une ou plusieurs opinion(s) sur les films historiques.

bizarre   *incroyable*   *étonnant*
fantastique   *énervant*   *dommage*

3 C'est à vous !

✏️ À DEUX Répondez à cet écrivain. Exprimez votre opinion sur ce sujet. Donnez quelques détails historiques sur la Joconde.

---

mémo

LES TEMPS DE L'INDICATIF

- **le présent**
J'**aime** ce tableau.

- **le passé récent** pour une action qui vient de se passer
Je **viens de quitter** le château.

- **le passé composé** pour une action passée limitée dans le temps
Je **suis venue** au même âge.

- **l'imparfait** pour une description, des sentiments, une situation passée
Il y **avait** des Sénégalais.

- **le plus-que-parfait** pour une action antérieure dans le passé
Il y **avait** déjà **eu** une guerre.

- **le futur proche** pour une action dans un avenir proche
On **va essayer** de découvrir…

- **le futur simple** pour un événement programmé ou une prévision
On **visitera** ce château l'an prochain.

mémo

L'OPINION ET LE SUBJONCTIF

- **forme affirmative** : verbes *penser/croire/trouver* + *que* + indicatif
Je **pense que** ce château **est** vieux.
Je **crois que** nous **serons** mieux ici.

❗ *trouver* + adjectif + *que* + subjonctif
Je **trouve intéressant que** mon personnage **soit** l'aîné.

- **forme négative** : verbes *penser/croire/trouver* + *que* + subjonctif
Je **ne pense pas que** ce château **soit** vieux.

❗ Cette forme négative exprime un doute.

- avec une **question inversée** : verbes *penser/croire/trouver* + *que* + subjonctif
Penses-tu que Louis XIV **soit** à l'origine du château de Versailles ?

VOCABULAIRE PRATIQUE

1 La mémoire

1. Lis le mémo et trouve le mot qui correspond à chaque définition.
a. Une période historique marquée par certains faits.
b. Témoigner du respect envers une personne.
c. Ensemble des biens qui appartiennent à un pays.
d. Raconter un événement qu'on a vu.
e. Une cérémonie en souvenir d'une personne.

2. Complète ces phrases à l'aide d'un verbe du mémo.
▌ une histoire à raconter ≠ l'Histoire (dates)
a. 1789 est une date qui a … l'Histoire de la France.
b. Est-ce que tu … du jour où on a marché sur la Lune ?
c. Ma grand-mère était jeune mais elle se … la seconde guerre mondiale.
d. J'aimerais bien que tu me … l'histoire de mes grands-parents.
e. Tu pourras … cet objet à tes enfants, un jour !

3. Choisis un personnage de l'Histoire et écris un texte pour lui rendre hommage (80 mots).

mémo
LA MÉMOIRE

au temps de… / à l'époque de…
autrefois
une commémoration
une époque
un événement
un souvenir d'enfance

commémorer
marquer l'Histoire
raconter un récit
raviver des souvenirs
rendre un hommage à
sauvegarder le patrimoine
se rappeler qqch / un événement
se souvenir de qqch
témoigner
transmettre qqch à qqn

2 Les événements historiques

1. Chacun de ces événements a un nom. Retrouve-le dans le mémo.
a. 1914-1918 dans le monde
b. 1789 en France
c. 1830 : la France occupe l'Algérie
d. le 11 septembre 2011 à New York
e. 1940 : les grottes de Lascaux

2. Remplace les 👑 par un mot du mémo.
Louis XIV, aussi appelé le « 👑-Soleil » est un personnage de l'👑 de France. Son 👑 dure 72 ans, de 1643 jusqu'à sa mort en 1715. À partir de 1682, il dirige le pays depuis le château de Versailles qui est un 👑 royal. À cette époque, Louis XIV a le 👑 absolu : il décide tout !

mémo
LES ÉVÉNEMENTS HISTORIQUES

un attentat
une colonisation
une découverte
une frise chronologique
une grève
une guerre
l'Histoire
la mise en place du pouvoir
un monument = un édifice
un règne
une révolution
un roi, une reine
un siècle
un soldat
une tranchée

Mai 1968 : Grèves généralisées en France

3. À DEUX Regarde cette photo. Est-ce qu'il y a déjà eu un événement comme celui-ci dans ton pays ? Raconte à ton/ta voisin(e).

3 C'est à vous !

EN GROUPES Jouez au jeu *Timeline*. Prenez une carte et placez-la sur la table pour faire une frise chronologique de l'Histoire de France.

Prise de la Bastille

CULTURE — LES ERREURS DE L'HISTOIRE

On se dit **tout** !

▶ 8 Regarde la vidéo. De qui s'agit-il ? Il a fait quelle erreur ?

🌍 Connais-tu d'autres personnages de l'Histoire qui ont fait des erreurs ? Lesquelles ?

Info **culturelle**

En 1803, les États-Unis proposent à la France de racheter la Louisiane (22 % de la surface actuelle des États-Unis). Napoléon est favorable car il a peur de ne pas pouvoir défendre ce territoire face aux Anglais. Le 20 décembre, il signe cette vente qui lui permet de financer, entre autres, d'autres campagnes militaires.

Est-ce une erreur ? Discutez avec ton/ta voisin(e). Imaginez la France aujourd'hui avec 22 % des États-Unis.

Info **culturelle** ❷

En 1912, le Titanic touche un iceberg et coule. Cela a coûté la vie de 1522 passagers. On raconte qu'avant le départ, un officier a oublié de transmettre les clés du placard au commandant. Dans ce placard, il y avait des jumelles. À ton avis, est-ce qu'avec ces jumelles, le commandant pouvait voir le danger et sauver tous les passagers ?

Lis cette histoire et réponds à la question.

Le coin des **francophones**

🇫🇷 SE FAIRE ROULER DANS LA FARINE

Regarde cette expression à la voix passive. Est-ce que quelqu'un roule la personne dans la farine pour la manger ? Mais non ! Il s'agit de donner une mauvaise information à quelqu'un pour obtenir quelque chose ou se moquer de lui. Quelle expression est similaire dans ta langue ? Dessine-la !

LEÇON 2 — RACONTER UNE BÊTISE

UNITÉ 8

> Cahier p. 78

1 Petite ou grosse bêtise ?

Malicieuses, imprudentes ou rebelles, les bêtises font sortir du cadre pour explorer le monde, braver l'interdit, flirter avec le danger ou appartenir à un groupe. Elles exaspèrent tes parents, mais t'aident parfois à te construire. Jusqu'à faire partie, pour certaines, de la légende personnelle.

L'AVIS DU PSY

Faire une bêtise, est-ce toujours transgresser un interdit ?

Dr Jean-Yves Le Fourn : « À l'adolescence, oui, presque toujours. Il y a les petites bêtises, intentionnelles mais sans gravité, et les grosses, intentionnelles et graves. Mais les plus caractéristiques visent à tester les limites, que ce soit celles posées par la famille, par le collège, par la société mais aussi par les lois physiques : voir, par exemple, si jouer avec le feu, c'est vraiment risqué. »

Y a-t-il une différence entre les bêtises pour lesquelles on se fait prendre et les autres ?

« Quand on se fait prendre, on existe aux yeux des autres. Devant la réaction des parents, par exemple, on se rassure sur le fait qu'ils s'intéressent à nous, qu'ils s'inquiètent pour nous, bref, qu'ils nous aiment même si leur réaction est de nous punir. »

Le Monde des ados N°499

1. Regarde la photo. Lis le titre et réponds à la question.

2. Lis le texte et avec ton/ta voisin(e), proposez une carte mentale sur les « bêtises » : les adjectifs, les objectifs, et les réactions face aux bêtises.

3. Écris un texte pour le magazine *Le Monde des ados* (100 mots) : Raconte une bêtise que tu as faite quand tu étais plus jeune. Donne un maximum de détails.

> **LES BÊTISES**
> sortir du cadre
> transgresser un interdit
> > p. 131

2 Je me suis fait disputer…

1. Regarde la photo et lis le titre. À ton avis, ils parlent de quoi ?

2. 🎧 54 Écoute le document.
a. Associe Nina, William ou Juliette aux étiquettes.

- … s'est fait disputer.
- … n'a jamais recommencé.
- … a fait le plus de bêtises.
- … a commis sa bêtise seul(e).

b. Résume chaque bêtise en trois mots-clés.

> **LA VOIX PASSIVE**
> Je **me suis fait** disputer.
> On **a été surpris par** leur réaction.
> > p. 130

3 💬 Créez une boîte à bêtises

1. Chacun écrit une bêtise qu'il/elle a faite récemment sur un papier et le met dans une boîte.
Exemple : *J'ai mis une éponge humide sur la chaise de mon prof de musique.*
2. **EN GROUPES** Vous piochez un papier et trouvez le coupable. Celui-ci raconte sa bêtise en détails.

> **RACONTER UNE BÊTISE**
> On a été surpris(es) par…
> On (ne) s'est (pas) fait gronder
> On a dû s'excuser…
> On n'a jamais recommencé !

L'EXTRAIT *Littéraire*

ENZO LEFORT :
« De son enfance en Guadeloupe avec sa découverte de l'escrime, en passant par son arrivée en métropole à l'adolescence, découvrez son histoire et le parcours qui l'a mené aux JO de Tokyo. »

Enzo Lefort, Tony Lourenço, Madana, *Enzo*, Blackelephant éditions.

1. Lis la légende, regarde la couverture du manga et présente rapidement Enzo Lefort.

2. Lis la page de manga et explique la scène : Qui parle à qui ? À quel moment ? Quel est le message important ?

3. MÉDIATION **Raconte :** As-tu déjà vécu une expérience similaire d'encouragement ?

MOT À MOT

1. Regarde les cinq vignettes de la planche, la place des bulles et le texte.

2. EN GROUPES Choisissez un champion olympique, répartissez-vous les vignettes et créez votre planche, avec le même texte dans la dernière vignette.

LEÇON 3 — EXPLIQUER UNE RÉUSSITE

UNITÉ 8

> Cahier p. 80

1 Un beau palmarès !

MATHILDE GROS est une femme de défi. À 15 ans, [...] elle est repérée pour ses qualités de cycliste. [...] Mathilde s'est forgé un palmarès hors-normes dès ses débuts : championne de France, championne d'Europe et le Saint-Graal en 2022, avec le titre de championne du monde remporté devant son public au vélodrome de Saint-Quentin-en-Yvelines.

De « potentiel prodige » à championne, son statut est désormais différent et elle se sait attendue en compétition. « *À chaque nouvelle compétition, j'avance, je ne me prends pas la tête. Si ça se passe bien, tant mieux, si ça se passe mal, je retourne au travail.* » [...] Le 14 avril 2022, Mathilde décroche la plus belle médaille de sa jeune carrière. [...] « *C'était juste incroyable. Une telle émotion. Les mots ne suffisent pas pour décrire ce que j'ai ressenti au moment où j'ai passé la ligne ! Le brouhaha dans le vélodrome, les hurlements, ça résonnait... Chanter* La Marseillaise *a été la cerise sur le gâteau. J'en ai encore des frissons.* »

Sporteen

1. Regarde la photo. À ton avis, quel sport est-ce que cette femme pratique ?
2. Lis le texte et réponds.
   a. Qui est-ce ? Que se passe-t-il quand elle a 15 ans ?
   b. Elle a gagné quoi ?
   c. D'après le texte, comment est-ce qu'elle se donne les moyens de réussir ?
   d. Que s'est-il passé le 14 avril 2022 ?

LA RÉUSSITE
une championne
un palmarès
une médaille
> p. 131

2 Le sport, ça n'est que de l'échec et de la réussite...

1. Regarde l'image. Présente le podcast et l'interviewée.
2. 🎧 55 Écoute et complète les opinions de l'interviewée.
   a. Vivre une aventure au quotidien, c'est...
   b. Le fait de se tromper, c'est...
   c. La question, c'est...
   d. Tout est une question de...

3. À DEUX Raconte un événement sportif incroyable à tes yeux à ton/ta voisin(e).

LES PRONOMS DÉMONSTRATIFS NEUTRES
Si **ça** se passe bien...
Quand on vit **ça** au quotidien...
> p. 130

3 Rédigez une 4ᵉ de couverture

À DEUX
1. Laura Di Muzio, championne de rugby, écrit un livre pour expliquer ses échecs et ses réussites. Imaginez le contenu.
2. Rédigez une 4ᵉ de couverture adaptée au contenu choisi.

EXPLIQUER UNE RÉUSSITE
Je me suis donné du mal.
J'ai remporté le prix/concours.
On s'est bien battu(e)s...
Quand je suis monté(e) sur le podium...

GRAMMAIRE PRATIQUE

> Révise ta grammaire p. 143

1 La voix passive

1. Regarde ces deux phrases et réponds.
Leur réaction nous a surpris.
On a été surpris par leur réaction.
a. Quel est le sujet ?
b. Qui fait l'action ?

2. Transforme les phrases à la voix passive.

▌ On conjugue *être* au même temps que le verbe de la forme active.

a. La France a remporté la compétition.
b. Laura a enregistré ce podcast.
c. Mathilde Gros invitera ses amis.
d. Ses collègues ont critiqué Laura.
e. Son histoire me bouleverse.

3. Écris un texte sur un(e) sportif/ive avec ces actions (100 mots).

- se faire couper les cheveux
- se faire battre
- se faire éliminer
- se faire opérer
- se faire disputer par son entraîneur

mémo

LA VOIX PASSIVE

Pour donner de l'importance au sujet :
- **le sujet devient complément d'agent introduit par *par***
Leur réaction surprend Nina.
Nina est surprise **par** leur réaction.
❗ Pas de complément d'agent avec le pronom *on*.
On surprend Nina. ➜ Elle est surprise.

- **le COD devient sujet**
Leur réaction surprend **Nina**.
Nina est surprise par leur réaction.

- **le verbe : *être* + participe passé**
Nina **est surprise** par leur réaction.
❗ Le participe passé s'accorde avec le sujet.
Elles **sont surprises** par leur réaction.

Pour indiquer la passivité du sujet :
- **se faire + infinitif**
Je **me** suis **fait disputer**.
❗ Il n'y a jamais d'accord avec *se faire*.
Elle **s**'est **fait** disputer.

2 Les pronoms démonstratifs neutres

1. 🎧 56 **Écoute et nomme le pronom démonstratif.**

2. Choisis le bon pronom.
a. C' | Ça | Ce me semble être une bonne idée.
b. C' | Cela | Ce est une bonne chose.
c. C' | Ça | Ce m'étonne de ta part.
d. C' | Cela | Ce qui me fait plaisir, c'est de t'inviter.
e. C' | Cela | Ce fait 10 ans qu'il a remporté le championnat.
f. C' | Ça | Ce sent bizarre, non ?

3. À DEUX Vous organisez une fête pour célébrer la victoire de votre ami(e) qui a remporté un match. Imaginez le dialogue. Utilisez un maximum de pronoms démonstratifs.

mémo

LES PRONOMS DÉMONSTRATIFS NEUTRES

- ***cela*** : pour reprendre une idée, devant un verbe (sauf *être*) à l'écrit
Cela m'étonne qu'il aime le sport.

- ***ça*** : remplace *cela* à l'oral
Ça te plaît ?

- ***ce*** : est utilisé devant *être* ou devant un pronom relatif
Ce que j'aime, c'est le sport.
C'est trop bien !

3 C'est à vous !

1. À DEUX Jouez au jeu Le Passif. L'un(e) de vous prend une carte et la place au milieu de la table.

2. ✏️ Vous avez une minute pour écrire un maximum de phrases à la voix active (1 point) et passive (2 points).

- le championnat
- les arbitres
- elle
- les spectateurs
- la joueuse de rugby
- la chaîne de télévision

VOCABULAIRE PRATIQUE

1 Les bêtises

1. Associe. Puis, propose un symbole pour chaque expression.

Exemple : *sortir du cadre*

- être ○   ○ prendre
- prendre ○   ○ une erreur
- commettre ○ ○ malicieux
- braver ○   ○ des risques
- se faire ○ ○ un interdit

2. Lis ces phrases et indique l'action qui correspond.

a. « Je suis vraiment désolée. »
b. « Tu seras privé de téléphone pendant une semaine. »
c. « Pardon ! »
d. « Attention, tu vas tomber ! »
e. « Je crois qu'ils t'ont vu. »

3. À DEUX Jouez un dialogue entre un(e) professeur(e) et un(e) élève qui a commis une bêtise.

mémo — LES BÊTISES

une bêtise intentionnelle
une petite/grosse bêtise
malicieux/euse
imprudent(e)
rebelle

commettre une erreur
demander pardon
désobéir
être puni(e)
prendre des risques
transgresser/braver un interdit
se faire disputer/gronder
se faire prendre
s'excuser
sortir du cadre

2 La réussite

1. Lis le mémo et associe une illustration à un ou plusieurs mots.

a.   b.   c.   d.   e.

2. Remplace chaque 🏅 par un verbe. Conjugue si besoin !

▎ *se* + verbe : le sujet fait l'action pour lui-même.

Tous les sportifs rêvent de participer aux Jeux olympiques et, bien entendu, de 🏅 une victoire. Pour cela, ils 🏅 les moyens en s'entraînant quotidiennement. Quand ils s'entraînent, il leur arrive de 🏅 mais, grâce à ces erreurs, ils peuvent 🏅 en compétences. L'essentiel n'est pas de 🏅 un titre mais de participer !

3. Imagine un(e) sportif/ive de haut niveau qui a participé aux Jeux olympiques et qui a échoué. Écris un article (100 mots).

mémo — LA RÉUSSITE

un(e) champion(ne)
un palmarès
un podium
une récompense
un résultat
une réussite ≠ un échec
une victoire ≠ une défaite

décrocher un titre
faire des efforts
gagner ≠ perdre
monter en compétences
progresser
remporter une victoire
s'améliorer
se donner les moyens
se forger un palmarès
se tromper = se planter (familier)

3 C'est à vous !

💬 À DEUX Tu viens de remporter une médaille d'or aux Jeux olympiques de Paris. Raconte ta réussite à ton/ta voisin(e) et les actions mises en œuvre pour réussir.

LES CLÉS...

..... pour améliorer ses méthodes de travail

Je découvre des problèmes liés aux cours

Lis ces problèmes. Classe ces problèmes de celui qui est le plus proche de toi (A) à celui qui est le plus éloigné (G).

PROBLÈME 1 Je n'arrive pas à suivre les cours en classe.

PROBLÈME 2 J'ai trop de devoirs.

PROBLÈME 3 Je bosse, mais j'ai des mauvaises notes !

PROBLÈME 4 C'est dur de me motiver à travailler quand je suis seul(e) à la maison.

PROBLÈME 5 Mon meilleur ami réussit mieux alors qu'il travaille moins !

PROBLÈME 6 Quand on est en groupes, c'est toujours moi qui fais tout !

PROBLÈME 7 Je suis nul(le), l'école, ce n'est pas pour moi !

LA CLÉ
Les problèmes en classe peuvent être liés à :
- ta méthode de travail
- tes propres représentations sur ton travail ou celui des autres
- ta motivation…

J'apprends à demander de l'aide

À DEUX Discutez de votre classement des problèmes. Ensemble, attribuez une solution à chaque problème. Puis, trouvez d'autres solutions.

solution a. Accepte tes difficultés.
solution b. Entraidez-vous !
solution c. Appuie-toi sur tes forces.
solution d. Gère tes priorités.
solution e. Fais des tests à la maison.
solution f. Éloigne les distractions.
solution g. Couche-toi plus tôt !

LA CLÉ
Pour demander de l'aide, il faut :
- accepter un problème ou une difficulté
- reconnaître son incapacité à trouver une solution seul(e)
- oser aller vers l'autre

Je sais améliorer mes méthodes de travail

EN GROUPES

1. Choisissez un problème et une solution liés au travail scolaire.
2. Répartissez-vous les rôles : un(e) élève, un(e) professeur(e), un(e) expert(e) en organisation, un(e) coach en éducation.
3. Jouez la scène devant la classe.
4. La classe applaudit et aide à trouver d'autres solutions.

DÉTENTE

UNITÉ 8

Chimère sur la cathédrale Notre-Dame de Paris.

❶ OBSERVE

1. Regarde la photo et décris précisément ce que tu vois au premier et au second plan.
2. Lis la légende. À ton avis, qu'est-ce qu'une « chimère » ?
3. Si tu pouvais être un monstre imaginaire, quel monstre serais-tu ? Dessine ta chimère !

> **L'EFFACEMENT**
> À l'oral dans une situation familière, des voyelles ou consonnes peuvent disparaître.
> Exemples :
> *il y avait* ➜ *y avait*
> *il ne reste rien* ➜ *il reste rien*
> *beaucoup de choses* ➜ *beaucoup d'choses*

❷ RÉAGIS

1. 🎧 57 Écoute les bruits de Paris autrefois.
Quels sons reconnais-tu ? Choisis les étiquettes.

 un chien
 une fontaine
 un fer
 une enclume
 une vache
 une voiture
 une mouette

2. a. 🎧 58 Écoute et indique les pensés de la chimère.
b. Lis le mémo et réécoute. Entends-tu les effacements ?

❸ AMUSEZ-VOUS !

1. À DEUX Montre ton dessin de chimère à ton/ta voisin(e). Puis, ferme les yeux et imagine que tu es une chimère qui regarde sa ville d'en haut. Commence un monologue : *Rien, il reste rien…*
2. Ton/Ta voisin(e) écoute et fait le bruitage.

POUR ou CONTRE ?

Décerner un prix.

CONTEXTE
Dans de nombreux collèges et lycées, on propose aux élèves de réaliser des concours en mathématiques, sciences, arts plastiques, etc. D'un concours à un autre, les récompenses sont parfois très variées : cela peut aller d'un titre à une médaille ; d'un objet (livre, ordinateur...) à un chèque culture. Faut-il systématiquement décerner un prix ?

Tu as 3 minutes pour...
... lister des exemples de prix que l'on peut décerner à des élèves.

Vous avez 7 minutes pour...
... partager vos réflexions sur le sujet : Faut-il décerner systématiquement un prix ? Quel type de prix ? Faut-il récompenser tous les participants ? De quelle façon ?

astuce Pour conclure :
• Bref, ... / Finalement, ...
• En conclusion, ...
• En résumé, ...
• En définitive, ...
• Pour terminer, ...

Vous avez 10 minutes pour...
... débattre sur le sujet. Parmi vous : un(e) animateur/trice de débat, des enseignant(e)s, des membres du ministère de l'éducation nationale et des élèves. L'animateur/trice présente et conclut le débat.

Relève *le défi* de l'unité !

CONTEXTE
Dans le cadre d'une compétition entre collèges, on te demande de coacher une équipe d'adolescents, âgés de 10 à 12 ans, qui rencontre des difficultés à jouer collectivement. Demande à la classe de t'aider !

EN GROUPES • 💬 Déterminez des rôles à jouer dans l'équipe : un coach, un joueur qui est mauvais perdant, un joueur qui est compétitif, un joueur qui a fait une bêtise, etc. Imaginez le contenu de la discussion entre eux.

EN CLASSE • 💬 Un groupe joue cette discussion devant la classe.
• 💬 La classe réagit et propose des solutions pour améliorer la situation.

SEUL(E) • ✏️ Grâce aux solutions de la classe, tu as finalement réussi à coacher ton équipe. **Tu écris un article (180 mots) dans *Sporteen* pour raconter ton expérience de coach.** Tu expliques la réussite de ton équipe lors de la compétition.

le mémo *du défi*

Raconter une bêtise
✓ Quand j'étais...
✓ J'ai été surpris(e) par...
✓ Je me suis fait gronder.
✓ J'ai dû m'excuser...
✓ Je n'ai jamais recommencé...

Réagir
✓ Nous trouvons cela + *adjectif* + que + *subjonctif*
✓ Nous ne pensions/savions pas que + *indicatif*

Expliquer une réussite
✓ On s'est donné du mal...
✓ On s'est bien battus...
✓ On a réussi à...
✓ On s'est donné les moyens pour...

U1 IMAGINE LA GÉOGRAPHIE... EN FRANÇAIS !

> Cahier p. 100

La géographie, c'est...

... l'étude de l'**aménagement** du **territoire**.

La Nouvelle Route du Littoral, La Réunion.

1. Regarde la photo et lis la légende. Tu vois la route ? C'est où ? À ton avis, pourquoi construire cette route ?

Aujourd'hui, on parle d'aménagement du territoire...

Aménager le territoire, c'est prendre des mesures pour développer les transports dans les zones éloignées, généraliser l'accès à Internet, faciliter l'accès à la santé... L'objectif est de réduire les **inégalités** entre les régions, favoriser un dynamisme économique et protéger l'environnement.

2. Regarde la carte et associe une étiquette à chaque numéro de la légende.

terrestre — région — maritime — rurale — technologique

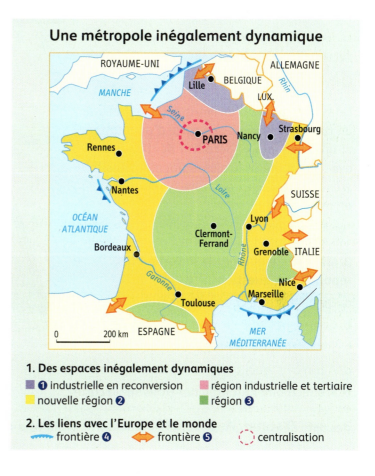

3. À DEUX Discutez : À votre avis, que trouve-t-on dans les régions rurales ? Quelles sont les inégalités avec les autres régions ?

... et des acteurs de l'aménagement.

4. Associe chaque acteur à une action : donner leur avis ; construire des ponts ou des routes ; décider de l'aménagement.

a. l'Union européenne, l'État, les régions, les départements, les communes...
b. les entreprises et les ouvriers
c. les habitants et les associations

5. EN CLASSE Regardez l'aménagement du territoire de votre pays. Quelles sont les similarités et les différences avec la France ?

Le DICO... de géographie

✳ l'aménagement
✳ une frontière terrestre/maritime
✳ une inégalité
✳ une région rurale, industrielle, technologique, tertiaire
✳ un territoire

cent trente-cinq **135**

U2 IMAGINE L'EPS... EN FRANÇAIS !

> Cahier p. 101

L'éducation physique et sportive, c'est...

... se situer dans l'espace, apprécier des durées et des distances.

1. Regarde la photo. À ton avis, qu'est-ce qu'ils font ?

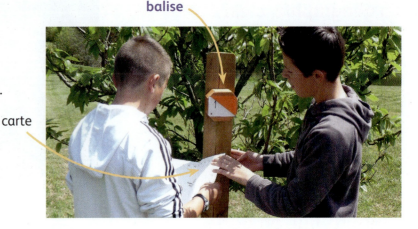

balise

carte

Aujourd'hui, on parle de course d'orientation...

Dans une **course d'orientation**, il faut choisir un **itinéraire** grâce à une carte d'orientation et une **boussole**, et découvrir des balises avec des numéros le plus rapidement possible. À chaque fois que l'on arrive à une balise, on poinçonne* sa carte.

* on fait des trous

2. Lis le texte et regarde la carte. Puis, réponds aux questions.

a. Où a lieu cette course d'orientation ?
b. Comment s'appelle ce **parcours** ?
c. Sur cette carte, il y a combien de balises ?
d. À ton avis, quel symbole représente le **point de départ** ?
e. À quel moment fait-on des trous sur la carte ?

3. À DEUX Discutez : As-tu déjà fait une course d'orientation ? Raconte.

... et de pratique.

4. EN GROUPES Préparez une course d'orientation dans votre établissement.

a. Téléchargez ou réalisez une carte de votre établissement. Sur la carte, indiquez huit balises.
b. Déplacez-vous à pied dans l'établissement, placez vos balises (huit papiers de même couleur) et calculez un temps pour les trouver.
c. Photocopiez votre carte.

5. Proposez à un groupe voisin de faire votre course d'orientation. Distribuez-leur la carte. Ils doivent rapporter les feuilles de couleur dans le temps indiqué.

Le DICO... d'EPS

✱ une balise
✱ une boussole
✱ une course d'orientation
✱ un itinéraire
✱ un parcours
✱ un point de départ / d'arrivée

U3 IMAGINE L'ÉDUCATION MUSICALE… EN FRANÇAIS !

> Cahier p. 102

L'éducation musicale, c'est…

… apprendre à produire et reconnaître des sons.

1. Regarde la photo et nomme des instruments. À ton avis, est-ce que les instruments ont le même son ?

Aujourd'hui, on parle des mécanismes du son…

> Une note de musique est un son (= de l'air qui vibre).
> Le son est caractérisé, entre autres, par le nombre de vibrations par seconde. On parle de fréquence. Elle se mesure en hertz. Par exemple, avec 20 vibrations par seconde, on dit que le son a une fréquence de 20 hertz (Hz). Plus les vibrations augmentent, plus le son est aigu.
> L'oreille humaine est capable d'entendre des sons de 20 Hz à 20 000 Hz.

2. Lis ce cours.

3. Regarde les instruments du schéma. Quel est l'instrument qui a le timbre (= le son) le plus aigu ? le plus grave ? Quel est celui qui a la tessiture (= l'espace entre deux sons) la plus grande ?

… et de pratique.

4. 🎧 59 Écoute le son de ces instruments et classe-les dans l'ordre de l'audio.

a. la clarinette   **b.** le violoncelle   **c.** le violon   **d.** la trompette   **e.** le saxophone

| de 150 à 2000 Hz | de 60 à 500 Hz | de 200 à 1250 Hz | de 180 à 1200 Hz | de 120 à 800 Hz |

5. EN GROUPES Discutez : Selon toi, quel est l'instrument qui a le plus joli timbre ? Joues-tu d'un instrument ? Lequel ? Sinon, de quel instrument aimerais-tu jouer ?

Le DICO…
d'éducation musicale

- aigu ≠ grave
- l'air
- une fréquence
- un son
- une tessiture
- un timbre
- une vibration

U4 IMAGINE LES SVT... EN FRANÇAIS !

> Cahier p. 103

Les sciences de la vie et de la Terre, c'est...

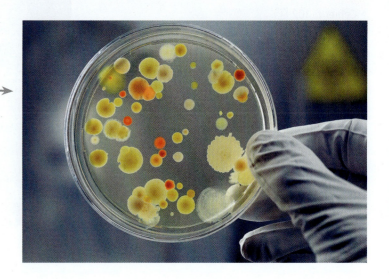

... observer les êtres vivants de toutes les tailles.

1. Regarde la photo de ces bactéries. D'après toi, quelle est la différence entre une bactérie et un virus ?

Aujourd'hui, on parle de micro-organismes...

> Un micro-organisme est un être vivant de très petite taille, présent partout et visible uniquement au microscope. Il y a plusieurs catégories comme les champignons, les bactéries et les virus. Certaines bactéries sont pathogènes (= responsables de maladies) mais d'autres sont utiles au fonctionnement de l'organisme (exemple : les bactéries de l'intestin) ou utilisées par l'homme (exemple : pour fabriquer des yaourts).

2. Lis ce cours et dis si c'est vrai ou faux.
a. Toutes les bactéries sont responsables de maladies.
b. Certains micro-organismes sont dans l'air.
c. L'appareil pour observer une bactérie s'appelle un micro-organisme.

3. À DEUX Citez des noms de maladie.

... et de pratique.

Dans un yaourt, il y a plus d'un milliard de bactéries.

4. Remets les étapes dans l'ordre.

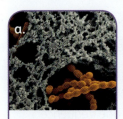
a. J'analyse le résultat.

b. Je dépose du yaourt sur une lamelle.

c. Je regarde au microscope.

d. Je mets du bleu de méthylène pour colorer les bactéries.

Le DICO... de SVT

* une bactérie
* une lamelle
* un micro-organisme
* un microscope
* (non-)pathogène
* un résultat
* un virus

5. EN CLASSE Réalisez cette expérience en cours de SVT et trouvez le nom dans votre langue des deux bactéries qui transforment le lait en yaourt.

U5 IMAGINE LA PHYSIQUE-CHIMIE… EN FRANÇAIS !

> Cahier p. 104

La physique-chimie, c'est…

… l'étude des propriétés de la matière qui déterminent les **phénomènes** naturels.

1. Regarde la photo et décris-la. Quel est ce phénomène ?

Aujourd'hui, on parle des gaz à effet de serre…

2. Regarde l'illustration et remplace les 🌍 par des mots du schéma.

Autour de la Terre, il y a l'🌍. Cette enveloppe contient des 🌍 qui absorbent les 🌍 et permettent à la Terre d'avoir chaud. Sans eux, il ferait très froid car, dans l'🌍, il fait environ -270°C ! Mais l'homme émet aussi des gaz. On dit qu'ils sont 🌍 (= pas **naturels**). À cause de ces gaz, l'**atmosphère** est plus dense et il fait de plus en plus chaud sur Terre. On parle de **dérèglement climatique** !

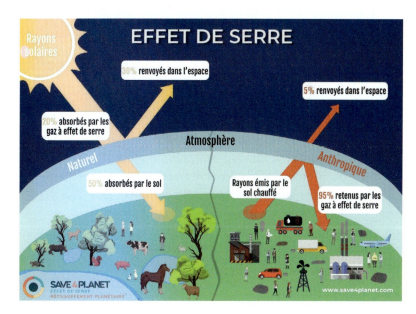

3. Associe.
Il y a trois **gaz à effet de serre** (GES) principaux dans l'atmosphère.

- CO_2 — la vapeur d'eau
- H_2O — le méthane
- CH_4 — le dioxyde de carbone

… et des causes du dérèglement climatique.

Le méthane est responsable de 23 % du **réchauffement** lié aux émissions de gaz à effet de serre **anthropiques**.

4. À DEUX Regardez ces images et expliquez dans votre langue ou en français pourquoi le **méthane** est très présent dans l'atmosphère.

5. EN CLASSE Trouvez des solutions pour réduire les émissions de méthane.

Le DICO… de physique-chimie

- anthropique ≠ naturel
- le dérèglement climatique
- un gaz à effet de serre
- le méthane
- un phénomène
- le réchauffement

U6 IMAGINE LES MATHÉMATIQUES... EN FRANÇAIS !

> Cahier p. 105

Les mathématiques, c'est...

... un ensemble de règles de calculs.

1. Regarde le schéma et propose une règle de calculs simple pour faire des crêpes.

Aujourd'hui, on parle d'algorithme...

Un **algorithme** permet de traiter des **données** pour obtenir un **résultat**. Les **instructions** décrites dans l'algorithme doivent être très simples. L'algorithme est généralement traité par une machine. Il faut prévoir des **variables**.

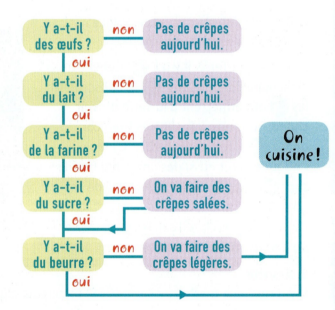

2. À DEUX Lisez cette explication.
a. Comparez la recette de crêpes à un algorithme.
b. Expliquez les variables du schéma.

... et de pratique.

3. Lis cet algorithme et nomme la variable.

> **Données** : un nombre entier naturel
> **Résultats** : un nombre entier
> ❶ Demander un nombre x ;
> ❷ si x est pair alors
> ❸ | Afficher $\frac{x}{2}$;
> ❹ sinon
> ❺ | Afficher $3 \times x + 1$;
> ❻ Afficher le résultat
> ❼ fin

4. a. Lis l'exemple.
Exemple : *Si $x = 5$, le résultat est 16 ($3 \times 5 + 1$).*
b. Que dit l'ordinateur si je choisis 6 au départ ? 7 ? 8 ?

5. Ajoute une variable à cet algorithme.

Le DICO...
de mathématiques

✸ un algorithme
✸ une donnée
✸ une instruction
✸ un résultat
✸ une variable

U7 IMAGINE LA LITTÉRATURE... EN FRANÇAIS !

> Cahier p. 106

La littérature, c'est...

... un texte, un ou des **personnages**, un(e) **auteur/trice** et une histoire.

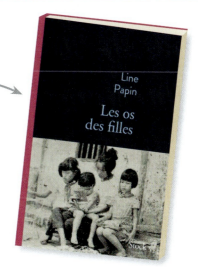

1. Regarde la couverture. Nomme l'autrice et imagine l'histoire.

Aujourd'hui, on parle de récit autobiographique...

❝ *« Miss Papin? Please, hurry up, you are the last passenger! »*. L'avion va décoller. [...]

Du bout du nez, l'avion blanc touche Hanoï. [...] Hanoï ne bouge pas ; je grandis, je me torture et elle est là, ma ville, identique. Je l'aimais tant. Assise dans ce taxi [...] je suis cette enfant assise dans les bras de sa mère. [...] Soudain, abandonnant mon anglais de touriste, je me mets à parler vietnamien au chauffeur. Je sors cette langue, devenue étrangère de ma bouche docile et je dis au mec [...] : je suis née ici, c'est mon pays aussi, le mien, j'ai mon histoire avec lui, j'y ai droit, alors oui, je suis partie il y a longtemps, je n'ai plus la langue ni les codes ni mes amis ni ma famille, mais c'était ma mère aussi, ce pays. Le chauffeur acquiesce avec indifférence. Il me prend pour une folle. Voilà, nous arrivons à destination. Je viens, en paix, ouvrir le chapitre de cette histoire qui a fait tant de naissances, de joies, tant de douleurs, de morts, tant de guerres – mon histoire après tout. ❞

Line Papin, *Les os des filles*, éditions Stock.

2. Lis cet extrait. Grâce aux éléments soulignés et au dico, explique ce qu'est un **récit autobiographique**.

3. Vrai ou faux ? Dans ce récit :
a. l'autrice imagine une histoire.
b. elle parle de ses sentiments.
c. elle ne dit pas la **vérité**.
d. elle va parler d'un événement de l'Histoire.

Le DICO... de littérature

- un(e) auteur/trice
- un(e) narrateur/trice
- un personnage
- un récit autobiographique
- une vérité

... et de pratique.

4. Écris un récit autobiographique (160 mots) pour parler d'un moment de ta vie. Utilise « je ». Ajoute des sentiments. Dis la vérité !

cent-quarante et un **141**

U8 IMAGINE L'HISTOIRE… EN FRANÇAIS !

> Cahier p. 107

L'histoire, c'est…

… une suite d'événements qui ont construit le présent.

1. Quel est ce drapeau ? À ton avis, pourquoi est-ce qu'il y a un cercle ? Et pourquoi douze étoiles ?

Aujourd'hui, on parle de la construction européenne…

> En France, en 1951, les pères fondateurs Robert Schuman et Jean Monnet demandent à construire la paix. La première étape consiste à unifier les productions de charbon et d'acier (CECA). Les suivantes sont : la création de la Communauté économique européenne (CEE), les élargissements à de nouveaux pays, la création de l'Union européenne (UE) et l'entrée en circulation de la monnaie européenne : l'euro (2002).

2. Lis ce cours et remets les images dans l'ordre du texte.

a.  b.  c.  d.

3. Regarde la frise. Nomme les six États fondateurs, le dernier pays entré et le pays sorti.

1951-1957 LA CECA	1957-1992 LA CEE				Depuis 1992 : L'UE			2020
	1957 Belgique, France, Italie, Luxembourg, Pays-Bas, République fédérale d'Allemagne (RFA)	1973 Danemark, Irlande, Royaume-Uni	1981 Grèce	1986 Espagne, Portugal	1990 Réunification de l'Allemagne	1995 Autriche, Finlande, Suède	2004 Chypre, Estonie, Hongrie, Lettonie, Lituanie, Malte, Pologne, République Tchèque, Slovaquie, Slovénie	2007 Bulgarie, Roumanie / 2013 Croatie / 2020 sortie du Royaume-Uni

… et des critères d'adhésion.

Pour être reconnu comme un État candidat à l'Union européenne, il faut remplir plusieurs critères d'adhésion :
- être un État reconnu par l'UE ;
- être un État européen dans sa géographie ;
- respecter et promouvoir les valeurs inscrites à l'article 2 du Traité sur l'Union européenne (dignité humaine, liberté, démocratie, égalité, État de droit, droits de l'Homme…).

vie-publique.fr

4. Lis le texte. Explique pourquoi un pays pourrait ne pas adhérer.

5. EN GROUPES Choisissez un pays européen qui ne fait pas encore partie de l'UE. Présentez-le (taille, drapeau, monnaie, langue(s), superficie, etc.) et demandez son adhésion !

Le DICO… d'histoire

✳ une communauté
✳ un critère d'adhésion
✳ un drapeau
✳ un élargissement
✳ la monnaie européenne
✳ la paix
✳ unifier
✳ l'Union européenne

RÉVISE TA GRAMMAIRE

La grammaire, c'est la logique des mots et des phrases dans un discours oral ou écrit.

Les pronoms relatifs *qui, que, où, dont*

Le pronom relatif fait la relation entre deux phrases. Il évite la répétition d'un nom.

- **Le pronom relatif *qui***
Le pronom *qui* est le sujet d'un verbe.
C'est une ville. Cette ville est souterraine. ➔ C'est une ville **qui** est souterraine.

- **Le pronom relatif *que***
Le pronom *que* est complément du verbe.
C'est une ville. J'adore cette ville. ➔ C'est une ville **que** j'adore.

RÉVISE TA GRAMMAIRE

- **Le pronom relatif *où***

Le pronom *où* est complément de lieu ou de temps.

J'habite dans une ville. Il y a des musées dans cette ville. → J'habite dans une ville **où** il y a des musées.

Nous sommes arrivés à Montréal mardi. J'ai rendu visite à ma tante mardi. → J'ai rendu visite à ma tante le jour **où** j'ai visité Montréal.

❗ À ne pas confondre avec *ou*. Tu préfères voyager en avion **ou** en camping-car ?

- **Le pronom relatif *dont***

Le pronom *dont* est complément d'un verbe, d'un adjectif ou d'un nom. Il remplace un complément introduit par *de*.

Elle parle de la ville. → C'est la ville **dont** elle parle.
Je suis fier de Juliette. → Juliette **dont** je suis fier est la sœur de Simon.
Je vois le pont de Montréal. → La ville **dont** je vois le pont s'appelle Montréal.

Les pronoms relatifs composés

Les pronoms relatifs composés remplacent un nom précédé d'une préposition courte (*avec, dans, par, pour, chez, sur…*), de *à* ou d'une préposition longue avec *de* (*à côté de, loin de, en face de…*).

	masculin		féminin	
	singulier	pluriel	singulier	pluriel
après une préposition courte	lequel	lesquels	laquelle	lesquelles
à la place de la préposition *à*	auquel	auxquels	à laquelle	auxquelles
après une préposition longue avec *de*	duquel	desquels	de laquelle	desquelles

Je peux parler avec ce robot. → C'est un robot **avec lequel** je peux parler.
On peut poser des questions à ce robot. → C'est un robot **auquel** on peut poser des questions.
Je m'assois à côté de ce robot. → C'est un robot **à côté duquel** je m'assois.

❗ Pour une personne, on peut utiliser *qui*. William à côté de **qui** Nina est assise est un ami.

Les pronoms COD et COI

- **Le pronom complément d'objet direct (COD)**

Le pronom COD remplace une personne ou une chose pour ne pas répéter un nom.
Il répond à la question *qui* ou *quoi* ?
Tu as lu ces livres ? Tu as lu quoi ? Ces livres. → Tu **les** as lus ?

me, m' → je	nous → nous
te, t' → tu	vous → vous
la, le, l' → il/elle ou chose au singulier	les → ils/elles ou choses au pluriel

144 cent quarante-quatre

- **Le pronom complément d'objet indirect (COI)**

La pronom COI remplace un nom précédé d'un verbe + *à*. Il répond à la question *à qui ?*
Elle fait confiance <u>à la psychologue</u>. Elle fait confiance à qui ? À la psychologue. ➜ Elle **lui** fait confiance.

me, m' ➜ je	**nous** ➜ nous
te, t' ➜ tu	**vous** ➜ vous
lui ➜ il/elle ou chose au singulier	**leur** ➜ ils/elles ou choses au pluriel

❗ Le pronom *en* remplace un nom après un verbe + *de*. C'est dur de parler <u>de</u> santé. ➜ C'est dur d'**en** parler.

Le pronom *y*

Le pronom *y* remplace un complément de lieu ou un complément d'un verbe + *à*.
Je suis allée à Montréal. ➜ J'**y** suis allée. N'**y** va pas !

La place des pronoms

Les pronoms COD, COI, *en* et *y* se placent généralement avant le verbe conjugué.
Madame Leblanc parle <u>à Nina</u>. Elle **lui** parle.

❗ Le pronom se place entre un verbe conjugué et l'infinitif. Je voudrais **y** ajouter des vidéos.

❗ À l'impératif affirmatif, le pronom se place après le verbe. Vas-**y** ! Demande-**lui** !

Les pronoms démonstratifs neutres

Les pronoms démonstratifs neutres remplacent et désignent une personne, une chose ou une idée.

- *Cela* pour reprendre une idée, devant un verbe (sauf *être*) à l'écrit.
Cela leur plaisait beaucoup.

- *Ça* remplace *cela* à l'oral.
Ça m'étonne que tu aimes le sport.

- *Ce* est utilisé devant *être* ou devant un pronom relatif.
Ce que j'aime, c'est le sport.

❗ Devant une voyelle, *ce* ➜ *c'*. **C'**est trop bien !

Les expressions de temps

- Pour exprimer une durée non terminée au moment où l'on parle : *depuis* + point de départ ou durée, *depuis que…*, *cela/ça fait… que…*
Depuis que j'ai retracé les chemins de mes ancêtres, je cherche qui je suis.
Cela fait 10 ans **que** je suis parti du Vietnam.

- Pour exprimer une postériorité : *après* + infinitif passé, *après/dès que* + indicatif
Dès que je suis rentré au pays, j'ai commencé à parler sénégalais.

- Pour exprimer une antériorité : *avant de* + infinitif, *avant que* + subjonctif présent
Je vais m'habiller **avant de** sortir.
Je vais partir **avant que** tu reviennes.

RÉVISE TA GRAMMAIRE

- Pour indiquer une durée limitée : *jusqu'à* + nom, *jusqu'à ce que* + subjonctif
J'ai vécu au Canada **jusqu'à** mes 10 ans.
J'ai vécu au Canada **jusqu'à ce que** mes parents déménagent.

Les adverbes de temps

- Pour situer une action dans le temps : *avant, maintenant, après, autrefois, hier, avant-hier, aujourd'hui, demain*
Autrefois, on parlait cette langue à la maison.

❗ Les adverbes de temps sont souvent placés en début ou fin de phrase.

- Pour situer des actions dans un ordre chronologique : *d'abord, (et) puis/ensuite, enfin, finalement*
D'abord, il faut planifier le voyage, **et ensuite**, on peut réserver un hôtel.

- Pour indiquer une fréquence : *jamais, rarement, parfois, souvent, tout le temps, toujours*
On parle **tout le temps** cette langue à la maison.

❗ *ne* + *jamais*. Je **ne** parle **jamais** créole à l'école.

La place des adverbes

Un adverbe modifie ou précise le sens d'un mot ou d'une phrase.

	place de l'adverbe	exemples
en général	après le verbe	On pense **souvent** qu'il n'y a pas de règles.
bien, mal, beaucoup, assez, trop, aussi, encore…	entre les deux éléments avec un temps composé (passé composé, plus-que-parfait) et au futur proche	Il a **bien** dormi. Je pense que je vais **mal** dormir.
immédiatement, facilement, difficilement, terriblement, tout de suite…	après le verbe ou entre les deux éléments avec un temps composé (passé composé, plus-que-parfait) et au futur proche	Il m'a téléphoné **immédiatement**. Il m'a **immédiatement** téléphoné.

❗ L'adverbe peut être placé en début de phrase pour insister.
Maintenant, il y a des rumeurs qui circulent.

La place et le sens des adjectifs

L'adjectif sert à caractériser et qualifier un nom.

	place de l'adjectif	exemples
en général (adjectifs de forme, de nationalité, d'origine, de couleur…)	après le nom	Gaël Faye est un artiste **franco-rwandais**.
adjectifs courts (*petit, grand, mauvais, beau, jeune, vieux, vrai, bon…*)	souvent avant le nom	C'est un **petit** poème.
ancien, simple, drôle, cher, curieux, pauvre, bon, grand…	avant ou après le nom mais le sens change selon la place	une **grande** femme (= connue pour ses actions) ≠ une femme **grande** (= de grande taille)

La négation et la restriction

- Pour exprimer une négation, on peut utiliser :

ne… pas	Elle **ne** pollue **pas**.
ne… plus (≠ encore)	Elle **ne** mange **plus** de viande.
ne… jamais (≠ toujours)	Il **n'**a **jamais** vu de cyclone.
ne… personne (≠ quelqu'un)	**Personne n'**a vu de cyclone.
ne… rien (≠ quelque chose)	Je **ne** fais **rien** pour la planète.
ni… ni (double négation)	Il (ne) fait attention **ni** à sa consommation d'eau **ni** à son alimentation.

❗ À la forme négative, *un, une, des, de la, du* ➜ *de*. Elle mange de la viande. Elle ne mange plus de viande.

❗ Au passé composé, sujet + *ne* + *avoir/être* + *pas* + participe passé. Il **n'a pas** vu de cyclone.
Sauf avec *ne… personne* ➜ sujet + *ne* + *avoir/être* + participe passé + *personne*. Il n'a vu **personne**.

- Pour exprimer une restriction, on peut utiliser :

seul(e), unique	Il s'agit de bâteaux propulsés avec la **seule** force du vent.
seulement, uniquement	Il mange **seulement** des légumes.
ne… que / ne… pas que	Il **ne** fait **que** son travail. Il **ne** fait **pas que** son travail. (= Il fait aussi autre chose.)

RÉVISE TA GRAMMAIRE

La cause

Pour introduire une explication ou l'origine d'une action, on peut utiliser :

négatif	à cause de	+ déterminant + nom + pronom	Je ne peux pas voyager **à cause de** la pluie. Je ne peux pas voyager **à cause de** toi.
neutre	parce que, car, étant donné que	+ sujet + verbe + complément	Elle voyage beaucoup **car** cela fait partie de son travail. **Étant donné qu'**elle voyage beaucoup, elle ne voit pas souvent ses enfants.
positif	grâce à	+ déterminant + nom + pronom	Je voyage beaucoup **grâce à** ma mère. Je voyage beaucoup **grâce à** elle.
cause évidente	puisque	+ sujet + verbe	Je ne peux pas voyager **puisqu'**il neige beaucoup.
pour insister sur une cause	comme	+ sujet + verbe	**Comme** c'est loin, le billet coûte très cher.

❗ *de + le* ➜ *du* Je ne peux pas voyager **à cause du** temps.
à + le ➜ *au* Je voyage beaucoup **grâce au** camping-car de mes parents.

❗ *Comme* est toujours en début de phrase pour exprimer la cause.

La conséquence

Pour exprimer l'effet ou le résultat d'une action, on peut utiliser :

• **À l'oral :** *donc, alors, c'est pour ça que, du coup* + sujet + verbe + complément
C'est pour ça que tu es en retard ?
Alors, tu dois partir !

• **À l'écrit :** *par conséquent, c'est pourquoi, alors* + sujet + verbe + complément
Par conséquent, nous ne partirons pas cette année en voyage.

• **Avec un verbe :** *permettre de* + verbe à l'infinitif ; *provoquer/causer/entraîner/faciliter* + nom
Voyager en famille **permet de** créer du lien.
Voyager en avion **entraîne** plus de pollution.

• **Pour exprimer l'intensité,** on utilise *tellement/tant de… que* (avec un nom) ou *tellement/tant… que* (avec un verbe) ou *tellement/si… que* (avec un adjectif ou un adverbe).
Il y avait **tellement de** monde **que** nous n'avons rien vu.
Il neige **tellement que** nous ne sommes pas partis.
Il a neigé **si** abondamment **que** nous ne sommes pas partis.

❗ *Tellement/Tant* se placent entre l'auxiliaire et le participe passé.
Il a **tant** neigé **que** nous ne sommes pas partis.

Le but

Pour exprimer un objectif, on peut utiliser :

- **pour / afin de** + **verbe à l'infinitif, avec le même sujet**
Je donne de l'argent **pour** aider les lynx. (sujets 1 et 2 : *je*)

❗ Devant une voyelle ou un h muet, *afin de* ➔ *afin d'*. Je fais un don **afin d'**aider les animaux sauvages.

- **pour** + **nom**
Je donne de l'argent **pour** les lynx.

- **pour que / afin que** + **verbe au subjonctif, avec deux sujets différents**
Je donne de l'argent **afin que** cette association sauve les lynx. (sujet 1 : *je*, sujet 2 : *cette association*)

L'opposition

Pour exprimer une opposition, on peut utiliser :

- *mais*
J'aime le rap **mais** je n'aime pas le reggae.

- *par contre* (après une autre idée)
Il n'est pas musicien. **Par contre**, il aime écouter de la musique.

- *alors que* (compare deux idées)
Ben Mazué est contre **alors que** Gaël Faye est pour.

- *même si* (avec une hypothèse)
Il ne faut pas avoir peur de s'engager **même si** on n'est pas expert.

- *malgré* + **nom**
Malgré son succès, il continue à vivre normalement.

La mise en relief

Pour donner de l'importance au sujet de la phrase, on peut utiliser :

- *C'est / Ce sont* + **sujet du verbe** + *qui* + **verbe**
C'est son grand-père **qui** lui a transmis sa passion.
Ce sont ses profs **qui** ont trouvé son stage.

- *Ce qui* + **verbe**, *c'est / ce sont* + **sujet du verbe** (pour des choses)
Ce qui me passionne, **c'est** la danse.
Ce qui me passionne, **ce sont** les sciences.

- *Celui/Celle/Ceux/Celles qui* + **verbe**, *c'est / ce sont* + **sujet du verbe** (pour des personnes)
Celles qui m'ont inspirée, **ce sont** mes sœurs.

RÉVISE TA GRAMMAIRE

Le discours indirect

Pour rapporter des propos, on peut utiliser le discours indirect.

• **Avec des phrases affirmatives : un verbe introducteur + *que* + phrase d'origine**
Certains disent : « Nous n'aimons pas les Vitalabri ».
→ Certains **disent qu'**ils n'aiment pas les Vitalabri.

Quelques verbes introducteurs : *dire, annoncer, expliquer, affirmer, répondre, ajouter…*

❗ Changements des pronoms sujets, des pronoms compléments, des possessifs et suppression des guillemets.

• **Avec des phrases interrogatives :**

questions	verbe introducteur + …	exemples
ouvertes	pronom interrogatif + question d'origine	« Où vont-ils ? » → Je me **demande où** ils vont.
fermées	*si* + question d'origine	« Est-ce qu'il va continuer ? » → Je me **demande s'**il va continuer.
qu'est-ce que	*ce que* + question d'origine	« Qu'est-ce que vous faites ? » → Je me **demande ce que** vous faites.

Quelques verbes introducteurs : *(se) demander, vouloir savoir, aimer savoir…*

• **Avec des phrases impératives : un verbe introducteur + *de* + verbe à l'infinitif**
Il dit : « Regarde ! »
→ Il **dit de** regarder.

• **Quand le verbe introducteur est au passé, le temps de la phrase d'origine change.**

discours direct	discours indirect
présent « Est-ce qu'on **peut** rire de tout ? »	imparfait J'ai demandé si on **pouvait** rire de tout.
passé composé « Tu l'**as blessé**. »	plus-que-parfait Il m'a dit que je l'**avais blessé**.
futur Elle a dit : « J'**éviterai** ce sujet ».	conditionnel Elle a dit qu'elle **éviterait** ce sujet.

❗ Pas de changement pour l'infinitif, l'imparfait, le plus-que-parfait ou le conditionnel.

- **Les indicateurs temporels changent au discours indirect.**

discours direct	discours indirect
aujourd'hui Mes parents m'ont demandé : « Il va où **aujourd'hui** ? »	un jour / ce jour-là Ils m'ont demandé où il allait **ce jour-là**.
hier Mes parents m'ont demandé : « Il est allé où **hier** ? »	la veille / le jour précédent Ils m'ont demandé où il était allé **la veille**.
demain Mes parents m'ont demandé : « Il ira où **demain** ? »	le lendemain / le jour suivant Ils m'ont demandé où il irait **le jour suivant**.
la semaine, le mois, l'année dernier/ière Mes parents m'ont demandé : « Il est allé où **la semaine dernière** ? »	la semaine, le mois, l'année précédent(e) Ils m'ont demandé où il était allé **la semaine précédente**.
la semaine, le mois, l'année prochain(e) Mes parents m'ont demandé : « Il ira où **la semaine prochaine** ? »	la semaine, le mois, l'année suivant(e) Ils m'ont demandé où il irait **la semaine suivante**.

La voix passive

- La voix passive permet de donner de l'importance au complément d'objet de la voix active.

voix active	sujet + verbe + complément	Leur réaction surprend Nina.
voix passive	complément + *être* (au temps du verbe) + participe passé + *par* + sujet	Nina est surprise par leur réaction.

❶ Pas de complément d'agent avec le pronom *on*.
On surprend Nina. → Nina est surprise.

❶ Le participe passé s'accorde à la voix passive.
Elles sont surpris**es** par leur réaction.

- Pour indiquer la passivité du sujet : ***se faire* + infinitif**
Mes parents m'ont disputé. → Je **me suis fait disputer**.

RÉVISE TA CONJUGAISON

Les temps du passé

- **Le passé récent** : *venir de/d'* (au présent) + verbe à l'infinitif

utilisation	exemple
• une action récente dans le passé	Elle **vient de** partir.

- **Le passé composé** : *avoir* ou *être** (au présent) + participe passé

Avec *être*, le participe passé s'accorde avec le sujet. Elle est parti**e**.
Avec *avoir*, le participe passé s'accord avec le COD s'il est placé avant *avoir*.
Je l'ai mang**é**e. (l' = la pomme) La pomme que j'ai mang**é**e.

utilisations	exemples
• une action ponctuelle	Elle **est arrivée** en France hier.
• une action limitée dans le temps	Il **a étudié** le français pendant trois ans.
• une succession d'actions	Il m'**a souri**, m'**a remercié** et il **est sorti**.

*17 verbes (*devenir, revenir, monter, rentrer, sortir, venir, arriver, naître, descendre, entrer, retourner, tomber, rester, aller, mourir, passer* et *partir*) + les verbes pronominaux

- **L'imparfait** : radical du verbe au présent + *-ais, -ais, -ait, -ions, -iez, -aient*

utilisations	exemples
• une situation de départ	C'**était** en plein été.
• une description	Les flammes **avançaient** très vite.
• un sentiment	Nous **avions** tous peur.

- **Le plus-que-parfait** : *avoir* ou *être* (à l'imparfait) + participe passé

utilisation	exemples
• un événement antérieur à un autre	Quand je suis arrivé, ils **avaient commencé**.

❗ Quand on s'exprime au passé, on utilise ensemble l'imparfait, le passé composé et le plus-que-parfait.
Je **faisais** mes devoirs quand mon frère **est entré** dans ma chambre, il **était sorti** plus tôt du collège.

Les temps du futur

- **Le futur proche** : *aller* (au présent) + verbe à l'infinitif

utilisation	exemple
• parler d'une action dans un futur proche	Je ne **vais** pas **venir** ce soir.

- **Le futur simple** : infinitif du verbe + *-ai, -as, -a, -ons, -ez, -ont*

utilisations	exemples
• programmer un événement	La prochaine réunion **sera** le 10 mai.
• faire une prévision	Il **fera** peut-être beau.

🔴 Il y a des verbes irréguliers.
être ➜ *je serai, tu seras, il/elle/on sera, nous serons, vous serez, ils/elles seront*
avoir ➜ *j'aurai, tu auras, il/elle/on aura, nous aurons, vous aurez, ils/elles auront*
devoir ➜ *je devrai, tu devras, il/elle/on devra, nous devrons, vous devrez, ils/elles devront*
faire ➜ *je ferai, tu feras, il/elle/on fera, nous ferons, vous ferez, ils/elles feront*
pouvoir ➜ *je pourrai, tu pourras, il/elle/on pourra, nous pourrons, vous pourrez, ils/elles pourront*
venir ➜ *je viendrai, tu viendras, il/elle/on viendra, nous viendrons, vous viendrez, ils/elles viendront*

Le conditionnel présent

radical du futur + terminaisons de l'imparfait : *-ais, -ais, -ait, -ions, -iez, -aient*

utilisations	exemples
• exprimer un souhait	J'**aimerais** travailler en plein air.
• donner un conseil	Tu **devrais** faire ce quiz.
• demander poliment	**Pourriez**-vous me répondre ?
• exprimer une hypothèse	Tu **pourrais** changer de métier.
• exprimer une hypothèse après *si* + imparfait	Si tu faisais ce quiz, cela t'**aiderait**.

🔴 Les verbes irréguliers sont les mêmes que ceux du futur avec les terminaisons de l'imparfait.

Le subjonctif présent

radical du verbe (à la 3ᵉ pers. du plur. au présent) + *-e, -es, -e, -ions, -iez, -ent*

utilisations	exemples
• exprimer une nécessité	Il faut qu'ils **comprennent**.
• exprimer un sentiment	Je suis très content qu'il **soit** satisfait.
• exprimer une opinion*	Je ne pense pas que ce **soit** nécessaire.

* On utilise le subjonctif seulement à la forme négative ou avec un adjectif. Je <u>ne</u> crois <u>pas</u> qu'il **soit** français. Je trouve <u>intéressant</u> qu'il **fasse** un film sur ce sujet.

🔴 Il y a des verbes irréguliers.
être ➜ *que je sois, que tu sois, qu'il/elle/on soit, que nous soyons, que vous soyez, qu'ils soient*
avoir ➜ *que j'aie, que tu aies, qu'il/elle/on ait, que nous ayons, que vous ayez, qu'ils aient*
faire ➜ *que je fasse, que tu fasses, qu'il/elle/on fasse, que nous fassions, que vous fassiez, qu'ils fassent*
pouvoir ➜ *que je puisse, que tu puisses, qu'il/elle/on puisse, que nous puissions, que vous puissiez, qu'ils puissent*
savoir ➜ *que je sache, que tu saches, qu'il/elle/on sache, que nous sachions, que vous sachiez, qu'ils sachent*

🔴 On utilise le subjonctif quand le sujet de la première partie de la phrase est différent du sujet de la deuxième partie.

Le gérondif

***en* + radical du verbe (à la 3ᵉ pers. du plur. au présent) +** *-ant*

utilisations	exemples
• exprimer la manière	J'ai trouvé ce stage **en regardant** ce site.
• exprimer la simultanéité	Il travaille **en écoutant** la musique.
• exprimer l'hypothèse	**En envoyant** son CV, il aura des chances de trouver un job.

TABLEAUX DE CONJUGAISON

	avoir	être	1er groupe (en -er) aimer	2e groupe (en -ir) finir
Présent	j'ai tu as il/elle/on a nous avons vous avez ils/elles ont	je suis tu es il/elle/on est nous sommes vous êtes ils/elles sont	j'aime tu aimes il/elle/on aime nous aimons vous aimez ils/elles aiment	je finis tu finis il/elle/on finit nous finissons vous finissez ils/elles finissent
Passé composé	j'ai eu tu as eu il/elle/on a eu nous avons eu vous avez eu ils/elles ont eu	j'ai été tu as été il/elle/on a été nous avons été vous avez été ils/elles ont été	j'ai aimé tu as aimé il/elle/on a aimé nous avons aimé vous avez aimé ils/elles ont aimé	j'ai fini tu as fini il/elle/on a fini nous avons fini vous avez fini ils/elles ont fini
Imparfait	j'avais tu avais il/elle/on avait nous avions vous aviez ils/elles avaient	j'étais tu étais il/elle/on était nous étions vous étiez ils/elles étaient	j'aimais tu aimais il/elle/on aimait nous aimions vous aimiez ils/elles aimaient	je finissais tu finissais il/elle/on finissait nous finissions vous finissiez ils/elles finissaient
Plus-que-parfait	j'avais eu tu avais eu il/elle/on avait eu nous avions eu vous aviez eu ils/elles avaient eu	j'avais été tu avais été il/elle/on avait été nous avions été vous aviez été ils/elles avaient été	j'avais aimé tu avais aimé il/elle/on avait aimé nous avions aimé vous aviez aimé ils/elles avaient aimé	j'avais fini tu avais fini il/elle/on avait fini nous avions fini vous aviez fini ils/elles avaient fini
Futur simple	j'aurai tu auras il/elle/on aura nous aurons vous aurez ils/elles auront	je serai tu seras il/elle/on sera nous serons vous serez ils/elles seront	j'aimerai tu aimeras il/elle/on aimera nous aimerons vous aimerez ils/elles aimeront	je finirai tu finiras il/elle/on finira nous finirons vous finirez ils/elles finiront
Conditionnel présent	j'aurais tu aurais il/elle/on aurait nous aurions vous auriez ils/elles auraient	je serais tu serais il/elle/on serait nous serions vous seriez ils/elles seraient	j'aimerais tu aimerais il/elle/on aimerait nous aimerions vous aimeriez ils/elles aimeraient	je finirais tu finirais il/elle/on finirait nous finirions vous finiriez ils/elles finiraient
Impératif	aie ayons ayez	sois soyons soyez	aime aimons aimez	finis finissons finissez
Subjonctif présent	que j'aie que tu aies qu'il/elle/on ait que nous ayons que vous ayez qu'ils/elles aient	que je sois que tu sois qu'il/elle/on soit que nous soyons que vous soyez qu'ils/elles soient	que j'aime que tu aimes qu'il/elle/on aime que nous aimions que vous aimiez qu'ils/elles aiment	que je finisse que tu finisses qu'il/elle/on finisse que nous finissions que vous finissiez qu'ils/elles finissent

3ᵉ groupe

	venir	prendre	faire	pouvoir
Présent	je viens tu viens il/elle/on vient nous venons vous venez ils/elles viennent	je prends tu prends il/elle/on prend nous prenons vous prenez ils/elles prennent	je fais tu fais il/elle/on fait nous faisons vous faites ils/elles font	je peux tu peux il/elle/on peut nous pouvons vous pouvez ils/elles peuvent
Passé composé	je suis venu(e) tu es venu(e) il/elle/on est venu(e) nous sommes venu(e)s vous êtes venu(e)(s) ils/elles sont venu(e)s	j'ai pris tu as pris il/elle/on a pris nous avons pris vous avez pris ils/elles ont pris	j'ai fait tu as fait il/elle/on a fait nous avons fait vous avez fait ils/elles ont fait	j'ai pu tu as pu il/elle/on a pu nous avons pu vous avez pu ils/elles ont pu
Imparfait	je venais tu venais il/elle/on venait nous venions vous veniez ils/elles venaient	je prenais tu prenais il/elle/on prenait nous prenions vous preniez ils/elles prenaient	je faisais tu faisais il/elle/on faisait nous faisions vous faisiez ils/elles faisaient	je pouvais tu pouvais il/elle/on pouvait nous pouvions vous pouviez ils/elles pouvaient
Plus-que-parfait	j'étais venu(e) tu étais venu(e) il/elle/on était venu(e) nous étions venu(e)s vous étiez venu(e)(s) ils/elles étaient venu(e)s	j'avais pris tu avais pris il/elle/on avait pris nous avions pris vous aviez pris ils/elles avaient pris	j'avais fait tu avais fait il/elle/on avait fait nous avions fait vous aviez fait ils/elles avaient fait	j'avais pu tu avais pu il/elle/on avait pu nous avions pu vous aviez pu ils/elles avaient pu
Futur simple	je viendrai tu viendras il/elle/on viendra nous viendrons vous viendrez ils/elles viendront	je prendrai tu prendras il/elle/on prendra nous prendrons vous prendrez ils/elles prendront	je ferai tu feras il/elle/on fera nous ferons vous ferez ils/elles feront	je pourrai tu pourras il/elle/on pourra nous pourrons vous pourrez ils/elles pourront
Conditionnel présent	je viendrais tu viendrais il/elle/on viendrait nous viendrions vous viendriez ils/elles viendraient	je prendrais tu prendrais il/elle/on prendrait nous prendrions vous prendriez ils/elles prendraient	je ferais tu ferais il/elle/on ferait nous ferions vous feriez ils/elles feraient	je pourrais tu pourrais il/elle/on pourrait nous pourrions vous pourriez ils/elles pourraient
Impératif	viens venons venez	prends prenons prenez	fais faisons faites	
Subjonctif présent	que je vienne que tu viennes qu'il/elle/on vienne que nous venions que vous veniez qu'ils/elles viennent	que je prenne que tu prennes qu'il/elle/on prenne que nous prenions que vous preniez qu'ils/elles prennent	que je fasse que tu fasses qu'il/elle/on fasse que nous fassions que vous fassiez qu'ils/elles fassent	que je puisse que tu puisses qu'il/elle/on puisse que nous puissions que vous puissiez qu'ils/elles puissent

TRANSCRIPTIONS

Unité 0

Piste 2 Activité 3.2 .... p. 9

– Je m'appelle Marianne. J'ai 17 ans. J'habite à Montréal. Je dirais que je suis une personne très positive, persévérante. Quand je me donne des buts dans la vie, je mets vraiment toute l'énergie que je peux pour y arriver. Et je suis aussi passionnée de politique. Chez nous, la langue française, c'est quelque chose de très très très important. Ma mère détient une maitrise en littérature, puis, mon père est journaliste. Dans mon enfance, ma mère, chaque soir, s'assoyait avec moi pour faire mes devoirs de français, me faisait des dictées, m'apprenait de nouveaux mots, corrigeait mes textes de français. Elle le fait encore d'ailleurs ! Le français, c'est très important chez nous autant de le parler… Quand on dit un mot en anglais, je me fais toujours taper sur les doigts mais aussi, dans le sens que ça unit notre famille puisque c'est quelque chose, c'est une caractéristique commune qu'on a et qui est très importante pour nous, en fait. Moi, je suis toujours allée dans des écoles francophones, donc au primaire, au secondaire. Puis, maintenant, je suis au Cégep et je vais définitivement aller dans une université francophone aussi parce que, pour moi, c'est très important de faire mon éducation en français. J'aime beaucoup beaucoup aller au théâtre, donc, je suis vraiment une amatrice de théâtre québécois. Puis, sinon, j'aime beaucoup la musique québécoise. Donc, des groupes comme Clay and Friends ou Valence ou j'aime aussi beaucoup l'artiste, Klô Pelgag. Tu sais, la langue française, c'est pas une personne mais dans mon cœur, j'ai toujours l'impression que j'ai un devoir envers elle, de la respecter. Donc, je me sens responsable de faire le plus d'efforts que je peux. Je me sens responsable aussi de la transmettre aux autres, de transmettre surtout l'amour de la langue française.

Radio Canada

Unité 1

Piste 3 Activité 2.2 .... p. 13

– Moi, j'habite à Montréal dans le quartier HMH ou sinon appelé Tétreaultville. Donc, à côté de chez moi, il y a plusieurs commerces. En fait, il y a une rue passante qui s'appelle la rue Hochelaga. On est assez proche aussi du centre-ville. Puis, il y a un super parc, le parc Bellerive qui est sur le bord de l'eau, auquel j'adore aller.
– Moi, j'habite assez loin de mon école. En fait, à 1h15 à peu près de transport en commun. Dans mon quartier aussi, je m'implique beaucoup dans… et puis je participe à plusieurs activités, en fait. Donc, je fais partie d'un projet d'architecture urbaine, je fais partie du *drumline* de mon école, donc, des percussions, je fais partie d'un journal de jeunes, donc, il y a vraiment une multitude d'activités à Montréal qu'on peut faire. Et j'aime beaucoup me promener à pied, surtout, ou faire du vélo l'été. Et puis, visiter ma ville avec les yeux d'un touriste.
– Selon vous, là, ce serait quoi les avantages de vivre en ville ou à la campagne quand on est ados ? Laurence, toi, pour la ville, ce serait quoi ?
– Moi, je pense qu'un des avantages, c'est qu'on a tout de très disponible, partout et très rapidement, vu que, ben, il y a toutes les infrastructures nécessaires à deux pas presque. Et puis, les transports en commun aussi, tout le réseau de métro et d'autobus permet de se rendre partout, à peu près. Donc, je pense que ça, c'est un gros avantage. J'aime manger, j'aime partager des plats. Donc, le fait qu'il y en a plein partout, puis, surtout près de chez moi, il y en a plein aussi, de plein de cultures différentes, donc, on peut essayer plein de choses et donc, ça c'est un vraiment gros avantage. Je sais qu'à Montréal, il y a beaucoup d'écoles et beaucoup de choix d'écoles privées comme publiques. Tu pourrais avoir n'importe quel besoin spécifique, je pense qu'on pourrait te trouver une école à Montréal qui t'aiderait à faire ton éducation dans les conditions dont tu as besoin ! Donc, je pense que c'est un avantage pour tout le monde, en vrai.

Radio Canada

Piste 4 Activité 2.2 .... p. 14

a. J'écoute le podcast dont tu m'as parlé.
b. J'ai rencontré un architecte dont les projets sont incroyables.
c. Une chose dont je suis sûre, c'est que je n'habiterai jamais sous terre !
d. Nous avons logé dans un hôtel dont le prix était correct.
e. La ville dont tu rêves est une ville souterraine.

Piste 5 Activité 2.2 .... p. 17

– Alors, c'est laquelle, toi, ta maquette ?
– C'est une sorte de résidence privée où, on a… au milieu, il y a une piscine. Et sinon, tout autour, on a mis des arbres. Et à côté, c'est d'autres bâtiments de… à peu près, art contemporain parce que comme celui-là, c'est un peu de l'art contemporain.
– Ah oui…
– Sinon, pour la verdure, on a mis des pommes de pin et du sapin. Et sinon, on a cloué, on a vissé, on a scié. On a fait plein de trucs. Cette villa, elle est faite plutôt pour les enfants, ben voilà.
– Pourquoi celle-là est faite plutôt pour les enfants, tu dirais ?
– Parce que premièrement, on l'a fait et, deuxièmement, bah, c'est ce qu'on imagine.
– Il y a quoi comme bonne idée que tu reprendrais si t'étais architecte ?
– Bah, un peu de rivière ou des choses comme ça ou des chemins. Et qu'il y ait plus d'herbe. Ou des trucs comme ça.
– Quelle était l'étape que tu as préférée un petit peu dans tout le processus ?
– C'était la végétation, j'ai bien aimé parce qu'on devait amener chacun de la végétation, comme de l'herbe, des feuilles. Alors, moi, j'ai ramené une sorte de petit arbre. Et on a essayé de le couper et ça nous a fait des beaux petits arbres, voilà. C'est ça que j'ai bien aimé.
– Est-ce qu'à Paris, il y a assez de cabanes ?
– Non, pas beaucoup.
– Pourquoi c'est bien les cabanes ?
– Je préfère quand c'est petit. J'aime bien être tout en haut, quand il y a une vue. Moi, je rajouterais des arbres et des buissons.
– Voilà, si vous voulez voir cette maquette géante, elle est installée à la mairie du 10e arrondissement de Paris.

Radio France

Piste 6 Activité 1.2 .... p. 19

– Pour ce dixième épisode du podcast « Road trip en famille », je suis très heureuse d'accueillir Marie-Noëlle qui vient de rentrer d'un voyage de onze mois au Canada avec son mari et ses trois enfants. Alors, Marie-Noëlle, vous voulez bien nous partager votre expérience de parents-voyageurs ?
– Oui, bien sûr ! J'aime bien cette expression de parents-voyageurs : ça ressemble à un pigeon-voyageur, cet oiseau qui sait où il doit aller pour porter un message et qui revient toujours à la maison.

– Et c'est votre cas ?
– Oui si on veut… mais nous, nous n'avons pas de message à transmettre… sauf peut-être celui d'encourager les parents qui nous écoutent à tenter l'expérience ! Nous, on est partis en avion avec nos trois enfants au mois d'août l'année dernière. On est arrivés à Montréal et là, on a tout de suite décidé d'acheter un camping-car. C'est vrai qu'avec mon mari, on a toujours aimé voyager mais, avant, on partait tous les deux de façon un peu désorganisée : on ne décidait pas de l'itinéraire en avance, on ne réservait pas de chambre d'hôtel, on ne savait pas toujours où dormir. Et puis, les enfants sont nés. Du coup, on a commencé à s'organiser un peu. Au début, quand les enfants étaient petits, on louait une maison. C'était plus sécurisant. Mais, depuis qu'ils sont ados – ils ont maintenant 15, 14 et 12 ans – on préfère acheter un camping-car sur place et le revendre ensuite.
– Donc, ce n'est pas votre premier voyage ?
– Oh non. On est déjà partis en Suède, en Irlande, au Chili…
– Et la vie en camping-car, ce n'est pas trop difficile ?
– Bien sûr, il y a quelques inconvénients : on ne peut pas circuler partout. Parfois, les chemins sont en mauvais état. Il y a toujours un des enfants qui est dos à la route. On dort tous ensemble et, donc, côté intimité, ce n'est pas génial. Mais un camping-car, c'est aussi très économique, très pratique. On est totalement indépendants et libres de nos mouvements. Bref, je recommande !

Piste 7 Activité 1.1 .... p. 20

a. Comme ils sont allés au Portugal l'année dernière, ils préfèrent partir en Italie cette année.
b. Pendant les vacances, je ne dors jamais à l'hôtel puisque mes parents ont acheté un camping-car.
c. Grâce au travail de mon père, je voyage beaucoup.
d. Pour moi, c'est difficile de me faire de nouveaux amis pendant mes voyages car je ne reste jamais longtemps au même endroit.
e. Ma mère a souvent mal au dos à cause du lit qui n'est pas très confortable dans notre camping-car !

Piste 8 Activité 2.2 .... p. 23

Quoi ?
C'est fou !
Incroyable !
Ça alors !
C'est dingue !
C'est vraiment surprenant !

Unité 2

Piste 9 Activité 2.2 .... p. 27

Fiona est professeure des écoles depuis cinq ans et a déjà eu en charge tous les niveaux de la petite section au CM2. Cette année, elle s'occupe de trois classes en maternelle. Louise a 17 ans et a grandi dans une famille nombreuse. Elle est donc habituée à s'occuper de ses frères et sœurs et aime ce contact avec les plus jeunes. Elle se pose des questions quant à son avenir et s'intéresse de plus en plus au métier de Fiona. Je te laisse avec elles.
– Bonjour, moi, c'est Louise.
– Bonjour Louise.
– Alors, déjà, est-ce que tu as toujours voulu faire ce métier ? Et pourquoi ?
– Au fond de moi, j'ai toujours voulu être maîtresse. Vraiment depuis que je suis toute petite euh… Et au fur et à mesure du temps, quand j'ai fait mes études etc., comme j'avais des bonnes notes, tout le monde m'a un peu dissuadée. Tout le monde m'a dit « Non, mais maîtresse, les enfants, ils sont durs. En plus, t'as des super notes, tu pourrais être mieux payée, tu pourrais faire quelque chose de mieux », etc. Donc en fait, après le lycée, je ne me suis pas du tout orientée dans ça. J'ai fait un DUT Techniques de commercialisation, donc dans le commerce, le marketing, la comm'. Et c'est au cours de mes stages que, en fait, j'ai eu des expériences avec des enfants. Par exemple, j'ai travaillé chez Leroy Merlin et j'ai des familles qui venaient avec des enfants. Je discutais avec les enfants et il y en a un, un jour, qui m'a dit : « Mais j'aimerais bien que tu sois ma maîtresse ». Et là, je me suis dit : « Ah, je me suis peut-être trompée ». Et du coup, euh, j'ai fini mon DUT T.C. et j'ai fait une validation d'acquis directement pour aller en L3 en sciences de l'éducation. Au niveau des études, tant que tu as un master, enfin à l'heure actuelle, tant que t'as un master, tu peux passer le concours euh, même si tu as un master de psychologie, de maths, de droit, enfin, t'es pas obligée de te spécialiser dès la sortie du bac. Euh, moi je regrette pas du tout d'être passée par mon DUT avant parce que déjà j'ai un diplôme avec le DUT en commerce. J'ai appris beaucoup de choses dans ces études-là, qui me servent beaucoup au quotidien, comme parler devant beaucoup de monde. Parce que c'est vrai qu'on n'est pas préparés quand on a des réunions avec les parents au début d'année et qu'on est tout seul face à tous les parents. Y a beaucoup de mes collègues qui sont impressionnés, qui disent souvent : « Moi, je déteste ! J'adore parler avec les enfants mais dès qu'il y a les parents, j'aime pas du tout. » Euh aussi, on apprend aussi à travailler en équipe, en DUT. Et donc ça, ça m'a beaucoup servi au niveau du management, voilà, de la gestion de ma classe, etc. Après, j'ai fait aussi du théâtre et de l'animation.

Yoko Trigalot

Piste 10 Activité 2.1 .... p. 28

a. Est-ce que tu pourrais m'aider à faire ce quiz ?
b. Il faudrait prendre un rendez-vous avec un conseiller d'orientation.
c. Louise voudrait devenir professeure des écoles.
d. Si j'étais bonne en dessin, je choisirais l'option d'arts plastiques.
e. Plus tard, nous aimerions travailler à l'étranger.

Piste 11 Activité 1.1 .... p. 29

a. Cette semaine, en cours, on va parler du vote et des élections.
b. Oh non ! J'ai encore oublié mon sac avec mon short et mes baskets.
c. Tu as compris toi, les équations et les programmes de calcul ?
d. J'ai choisi anglais, espagnol et je fais aussi du latin.
e. Pfff… J'ai eu 8 au contrôle sur le corps humain…

Piste 12 Activité 1.2 .... p. 31

– France info junior accueille une arbitre, l'arbitre qui cumule les premières, première femme à avoir arbitrer un match de ligue 1 chez les hommes, première femme à arbitrer la finale de la coupe de France de football. Bonjour Stéphanie Frappart.
– Bonjour.
– Pourquoi vous avez voulu être arbitre de foot, enfin, de joueurs de foot ?
– Alors moi, d'abord, moi, j'ai joué au foot, donc j'ai pratiqué le foot en tant que vraiment passionnée de foot. Tous les arbitres sont vraiment à la base passionnés de foot. Donc j'ai d'abord

TRANSCRIPTIONS

commencé par jouer. Et après, bah du coup j'ai voulu apprendre les règles du foot et je me suis rapprochée de mon district et j'ai commencé par là l'arbitrage et j'ai joué et arbitré en même temps. Donc euh, c'est possible jusqu'à l'âge de 22 ans. Donc toutes les petites filles et tous les petits garçons qui veulent démarrer, ils peuvent démarrer d'abord par le foot et aussi se lancer dans l'arbitrage en même temps.
– Est-ce que vous avez un stress, quelque chose ? Quelque chose vous stresse sur le terrain ou avant d'y aller aussi ?
– Non, je le prends beaucoup avec passion et avec exigence et concentration, donc, je suis plutôt quelqu'un de très, de très raisonné qui prépare beaucoup les matchs, c'est ce qui me permet d'arriver dans des… dans un environnement que je connais, avec des éléments que je connais.
– Est-ce que votre métier est simple ? Est-ce que c'est compliqué de devoir arbitrer des matchs pour mettre tout le monde d'accord et pouvoir faire sortir des joueurs sans que tout le monde soit énervé ?
– Alors, bah, il n'y a pas de métier simple. Il faut être assez compétent, pédagogue, un bon manager.
– Psychologue un peu aussi non ?
– Voilà, aussi psychologue. C'est ce que j'allais dire. Euh, il faut voilà avoir toutes ces facettes-là pour à la fois faire respecter les règles, dans l'esprit du jeu euh voilà, il faut bien connaître les règles et aussi pouvoir avoir cet esprit de manager, de psychologue qui fait que voilà on est un bon arbitre.

France info Junior

Piste 13 Activité 2.2 .... p. 33

– Le stage obligatoire en entreprise quand on est en 3ᵉ peut être une expérience déterminante. Un site permet aux élèves des quartiers en difficulté de trouver le stage qui va faire basculer leur orientation.
– Mélanie Taravent, journaliste, cofondatrice de l'association, détaille quelques-unes des offres proposées sur le site.
– Évidemment, il y a stages comme avocat, journaliste, bien sûr, mais aussi des métiers plus étonnants comme spécialiste en robotique humanoïde. Il y a aussi le métier d'enquêteur de décors de théâtre. Alors là bah vous suivez votre maître de stage et vous sillonnez les rues des villes pour trouver un décor qui pourrait inspirer un metteur en scène. Bon, voilà, y a plein de métiers comme ça qui peuvent permettre peut-être à ces enfants de découvrir peut-être leur vocation.
– Est-ce que pour certains ou certaines ça a été un révélateur ?
– Ah bah oui, je pense notamment à la petite Marwa qui vient d'Égypte. Elle a atterri dans les coulisses d'une émission politique. Et là, déclic pour Marwa, qui se dit euh : « Pour moi, porter la parole des femmes dans mon pays, en Égypte, c'est très important. Ce stage m'a donné le déclic et je sais aujourd'hui que je veux faire des études de Sciences Politiques pour devenir femme politique plus tard. »
– Et l'élève trouve toutes les offres disponibles en allant sur le site ?
– Oui, et afin de ne pas pénaliser ceux qui n'ont pas d'ordinateur, l'association vient de lancer une application mobile, astucieuse, qui accompagne les collégiens tout au long du stage.
– Je vais redonner le nom de l'association : Viens voir mon taf. C'était « L'esprit d'initiative » d'Emmanuel Moreau.

France Inter

Piste 14 Activité 1.1 .... p. 34

a. Moi, c'est Marie Curie qui m'inspire.
b. C'est qui sur cette photo ? C'est Thomas Pesquet ?
c. Nous avons rencontré une pilote qui nous a parlé de son métier.
d. Ce qui m'intéresse le plus, c'est l'histoire.
e. C'est mon frère qui m'a transmis sa passion pour les sciences.

Piste 15 Activité 2.2 .... p. 37

a. C'est l'imagination qui permet d'être libre.
b. Ce sont les livres qui font rêver !
c. Ce qui fait grandir, c'est la connaissance.

Prépare le DELF

Piste 16 Compréhension de l'oral .... p. 39

– Aujourd'hui dans notre chronique consacrée aux études, zoom sur l'apprentissage, une formation où l'élève alterne cours en classe et travail en entreprise. De plus en plus populaire, ce type de formation est aussi efficace : 75 % des apprentis trouvent un emploi dans l'année qui suit leur diplôme. Pour en discuter avec nous ce matin Amine Djemad, directeur d'un institut de formation pour apprentis. Bonjour Amine !
– Bonjour Élodie, merci de me recevoir !
– Avec plaisir ! Alors Amine, on entend souvent dire que l'apprentissage est réservé aux métiers techniques, est-ce vrai ?
– C'est une idée commune, mais partiellement fausse. Il est vrai que pour certains domaines, ce type de formation n'existe pas et qu'il faut suivre des études classiques au lycée puis à l'université. Mais il y a de nombreux métiers qu'on peut découvrir grâce à l'apprentissage. Il s'agit aussi bien de professions techniques, comme ceux de la mécanique, que de métiers plus intellectuels comme ceux de la comptabilité, par exemple.
– En effet, cela laisse beaucoup de possibilités. Alors y a-t-il un âge minimum pour commencer l'apprentissage ?
– Oui, en France, c'est à partir de 15 ans que l'on peut commencer. Avant, il y a des dispositifs qui permettent de faire des stages pour découvrir le monde du travail, mais aucun contrat d'apprentissage ne peut être signé.
– D'accord. Mais est-ce qu'à 15 ans, tout le monde est prêt à travailler ?
– Non, effectivement. Cela dépend de la personnalité des ados et de leur intérêt pour le métier qu'ils étudient. Les ados doivent vraiment avoir envie de changer de rythme et de travailler, ce sont eux qui doivent choisir cette voie.
– Et ce n'est pas difficile de travailler avec des adultes quand on a 15 ans ?
– C'est vrai que cela inquiète de nombreux élèves, mais souvent les salariés des entreprises sont habitués à travailler avec des jeunes. De plus, il y a toujours un employé plus expérimenté qui est là pour accompagner l'apprenti dans la réalisation de ses missions. Au final, les jeunes sont souvent très fiers de cette expérience.

Unité 3

Piste 17 Activité 2.2 .... p. 45

– Alors, si je comprends bien ton problème, c'est qu'il y a qu'un seul PC à la maison et que c'est ton frère qui le squatte tout le temps ?
– C'est ça.
– Hum, et tes parents, ils trouvent ça normal ?

– Ben oui. Ils disent que c'est plus important que c'est lui qui s'en serve.
– Pourquoi ? Tu leur as dit que tu voulais faire des études dans le domaine informatique ?
– Ben ouais.
– Et ?
– Et bah ils trouvent que je regarde trop de séries et de films. Qu'en vrai, c'est un métier pour les garçons, et que ce n'est pas fait pour moi, quoi !
– Hum, et ce serait quoi un métier pour toi, selon eux ?
– Ma mère me verrait bien dans le social. Vous en pensez quoi, madame ?
– Et ben d'abord c'est faux de dire que l'informatique est un métier spécifiquement masculin. C'est juste que c'est un domaine que les hommes ont tendance à s'accaparer, voilà. Ça me fait penser, j'ai lu quelque chose là-dessus il n'y a pas longtemps. Ça disait en gros que les femmes étaient en train de se faire éjecter du domaine informatique alors qu'il est le plus recherché par les recruteurs aujourd'hui. Donc euh moi je trouve ça inadmissible ! Il faut qu'on se batte contre ça en tant que femmes. Ok, hein ? Je vais te retrouver ça… Alors… Voilà, voilà.
– Euh, Madame, je me demandais si ma mère avait pas un peu raison.
– Mais de toute façon Louise, en tant que femme, il faut que tu saches qu'il va falloir te battre. Hein, donc autant que ce soit pour quelque chose qui te plaise. Non ?
– Ouais.
– Ben voilà. Alors attends, je te retrouve le document… Oh nan ! C'est encore bloqué, j'ai dû faire une bêtise.
– Je peux vous aider ?
– Ah bah, tu saurais ?
– Voilà !
– Merci. Ces spams, c'est vraiment n'importe quoi. Alors euh… Ah voilà. Ça dit que, en gros, il y a 40 ans, c'étaient les métiers de l'informatique qui employaient le plus de femmes diplômées. Mais ça dit surtout que, aujourd'hui, la place des femmes a diminué de 5 %. L'informatique a définitivement besoin de toi, Louise, ok ?
– Ok.
– Il est déjà 11 heures, je te laisse y aller. On revoit ça plus tard.
– Au revoir Madame et merci beaucoup.
– Bah de rien. Et je compte sur toi, hein ?

Stéréotypes Stéréomeufs, ADOSEN santé

Piste 18 Activité 2.2 .... p. 47

a. J'étais très en colère hier contre Matis. Il m'a dit des choses méchantes et ça m'a fait beaucoup de mal. Je ne comprends pas pourquoi il a dit ça !
b. Je ne sais pas ce qui s'est passé mais Jules m'a dit que les amis de son frère ne veulent plus qu'il fasse partie de la bande. Ils font des trucs ensemble sans lui proposer de venir.
c. C'est important quand on est victime de discrimination de ne pas garder le silence. Il faut en parler et ne pas hésiter à le dénoncer.
d. J'adore la physique et même s'il y a peu de filles qui font des études scientifiques, j'ai décidé de m'inscrire en filière scientifique l'année prochaine.
e. En cours, le prof nous a parlé de discriminations et de stéréotypes. Je n'étais pas conscient d'avoir autant de préjugés. Maintenant, je vais y faire attention pour essayer de les déconstruire et ne pas les véhiculer. Ça me semble important d'en discuter pour être plus ouvert.

Piste 19 Activité 2.1 .... p. 49

– Nous sommes dans le jardin pédagogique du collège, là où tout a commencé l'année dernière. Ici, on a planté des graines : celles du savoir et du partage. Puis les idées ont germé dans la tête des professeurs et des élèves. Aujourd'hui, ils sont 80 jeunes motivés et engagés dans ce que l'on appelle les classes Croix Rouge.
– Le but de ces options, c'est quand même de leur ouvrir l'esprit, aussi de regarder les autres en fait, parce qu'on avait trop tendance à… En fait, nos élèves ont trop tendance à se renfermer sur eux-mêmes, se regarder eux, rester même dans les communautés et là, ces options ont permis un petit peu d'ouvrir et de… et qu'ils regardent les autres tout simplement.
– Vivre ensemble, dans un collège du centre-ville où 40 nationalités, qui a décidé de ne pas laisser passer les SDF mais de venir à leur secours, d'interroger les jeunes migrants et de tendre la main aux populations les plus défavorisées.
– C'est vrai qu'on va aborder les notions de façon un peu théorique en classe mais derrière, ils savent qu'on va réinvestir tout ça par des actions plus concrètes.
– Par exemple ?
– Lorsqu'on a aidé les familles qui sont logées dans les centres d'hébergement, voilà, la notion de solidarité, ça a vraiment pris tout son sens.
– Mais aussi citoyenneté, courage, secours, engagement. Ces notions sont tout à coup très concrètes.
– On s'est rendu compte qu'on se plaignait beaucoup trop pour un rien et qu'on n'avait pas vraiment de raison de nous plaindre parce qu'on a quand même la belle vie.
– Et cela commence par son voisin au collège. Ce matin, les élèves ont préparé des fournitures scolaires pour la rentrée de leurs copains les plus défavorisés.
– J'ai découvert que je suis quelqu'un qui aime vraiment aider. J'aide de plus en plus et je pense que je peux en faire mon métier carrément. J'aime beaucoup ça.
– Tous les samedis, Éric, lui, va enseigner le français et les complexités du code de la route à de jeunes étrangers, pour le plaisir de la rencontre, dit-il, et l'envie de comprendre ce monde.
– Nous avons des élèves handicapés, nous avons des élèves migrants, donc c'est notre population scolaire et nous n'avons jamais aucun problème d'intégration. Et nous n'avons pas à expliquer aux élèves ce qu'ils doivent faire pour intégrer tous ces jeunes.
– Le mot d'ordre ici, c'est surtout « ne changez rien, sauf le monde ».

France TV

Piste 20 Activité 1.1 .... p. 51

– On demande sans cesse aux artistes de prendre position, souvent d'ailleurs, sur des plateaux télé comme celui-là. Quel rapport vous entretenez tous les deux avec l'engagement, et justement ces problématiques qui sont de plus en plus récurrentes ?
– Bah c'est… Je pense que ce qu'on dit dans la chanson, c'est vraiment ce qu'on ressent. Chacun avec…
– Vous n'avez pas tous le même point de vue d'ailleurs.
– Voilà, chacun avec son point de vue et sa sensibilité. Et c'était aussi pour cette raison-là qu'on avait envie de faire cette chanson parce que lorsqu'on a commencé à discuter de ce thème-là, on a vu qu'on n'était pas d'accord. Et euh je trouve ça très intéressant une chanson-débat. Ça n'arrive pas souvent. Et puis là, en plus, enrobée de cette mélodie magnifique de « La Superbe ».

cent cinquante-neuf **159**

TRANSCRIPTIONS

Donc voilà, y'a pas une réponse : il faut écouter la chanson pour faire son avis.
– Vous, vous êtes plutôt, il faut s'engager ?
– Bah c'est-à-dire que moi, oui moi, je suis, je pense que l'engagement… Il faut pas avoir peur de s'engager si on le ressent émotionnellement, si on a une indignation qui est là, même si on n'est pas expert. Voilà. Alors que Ben, effectivement, lui est plutôt sur cette ligne-là de : « Je parle, je me sens légitime quand je suis expert ».
– Et vous aussi Fabien, vous avez un peu de retenue parce que vous l'avez fait et ça vous est revenu comme un boomerang.
– Oui, oui et non, enfin oui… En tous cas, je suis plutôt de l'avis de Gaël. Quand je me sens une émotion ou un truc qui me fait réagir, voilà, je me pose pas forcément la question de l'expertise pour prendre position. Euh, mais en tous cas, dans le titre « La cause », je vois les deux parties. C'est-à-dire qu'en effet, on nous dit toujours « mais allez, il faut s'engager, les artistes on compte sur vous, etc. » et puis si jamais tu t'engages un petit peu, il y en a plein qui disent « Mais tu te prends pour qui là, pour ? En quel nom, sous prétexte que tu vends quelques albums, tu parles de ça et de ça ? ». Donc du coup, voilà, moi, je pose le débat en disant on nous demande beaucoup de choses et ce rapport avec l'engagement quand on est artiste il est forcément compliqué.

France 24

Piste 21 Activité 2.1 .... p. 55

Paris est une ville avec de belles avenues. Il y a des arcs célèbres et beaucoup de monuments anciens. Les Parisiens sont fiers de cet héritage. Si vous êtes sportifs, vous pouvez monter en haut de la tour Eiffel par les escaliers. Sinon, il y a un ascenseur qui vous amènera au sommet. De là, vous aurez une vue splendide sur toute la ville.

Unité 4

Piste 22 Activité 2.2 .... p. 59

– Bonjour Laurent, bonjour à tous. Désormais, à l'école, en cours de sport, il y aura, la natation, l'athlétisme, le football et… et le secourisme. Ça fait désormais partie intégrante et obligatoire du cursus scolaire. Alors, l'an passé, dix collèges s'y sont mis de manière expérimentale. Ça a été étendu à 75 établissements cette année et l'objectif, c'est qu'en 2025 absolument tous les collèges et lycées de la Belgique francophone et bien proposent dix heures de secourisme, d'apprentissage aux premiers secours donc, dans le cursus scolaire. L'objectif évidemment c'est qu'à terme, et bien toute la nouvelle génération de Belges soit formée à ces gestes qui sauvent et donc l'objectif c'est de sauver des vies. Euh, les ados sont ravis, les profs aussi. Voyez ce reportage réalisé par Zoé Durand et Silver Winans.
– Dans ce lycée de Namur, une nouvelle matière obligatoire est arrivée l'année dernière : l'éducation aux premiers secours. L'enseignement débute dès la sixième avec les professeurs de sport formés par des secouristes. Les élèves sont notés et à chaque âge ses objectifs.
– Voilà, là t'es bon.
– Pour les tout-petits c'est simplement reconnaître un arrêt cardiaque, c'est comment appeler les secours et puis, plus ils avancent euh…, dans leur scolarité, plus on va aller dans la difficulté technique pour arriver au bout à un exemple comme on l'a vu aujourd'hui, avec un massage complet, avec l'appel du 112, etc.

– Attention, je vais choquer !
– Pendant leur scolarité, les élèves suivront dix heures d'apprentissage des gestes de premiers secours pour acquérir les bons réflexes.
– Faire 12 insufflations.
– Tout le monde devrait savoir masser quelqu'un dans la vie, ça peut… ça arrive pas à tout le monde mais ça peut arriver.
– Un exercice qui demande tout de même un peu d'entraînement.
– Tu ralentis là, attention !
– Il faut quand même appuyer un peu fort mais doucement en même temps, et donc euh, bah faut quand même avoir un peu de force et c'est vrai que de le faire plusieurs fois d'affilé, ça fait… c'est compliqué quoi.
– C'est pour dire qu'il y a une personne inconsciente dans le hall 1 de sport à l'Institut Sainte Marie Jambes.
– L'idée est partie d'un constat : en Belgique, comme en France, après un arrêt cardiaque, le taux de survie est très faible car les proches interviennent peu par manque de formation.
– À peine 10 % de survie pour la Belgique si on passe à 20 % on sauverait 1000 vies chaque année en Belgique, c'est-à-dire, trois fois plus que tous les tués sur la route sur une année. C'est vraiment impressionnant ! Donc, euh, pour traduire ça pour un pays comme la France, on parle vraiment de milliers de milliers de vie sauvées chaque année.
– La Belgique veut imiter le modèle scandinave. Là-bas, la population intervient dans 80 % des cas d'arrêt cardiaque.

Télé Matin, INA

Piste 23 Activité 2.1 .... p. 60

a. Le secouriste lui a fait un massage cardiaque car elle était inconsciente.
b. Les flammes étaient immenses. Elle a pris sa lance, l'a allumée et a finalement éteint le feu.
c. Vous avez appris les gestes de premiers secours et avez pu sauver des vies.
d. Tu t'es promené dans la forêt qui avait brûlé durant l'été.
e. Ils étaient contents car ils ont secouru leurs voisins

Piste 24 Activité 2.2 .... p. 63

– Pour les adolescents, les nuits sont souvent courtes. Alors pour eux, le réveil c'est…
– Inévitable.
– Difficile.
– Fatigue.
– L'horreur.
– Douleur.
– Au lycée, les problèmes de sommeil sont récurrents. Alors quand l'éducatrice aborde le sujet, les lycéens n'hésitent pas à se confier.
– Euh, je m'endors assez rapidement et par contre je me réveille, euh, cinq-six fois par nuit et sans réussir à me rendormir tout de suite.
– Je me couche entre minuit et trois heures du matin. Soit je trouve des occupations comme un livre ou je suis sur mon téléphone ou j'écoute de la musique.
– En général aussi on parle avec ses amis, on est sur les réseaux et enfin ça continue enfin on n'arrive pas à s'arrêter donc euh. Enfin, moi je me force à enlever mon téléphone pour dormir.
– Car le téléphone est souvent au cœur du problème. La lumière bleue des smartphones retarde la production de mélatonine.

Sans cette hormone, le cerveau ne réalise pas qu'il est temps de dormir.
– Mais il y a également autre chose qui joue en plus de la lumière bleue, c'est l'activité cérébrale. Parce que tant que votre cerveau sera actif, en train de travailler, en train de réfléchir, eh ben à ce moment là, il va pas être prêt à s'endormir.
– L'idéal serait donc d'éloigner son téléphone deux heures avant de s'endormir. Une mission difficile mais nécessaire pour ces adolescents.
– Et là, quand je vous entends, ça vous fait quand même des nuits très très courtes. En moyenne, ça vous fait combien de temps de sommeil ?
– Quatre-cinq heures.
– Cinq heures.
– Quatre heures.
– Ce qui est quand même très peu et du coup, la journée après, vous… ?
– Je dors une demi-heure, quarante minutes l'après-midi quand je peux.
– Et la journée je suis épuisée. Moi je, je carbure toute la journée avec deux grammes de vitamine C.
– Même si en grandissant, les adolescents ont moins besoin de sommeil, entre huit et dix heures en moyenne, leur horloge biologique est bouleversée. Avec les changements hormonaux, les adolescents s'endorment mécaniquement plus tard alors que les contraintes scolaires les obligent à se lever, toujours plus tôt.
– Si on veut respecter sa durée de sommeil normale, qui doit être au minimum de huit heures, et au mieux entre huit heures et dix heures, ils vont avoir tendance à se réveiller plus tard. Et lorsqu'on doit se réveiller plus tôt, il aura une dette de sommeil. Et la dette de sommeil, ça va perturber les apprentissages, ça va jouer sur ses émotions, ça peut également jouer sur la tension artérielle et tout ce qui est système cardio-vasculaire.
– Car dormir est essentiel au bon fonctionnement de notre corps. Les différentes phases de sommeil participent à la croissance, l'apprentissage, la mémoire ou encore la gestion des émotions.

Allô Docteurs, 17 Juin Prod

Piste 25 Activité 2.1 .... p. 65

– Pourquoi la science-fiction, ça serait lié au futur ?
– Alors, la science-fiction n'est pas forcément liée au futur. C'est plein de choses oniriques, d'anticipation mais, qui se rapportent toujours, normalement, à de la science. *Star Wars*, par exemple, vous voyez, c'est pas vraiment de la science-fiction. C'est un sous-genre de la science-fiction qui s'appelle le *Space Opéra*. Parce que quelque part, c'est pas réel mais la science-fiction au sens *stricto sensu* c'est la science comme on la connaît aujourd'hui ou comment elle pourrait être dans le futur.
– Autre question de Sandrine.
– Pourquoi, dans les films de science-fiction, y s'passe des trucs du futur qui pourraient se passer en ce moment même ?
– Ah, c'est une très bonne question. Et je vais vous répondre par un exemple. Les psychologues disent que l'âge fondamental dans l'évolution d'un homme c'est 10-12 ans. C'est pas par hasard, moi j'avais 10 ans quand j'ai vu *Star Wars*. Ça m'a marqué.
– Ça marque.
– Il faut savoir que, en 66, à l'époque, y'avait un jeune américain qui avait juste 12 ans quand il a vu *Star Trek*. Il s'appelait Steve Jobs. C'est pas par hasard si aujourd'hui on a des iPhones et euh… des tablettes.
– Ça l'a inspiré peut-être ?

– Car elles étaient dans *Star Trek*. Le capitaine avait des *communicators* et ne faisait ses rapports non pas sur le papier avec un crayon mais avec une tablette électronique et un stylo électronique. Steve Jobs l'a vue. Ça l'a fait rêver. Il l'a fait. C'est un révélateur à ce que pourrait être notre réel dans le futur, et certains, bah ça les inspire. Et c'est ça qui est merveilleux dans la SF.
– Marie.
– Dans les films de science-fiction, y'a souvent des animaux euh… imaginaires, des créatures assez extraordinaires. Et du coup, j'aimerais savoir si par exemple des fois ils se sont imprégnés d'animaux qui existent déjà ?
– Alors si c'est des animaux imaginaires, ce n'est pas de la science-fiction. C'est ce qu'on appelle la *Fantasy*. *King Kong*, c'est de la *Fantasy*. *Godzilla*, comme il est créé par un essai nucléaire, ça pourrait être de la science-fiction. Vous voyez la différence ?
– Ah la différence est fine !
– Voilà, voilà.
– Alors Estelle a demandé aux collégiens quel était leur film de science-fiction préféré. Je vous laisse écouter quelques-unes des réponses…
– *Valérian*, parce que ça mélange la science-fiction, un film romantique un peu.
– *Ironman*. Son armure en fait elle est constituée de… de futur et de science.
– Qu'en pense le spécialiste que vous êtes ?
– Effectivement, dans *Valérian*, y'a effectivement de l'humour mais là on ne parle plus de ressort scénaristique. C'est-à-dire qu'effectivement, pour qu'un film marche au cinéma, il faut une histoire d'amour. Ça, Luc Besson, le sait. Euh, pour *Ironman*, oui, c'est comme à mon époque, *L'homme qui valait trois milliards*. C'est-à-dire que, effectivement, des prothèses bioioniques, et dans le cas d'*Ironman*, c'est une armure bioionique, lui permettent de voler, d'être ultra fort. Une fois de plus, c'est des choses qui inspirent les scientifiques d'aujourd'hui ou de demain. Aujourd'hui, y'a un Français qui a développé un système pour pouvoir voler avec des moteurs sous les pieds.

France info Junior

Piste 26 Activité 1.2.. p. 69

– Tu aimerais vivre dans cette ville utopique ou tu préfères vivre dans une ville réelle ?
– Euh ! Je crois que je n'aimerais pas trop vivre dans cette ville utopique. Je préfère vivre à la montagne ou à la campagne. Plus au vert en fait !
– Ben… Je sais pas trop ! Moi j'aime cette ville écolo avec euh… avec ses éoliennes mais il y a tout de même trop de béton et d'immeubles.
– J'hésite… J'aime bien cette ville car il y a… il y a beaucoup de verdure et d'eau. Mais je pense que… que je préférerais vivre dans une ville réelle, avec des immeubles plus bas et encore plus d'arbres. Ça manque d'animaux là !

Prépare le DELF

Piste 27 Compréhension de l'oral .... p. 71

– Benoît, tu peux venir me voir un moment, je voudrais te montrer quelque chose.
– Oui, j'arrive. Alors qu'est-ce que c'est ?
– C'est une annonce pour faire du bénévolat pendant les vacances d'été.

– Comment ça ?
– Regarde, c'est dans ce magazine. Ils parlent d'une association qui propose aux jeunes entre 13 et 18 ans de partir quelques semaines à l'étranger pour participer à des projets humanitaires. C'est une super chance de pouvoir aider d'autres enfants ou protéger l'environnement. En plus, on peut apprendre plein de choses sur des cultures différentes !
– Oui, ça peut être intéressant. Mais tu ne risques pas d'être fatiguée ? Tu es déjà tellement occupée pendant l'année scolaire ! Moi, l'été, je préfère me reposer et passer du temps avec mes amis.
– Oui, je sais, mais les vacances durent deux mois ! Si on part trois semaines, ça permet de garder aussi du temps pour se détendre.
– Hum… c'est vrai. Et tu as trouvé quelque chose qui te plaît ?
– Oui ! Ils proposent un séjour au Costa Rica : on peut aider les habitants d'un village à nettoyer les plages pour que les animaux y soient bien ! Qu'est-ce que t'en penses ?
– C'est une super idée, mais c'est un peu loin, non ?
– Oui… je sais… en fait, j'ai un peu peur que mes parents refusent que je parte toute seule à l'autre bout du monde.
– Tu pourrais leur dire que tu apprendras l'espagnol là-bas ! Et puis je crois que j'aimerais bien y aller aussi. Ensemble, ce serait plus amusant !
– Tu as raison ! Je vais leur en parler dès ce soir ! Demande aussi aux tiens et on en discute demain !
– Ok, on fait ça ! À demain Claire !

Unité 5

Piste 28 Activité 1.2 .... p. 76

– La COP ou la COP 27, c'est une réunion au niveau mondial qui va réunir près de 200 pays pour en fait discuter du climat et de comment on peut faire pour limiter le réchauffement climatique et cette COP est vraiment importante parce que c'est le seul endroit où on peut réunir tout le monde pour discuter de ce problème du climat. Alors, la planète, elle se réchauffe à cause de nos activités, comme par exemple, utiliser notre voiture, utiliser l'avion ou même chauffer nos écoles, notre maison ou bien faire de l'élevage ou de l'agriculture. En fait, toutes ces activités, elles émettent ce qu'on appelle des gaz à effet de serre dans l'atmosphère comme le dioxyde de carbone ou le méthane et ces gaz, ils ont la propriété, en fait, de réchauffer la surface de notre planète. On doit limiter notre réchauffement à 1,5 degrés pour éviter d'avoir des conséquences trop graves de ce changement climatique et donc, ce que font les États, c'est qu'ils essayent de limiter nos émissions de gaz à effet de serre. Donc, en fait, ils discutent par exemple dans le domaine des transports : comment on peut éviter de prendre notre voiture, comment on peut proposer des alternatives propres en carbone. Ils vont discuter, par exemple, dans le domaine des énergies renouvelables comme le solaire ou l'éolien, comment on peut accéder davantage à ces énergies, en particulier pour les pays en voie de développement
– Françoise Vimeux, cet objectif de 1,5 qui avait été fixé à la COP 21 à Paris, on sait déjà qu'il est quasiment hors d'atteinte.
– Alors il n'est pas encore hors d'atteinte. La fenêtre se referme jour après jour mais ça n'est pas un objectif qui est hors d'atteinte. On sait qu'il faut diminuer nos émissions de gaz à effet de serre d'à peu près la moitié d'ici 2030 par rapport à 2019 pour l'atteindre. Donc, c'est pas encore hors de portée…

France info Junior

Piste 29 Activité 2.1 .... p. 78

a. Il n'y a eu que des cyclones de force 1 et 2 cette année.
b. Il n'y a pas eu de tsunami.
c. La tempête Juliette a seulement détruit des arbres.
d. La sécheresse a mis en danger les habitants.
e. Après la tempête, j'ai vu uniquement des déchets sur la plage.

Piste 30 Activité 1.2 .... p. 79

Hier, j'ai vu un super documentaire sur une maison écologique en Suède. C'est une grande maison qui a des panneaux solaires et une éolienne pour produire de l'électricité. La maison est végétalisée. Elle est construite sous une immense serre. Dans cette serre, il y a de nombreux arbres, des plantes, des fruits et des légumes. L'eau utilisée dans la maison est filtrée et recyclée pour arroser la serre. Enfin, la famille qui y vit a une voiture électrique, ce qui permet de limiter les émissions de gaz à effet de serre.

Piste 31 Activité 1.2 .... p. 81

– Alors, dans ce documentaire, Bella et Vipulan, deux adolescents ont peur que la planète soit bientôt inhabitable à cause du changement climatique, de l'extinction des espèces…Vous en pensez quoi, vous ? Oui, Nina !
– Moi, ça me fait peur que des espèces disparaissent ! Chaque animal, chaque plante est important pour conserver l'équilibre de notre planète. Il faut protéger la biodiversité ! C'est pour cela que je veux devenir scientifique.
– Juliette ?
– Ça m'angoisse de penser qu'à cause de nous, les humains, des animaux sont menacés. Dans le film, Bella et Vipulan vont dans la savane africaine pour observer les animaux en danger à cause des braconniers, ils vont aussi dans les océans pour voir les poissons menacés par la pêche ou dans les fermes industrielles pour voir les élevages intensifs. Tout ça, c'est vraiment déprimant !
– Oui, c'est vrai mais ce film donne quand même de l'espoir, tu ne trouves pas ?
– Si, oui, c'est vrai ! J'ai trouvé ça génial que le réalisateur filme deux jeunes, comme nous, pour montrer qu'on peut tous faire quelque chose pour la biodiversité ! Je suis stressée que des espèces disparaissent, mais maintenant, je connais quelques solutions pour éviter cela.
– William ?
– J'ai adoré ce film ! Pour moi, il donne vraiment de l'espoir ! Je suis très content que Bella et Vipulan partagent des solutions pour sauver la biodiversité. Je suis pressé que tout le monde voie ce film et qu'on agisse enfin pour notre planète !

Piste 32 Activité 2.2 .... p. 83

– Nous avons créé un détecteur d'inondations connecté.
– Un jeu qui pourrait aider les autistes à communiquer.
– Un GPS d'intérieur qui aiderait les enfants qui se perdraient dans les couloirs.
– De l'imagination les collégiens et lycéens n'en manquent pas. Coachées par leurs professeurs, ces équipes avaient pour mission de présenter leurs projets et d'échanger avec de futurs partenaires universitaires ou ministériels.
– Je crois que des concours comme *Science Factor*, c'est très important parce que ça permet à nos jeunes d'abord de rendre concrète la question de l'innovation scientifique, de voir qu'ensemble, ils peuvent construire un très beau projet scientifique.
– Faut avoir confiance en soi, mais beaucoup, faut jamais se

sous-estimer, vous pouvez réussir à tout faire le temps que vous avez la volonté.
– On impose que les équipes soient pilotées par des filles.
– Je trouve que c'est très bien de promouvoir la science chez les filles parce que nous avons autant de capacités que les garçons et dans notre société actuelle, il est bien de le démontrer une nouvelle fois pour que nous prenions pleinement notre place dans la société.
– Je trouve qu'il y a une vraie diversité de projets, je trouve qu'on voit tout de suite l'application. En fin de compte, contrairement à beaucoup probablement d'inventions d'adultes, l'avantage des jeunes c'est qu'ils sont concrets, c'est-à-dire, qu'ils sont ancrés dans une efficacité immédiate de l'invention.

Sqool TV

Piste 33 Activité 1.1 .... p. 84

a. Les jeunes sont stressés que les espèces soient menacées.
b. Je suis content d'aider les animaux.
c. C'est génial que le film montre des solutions.
d. C'est triste que les braconniers tuent des lynx.
e. J'ai peur d'écraser une abeille.

Piste 34 Activité 1.2 .... p. 85

Le dauphin de Guyane est un animal menacé. Les causes de sa disparition sont :
– la pêche : il se retrouve pris dans les filets avec les poissons.
– le braconnage : les gens l'attrapent pour le manger.
– la dégradation de son habitat : l'océan est pollué.
Les habitants et les pêcheurs doivent apprendre à respecter le dauphin.

Piste 35 Activité 2.2 .... p. 87

a. C'est horrible !
b. J'ai peur qu'elle me morde !
c. Oh nooooon ! Ça me dégoute.
d. Ah ! Mais pourquoi tu la prends dans tes mains ?
e. Aaaaaaaaaaaaah ! Elle est énorme.
f. C'est ma pire phobie !

Unité 6

Piste 36 Activité 2.2 .... p. 91

– J'aimerais bien que tu m'aides à améliorer mon blog.
– Ton blog « Une Haïtienne à Montréal » ?
– Oui, je voudrais y ajouter des vidéos qui parlent de sciences.
– Euh… oui… mais sur ton blog, tu parles plutôt de la vie à Montréal et à Haïti. Ce n'est pas la même chose…
– Les sciences, c'est toute ma vie ! Je m'y intéresse depuis longtemps, depuis que je suis toute petite ! Et j'aimerais bien partager ça.
– Tu pourrais créer un compte Instagram avec des vidéos scientifiques.
– Bonne idée ! Ah ouais… ça s'appellera Doc Nina !
– Doc Nina ! Pas mal !
– Un peu comme Doc Nozman. Tu connais ?
– Non, je crois pas.
– Il fait des vidéos de vulgarisation scientifique. Il a une chaîne YouTube et un compte Instagram avec 4 millions d'abonnés ! J'y suis abonnée, moi aussi !
– Alors, avec un nom comme ça, plein de gens vont te suivre !
– Tu sais, j'ai déjà une vidéo qui est prête.

– Non ? C'est vrai ? C'est sur quoi ?
– Sur les couleurs de l'arc-en-ciel. Mais avant de lancer mon compte, je voudrais faire d'autres vidéos.
– Oui, tu as raison. Tu as besoin d'aide ? Je pourrai faire le montage si tu veux.
– Trop bien !
– L'année dernière, il y avait un cours de création de vidéos. J'y suis allée et j'ai appris plein de trucs !
– Ah super ! Merci Juju ! Si je fais des vidéos, je serais trop contente que tu y participes !

Piste 37 Activité 1.3 .... p. 92

Exemple : – Je voudrais aller à Paris.
– Oui, vas-y !
a. Mes amis et moi, on voudrait aller au club informatique.
b. Je voudrais aller sur le Darknet mais je ne sais pas comment faire.
c. Nous voudrions mettre une vidéo de notre amie sur les réseaux sans son accord.
d. Je voudrais ajouter une photo sur mon profil.
e. Pour faire des vidéos, on voudrait rester dans notre chambre.

Piste 38 Activité 2.2 .... p. 92

Exemple : – Tu fais attention à ton nombre d'abonnés ?
– Non, je n'y fais pas attention !
a. Tu t'intéresses aux sciences ?
b. Tu joues aux échecs ?
c. Tu ressembles à tes parents ?
d. Tu t'es abonné à la chaîne de Michou ?
e. Tu as dit « bonjour » à ton professeur ?

Piste 39 Activité 2.2 .... p. 95

– Bonjour à tous. Ici Juliette pour Radio Ados. Aujourd'hui, nous allons parler d'un sujet qui nous concerne tous. Nous allons parler d'Internet et ses dangers. Et nous allons vous donner quelques conseils pour bien utiliser Internet et les réseaux sociaux. Avec moi, il y a Nina et William.
– Bonjour !
– Alors, j'imagine que vous utilisez Internet tous les jours.
– Oui, moi je passe beaucoup de temps sur les réseaux. J'y passe au moins deux heures par jour, en fait !
– Oui, moi aussi je suis souvent sur Internet, surtout sur les réseaux.
– Et est-ce que vous avez déjà eu des problèmes ?
– Moi perso, non, mais je sais que certaines personnes sont harcelées, insultées ou menacées. J'ai une de mes amies à Haïti qui a reçu plein d'insultes, d'abord sur les réseaux sociaux et après par téléphone parce qu'elle avait mis son numéro de portable sur son profil.
– Ah ça, c'est important de le rappeler. Premier conseil. Il ne faut jamais mettre d'informations personnelles sur les réseaux : son numéro de téléphone, son adresse… Et toi, William ?
– Moi non plus, je n'ai pas été harcelé mais il y a un garçon de mon club de hockey sur glace qui a partagé une photo gênante de moi. Il a pris une de mes photos sur mon compte Instagram et il l'a publiée sur un groupe WhatsApp sans autorisation ! Et il y a eu plein de commentaires pas sympa du style « Oh la honte ! », « Trop nul ! » euh… Et puis, il a partagé d'autres photos de moi, il a posté d'autres commentaires et ça a continué. Moi, je voulais que ça s'arrête mais je n'y arrivais pas, je ne pouvais rien contrôler !

TRANSCRIPTIONS

– Je pense que là, on peut parler de harcèlement car ce garçon a publié des photos et des commentaires de manière répétée, pour te faire du mal. Alors, qu'est-ce qu'on peut faire pour éviter ça ?
– Je pense qu'il faut mettre son compte Instagram en privé. Comme ça, tout le monde ne voit pas nos photos privées ou gênantes. Moi, quand j'ai installé Instagram, je ne savais pas comment faire, mon compte était public.
– Oui, c'est un bon conseil. Nina ?
– Oui, c'est vrai. Et, autre chose. On sait tous que sur Internet, on peut faire de mauvaises rencontres. J'ai déjà reçu des messages bizarres de personnes que je ne connaissais pas par exemple. Alors, un troisième conseil : pour éviter les mauvaises rencontres, il faut aussi suivre uniquement les gens qu'on connaît. Sinon, on ne sait pas sur qui on va tomber.
– Merci à tous les deux pour vos témoignages ! Je rappelle que si vous êtes victime de cyberharcèlement, il ne faut pas hésiter à en parler à un adulte : quelqu'un de votre famille ou quelqu'un du collège. Si vous avez besoin d'aide, ne restez pas seul ! Merci encore Nina et William.
– De rien !
– Merci à toi !
– Et à bientôt !

Piste 40 Activité 1.2 .... p. 97

– C'est un robot capable d'écrire des textes, de dialoguer qui suscite autant de fascination que d'inquiétude. On va se pencher aujourd'hui dans France info junior sur ChatGPT avec les questions de nos élèves. Ils font partie du club média du collège Jean de la Fontaine à Gémenos dans les Bouches-du-Rhône et avec les réponses de notre invité. C'est vous, Anis Ayari, bonjour !
– Bonjour !
– Vous êtes ingénieur en intelligence artificielle. Vous êtes Youtubeur également. Vous vulgarisez toutes ces questions sur les technologies dans votre chaîne DefendIntelligence. Alors, je vous soumets tout de suite cette première question. Écoutez, elle est signée Mathias.
– Qu'est-ce que ChatGPT ?
– Alors ChatGPT, c'est un modèle d'intelligence artificielle, un modèle qui permet de dialoguer en fait avec une machine de manière normale. C'est-à-dire, on peut lui parler, on peut lui dire des phrases. Et il va nous répondre lui aussi des phrases, comme si on parlait à un humain finalement.
– Allez, on enchaîne avec cette question de Robin.
– Est-ce que ça se voit que c'est un robot qui écrit ?
– Alors ChatGPT, il a été ultra populaire parce qu'en fait il a réussi à donner des réponses qui paraissaient humaines parce que c'est la manière dont il a été entraîné, c'est des personnes en fait à qui on a demandé comment ils répondraient à ces questions, qui lui ont appris à parler. Mais parfois ça se voit aussi que c'est un robot parce qu'il va avoir tendance à se répéter, il va avoir tendance à pas comprendre directement ce qu'on lui dit par exemple.
– Écoutez cette question, alors peut-être intéressée ou pas, de Raphaël.
– Est-ce que les profs peuvent savoir si nous utilisons ChatGPT pour un devoir ?
– Alors ça c'est une très bonne question. Moi, j'ai tendance à répondre qu'ils peuvent le savoir de la même manière qu'ils peuvent savoir si on a utilisé un site sur Google etc. C'est-à-dire qu'il faut fouiller un peu. D'ailleurs, il y a eu un cas-là, y a pas longtemps dans une université. En fait, un prof s'est rendu compte que ses élèves de Master ont utilisé ChatGPT parce que la plupart des dissertations se ressemblaient. C'est ça qu'il faut noter aussi, c'est que pour l'instant, y a pas de créativité, y a pas d'originalité dans les réponses.
– Écoutez Maël.
– Pensez-vous que l'intelligence artificielle pourra un jour remplacer les chercheurs et les professeurs ?
– Alors ça, c'est une excellente question parce qu'on a tendance à souvent dire, oui, les IA vont nous remplacer etc. Euh il faut plutôt voir aujourd'hui les IA comme des assistants pour les chercheurs et les professeurs. Donc à terme, je pense pas que ça va les remplacer parce qu'on va toujours avoir besoin de l'accompagnement humain des chercheurs et des professeurs mais ça va servir beaucoup beaucoup dans le travail. Moi, par exemple, je fais beaucoup de code et aujourd'hui, dès que je démarre une journée de travail euh j'ai ChatGPT ouvert à côté de moi et je pose des questions et il me répond de manière assez rapide.
– Bon, on voit en tout cas que ça pose beaucoup de questions. Merci Anis Ayari de nous avoir répondu !

France info Junior

Piste 41 Activité 1.1 .... p. 98

a. Elle poste quelquefois des photos de ses amies sur les réseaux.
b. Elle leur demande toujours l'autorisation.
c. Ils ont encore reçu un commentaire malveillant.
d. Ils ont immédiatement bloqué le commentaire.
e. Ils ont changé complètement les paramètres de leur compte.

Piste 42 Activité 1.2 .... p. 99

a. L'année dernière, j'ai été la cible de violences en ligne.
b. Nous avons publié une photo gênante de notre prof de sport.
c. Mes camarades se sont moqués de moi et m'ont insulté.
d. J'ai reçu des commentaires malveillants et des menaces.
e. J'ai insulté ma voisine sur les réseaux.

Piste 43 Activité 2.2 .... p. 101

a. Le métavers est une innovation scientifique qui intéresse les adolescents.
b. Pour entrer dans le métavers, on crée une identité virtuelle et on se déconnecte du monde réel.
c. Plonger et être en immersion dans le métavers, c'est vivre une expérience incroyable !

Prépare le DELF

Piste 44 Compréhension de l'oral .... p. 103

– Cette semaine, je vous propose de découvrir « Terra Nil », un jeu de gestion original : on commence la partie après la fin du monde et l'objectif est de faire revenir les plantes et les animaux sur cette planète toute sèche. Vous l'avez compris, c'est l'opposé de ce que les jeux de construction de ville proposent habituellement. Notre stagiaire, Léon, l'a testé pour vous. Salut Léon, alors raconte nous, c'est comment « Terra Nil » ?
– C'est super surprenant. Au début, il n'y a rien sur la carte. Alors on commence à construire, mais pas n'importe quoi. Une éolienne d'abord : elle va produire de l'électricité qui servira pour d'autres appareils. Ces appareils-là aideront à nettoyer les sols et à trouver de l'eau… c'est comme ça que la végétation, et les animaux ensuite, pourront revenir.
– Il faut donc comprendre un peu comment fonctionne la nature alors, ce n'est pas si facile…

– C'est exact, il faut penser que chaque action va permettre de modifier l'environnement et le climat. Mais heureusement, il y a des explications pour nous aider à comprendre les différentes machines et les conséquences de nos actions. Moi, je ne suis pas très bon en sciences et pourtant je me suis bien amusé. En fait, j'ai même compris des choses grâce à ce jeu !
– D'accord, mais alors comment on termine la partie ?
– Quand le sol revit et que les plantes et les animaux sont installés, on doit faire disparaître tous les appareils qu'on avait installés au début. En les recyclant, on crée un avion qui nous permet de voyager jusqu'au continent suivant.
– C'est inattendu, mais logique ! Et question plaisir de jeu, qu'est-ce que tu en penses ?
– J'ai adoré les sons du jeu : ce sont ceux de la nature comme la pluie, le vent… c'est agréable et ça calme. Et le plus surprenant, c'est qu'après ma partie, j'ai ressenti le besoin de sortir en forêt pour être au contact de la nature.
– Merci Léon, et si je veux jouer moi aussi…
– Le jeu est disponible gratuitement sur Internet, tu peux l'installer sur ton smartphone !
– Super, je vais essayer !

Unité 7

Piste 45 Activité 2.2 .... p. 109

– Quand je suis chez moi, je parle plus créole haïtien parce que mes parents, ils sont d'Haïti, ils sont nés là-bas. Et moi, j'ai pas grandi là-bas, vu que je suis né en Guyane. J'ai grandi là-bas jusqu'à mes 10 ans. Arrivé en France, en métropole, j'avais un accent. À force de parler français, mon accent, on va dire que je l'ai perdu, mon accent. Je parle plus le créole haïtien vu que mes parents sont d'origine haïtienne. Quand on est en famille, parce que chez moi, on est six, trois filles, trois garçons, bah, on parle créole et quand on a envie, on se lâche sur le français. Mais quand, par exemple, il y a des invités, des collègues à mon père ou des collègues à ma mère ou des amis à ma sœur, qui est plus grande que moi, du coup, on parle français. Quand on parle de l'école, ben, c'est le français, vu qu'à l'école, on parle français parce qu'en fait, il faut alterner le français et le créole parce que, vu qu'il y a ma petite sœur qui est plus jeune que moi, qui a 4 ans et pour éviter que – parce qu'en fait, je pense que la maîtresse, elle lui avait déjà fait la remarque – qu'elle parlait pas très bien français à force de parler le créole. Du coup, maintenant, à la maison, on essaye d'alterner les deux pour l'aider. Et là, au jour d'aujourd'hui, vu qu'elle savait déjà parler créole, elle sait parler les deux langues maintenant : le français et le créole haïtien. Ouais, je suis très fier d'avoir ces deux langues ; ça arrive pas à tout le monde parce qu'il y en a, ils sont… ils ont plusieurs origines mais ils parlent plus une langue que l'autre. Et du coup, l'autre, ils ont tendance à l'oublier.
– Quand moi, je suis à l'école, je me sens français parce que je parle français. Je suis fier de mon équipe nationale, des monuments historiques et de la culture du pays et tout… Mais quand j'ouvre la porte de chez moi, ben, j'ai l'impression je rentre dans un autre pays. J'ai l'impression je suis au Sénégal parce que mes parents, ils me parlent sénégalais. À la télé, c'est du sénégalais, et tout. Ma mère, quand elle est au téléphone et qu'elle va parler avec de la famille, et tout, ou quand il y a de la famille chez moi, elle parle dioula. Mes parents entre eux, ils mélangent les deux langues : le sénégalais et le français. Ma langue, c'est le français mais la langue de mes parents, c'est le dioula. Et moi, j'aimerais bien la maitriser aussi. J'aimerais bien que mes parents, ils me parlent… ils me réapprennent le dioula, parce que quand j'étais petit, je le parlais mais, au fil du temps, j'ai oublié. Mais j'ose pas leur demander. Je pense que mes parents ont privilégié le fait qu'on parle le français pour s'intégrer. Ils ont voulu vite s'intégrer. D'abord, s'intégrer par la langue pour bien maîtriser le français, pour aller à l'école. Et puis, voilà. Ils ont voulu nous intégrer nous aussi.

Zep media

Piste 46 Activité 2.1 .... p. 110

Avant d'arriver en France, j'habitais à Abidjan, en Côte d'Ivoire. Là-bas, je ne me déplaçais jamais à vélo parce que c'est beaucoup trop dangereux. Dès que je suis arrivée en France, à l'âge de 10 ans, mes parents m'ont promis de m'acheter un vélo. Ça fait deux ans que je vais au collège à vélo. J'adore ! En plus, depuis que mon beau-père est arrivé à la maison, c'est génial parce que c'est lui qui le répare !

Piste 47 Activité 1.3 .... p. 111

Anna, 34 ans, vit avec son mari, ses deux petits garçons et Simon qui a 6 ans et qui est un enfant placé chez eux depuis l'âge de 18 mois. Un jour, le père biologique de Simon demande à récupérer son fils : un moment difficile pour Anna qui a adopté Simon comme son fils.

Piste 48 Activité 2.2 .... p. 113

– Alors, ta journée Nina, c'était comment ?
– C'était génial. On a accueilli Fabien Toulmé au lycée. Tu le connais ?
– Non.
– C'est un auteur de bande dessinée.
– Il a écrit quoi ?
– *L'Odyssée d'Hakim*. C'est l'histoire d'un réfugié syrien qui a fui son pays en guerre et qui a traversé plusieurs régions avant de trouver refuge en Turquie. Fabien Toulmé dit que c'est important de connaître l'histoire des migrants.
– C'est vrai !
– Lui, il a vraiment rencontré un réfugié syrien en 2016. En vrai, il ne s'appelle pas Hakim. Il a changé son nom.
– Et dans la BD, il parle de ce réfugié ?
– Oui. Il explique que tous les parcours de vie sont intéressants. Il dit qu'il n'y a pas besoin de raconter des choses précises pour que ce soit passionnant parce qu'on a tous des histoires qui sont à la fois particulières et universelles. Alors, il a choisi cet homme et son quotidien : Hakim a des frères et sœurs, il travaille avec son père. Et puis, un jour, il doit quitter la Syrie à cause de la guerre. Il va en Turquie où il se marie. Il a un fils. Sa femme a de la famille en France. Alors, elle peut bénéficier du regroupement familial pour partir s'installer en France, elle aussi. Mais lui, il ne peut pas en profiter tout de suite. Du coup, il doit choisir : soit il reste en Turquie avec son fils, soit il traverse la mer Méditerranée dans une barque de façon clandestine.
– Il choisit quoi ?
– De partir. Heureusement, Hakim réussit à arriver en France. Imagine, il a quand même passé huit frontières.
– C'est très courageux. On a de la chance de ne pas connaître tout cela.
– Ouais… Du coup, on a aussi discuté de l'importance de témoigner de ces parcours de vie dans les BD, les films, les romans ou les chansons. Fabien affirme que c'est vraiment important

TRANSCRIPTIONS

d'aller à la rencontre des autres pour savoir d'où ils viennent. Je me demande s'il va continuer à le faire.
– Tu ne lui as pas demandé ?
– Je n'ai pas eu le temps…

Piste 49 Activité 2.2 .... p. 115

– Est-ce que vous pensez qu'on peut rire de tout ? Tu sais, de quoi on peut rire et puis de quoi on peut pas rire ?
– Non, on ne peut pas rire de tout. Je pense que l'humour a ses limites. Par exemple, des personnes en situation d'itinérance, des nouvels… des nouveaux arrivants qui ont de la misère à s'inclure dans la population. Je pense que, sous toutes formes, c'est pas pensable de rire de ces situations-là. Des personnes qui ont beaucoup de difficultés à s'inclure dans la société, qui vivent beaucoup de préjugés. Je pense que l'humour, comme je le disais, a ses limites à un moment donné.
– Moi, je pense qu'il y a tout le temps une manière de rire des choses. C'est sûr que, quand on parle de rire, de passer à côté d'un itinérant puis de dire « ah, ah, ah, t'es dans la rue, t'as pas de maison », ça, c'est pas drôle, c'est méchant.
– Moi, je dirais que, personnellement, je suis à mi-chemin entre l'opinion de Samuel et celle d'Éloïse, puisque, en effet, il y a toujours une façon de rire de tout mais il y a aussi certains sujets que, personnellement, j'éviterais d'abord parce qu'ils sont assez sensibles. Il y a des sujets qui sont pas mal plus sensibles que d'autres, évidemment, comme, par exemple, tout ce qui est racisme… euh personne qui est décédée dans un entourage, par exemple, des sujets qui vont vraiment toucher les sentiments d'une personne.
– Moi, je pense que… on peut et on doit rire de tout parce que tout mérite d'être traité avec humour, au moins un petit peu. Alors, après, évidemment, on va pas rire pour se moquer. Mais quand on reste dans un esprit de second degré et de consentement mutuel entre le consommateur et l'humoriste, alors, à ce moment-là, avec la dérision, il n'y a plus de limites.
– Dans le fond, là, pour finir, c'est qu'on peut rire d'une situation mais on ne peut pas rire d'une personne parce que de rire d'une personne, c'est une attaque personnelle. Puis, ça, ça entraîne la méchanceté. Puis, ça, ça entraîne des blessures chez l'autre personne, je pense, que rire d'une situation, elle appartient à qui la situation au final ?
– Oui, tout à fait d'accord.

Radio Canada

Piste 50 Activité 2.1 .... p. 119

a. Éloïse pense qu'on ne peut pas rire de tout.
b. Samuel a conseillé de ne pas se moquer des migrants.
c. Les proches de Paul Mirabel disent qu'il a toujours été marrant.
d. Il s'est toujours demandé s'il pourrait être seul en scène.
e. Paul Mirabel a affirmé qu'il n'avait jamais été à l'aise en public.

Piste 51 Activité 2.1 .... p. 119

– Bienvenue dans l'émission « La curiosité n'est pas qu'un vilain défaut ». Et aujourd'hui, on va vous parler de La Vache qui rit…
– Mais oui, pourquoi La Vache qui rit rit ? Parce que quelqu'un la chatouille ? Parce qu'on lui raconte une blague ?
– Ah ! Ah ! Écoutez bien ! Vous allez être surpris.
– L'histoire commence en 1865 dans le Jura où Jules Bel fabrique du fromage, le comté. Il confie ensuite son entreprise à ses fils. C'est Léon qui reprend l'activité. Pendant la première guerre mondiale, Léon s'occupe du transport de la viande par train. Sur les wagons, les soldats aiment bien faire des dessins humoristiques. Benjamin Ravier envoie un dessin d'une vache souriante à mettre sur les wagons. Il l'appelle la « Wachkyrie ou Valkyrie ». Ça ne vous rappelle rien ?
– Ah ! Mais oui ! L'opéra de l'Allemand Richard Wagner !
– Et aussi le symbole du transport des troupes allemandes. Bref, au même moment est créé le fromage fondu. Léon Bel utilise le dessin de la vache qui rit. Sa femme lui conseille d'ajouter deux boucles d'oreilles pour la féminiser.
– Bonne idée !
– Et le tour est joué ! Le fromage « La Vache qui rit » est commercialisé en France, puis dans le monde. Et il rencontre un grand succès.

Unité 8

Piste 52 Activité 1.2 .... p. 122

– Plus de 4000 collégiens des Yvelines et des Hauts-de-Seine ont participé à une visite du Château de Versailles ce lundi 30 mai : une initiative des deux collectivités en partenariat avec l'établissement public du château. Nous avons suivi les élèves du collège Marcel Roby de Saint-Germain-en-Laye à la découverte des disciplines artistiques au temps de Louis XIV. C'est un reportage de Nicolas Landry.
– Il a suffi d'un pas dans la galerie des glaces pour conquérir leur cœur.
– J'aime beaucoup cette pièce avec tous ces miroirs, etc. J'aime beaucoup les tableaux qu'on a montrés.
– Moi, ce que je préfère, c'est la salle des glaces : elle est immense !
– Moi qui n'ai jamais visité le Château de Versailles : c'est vraiment magnifique.
– Parmi les 4300 collégiens des Yvelines et des Hauts-de-Seine présents, une cinquantaine d'élèves du collège de Marcel Roby de Saint-Germain-en-Laye. Danse, théâtre, écriture ou peinture, ils en apprennent un peu plus sur les activités artistiques de l'époque de Louis XIV : une visite ludique et pédagogique.
– C'est surtout montrer la mise en place du pouvoir absolu et Versailles, c'est le symbole… c'est symbolique de cette mise en place du pouvoir en France au 17e siècle.
– On va essayer de leur faire découvrir justement toutes les œuvres d'art à Versailles, donc le mobilier, les appartements du Roi, de la Reine, euh, et puis, peut-être leur montrer les tableaux, les arts décoratifs…
– Cette initiative est portée par un partenariat entre les départements des Yvelines et des Hauts-de-Seine et le château de Versailles et, pour Catherine Pégard, voir ces collégiens visiter l'édifice royal ravive des souvenirs d'enfance.
– Je suis venue à peu près au même âge visiter le château de Versailles avec mon école et on ne l'oublie jamais. Ce qui m'a marqué, sans doute, c'est d'arriver dans ce château immense et d'être tout petit. Et évidemment, quand on grandit, euh on pense qu'il va prendre des dimensions plus normales et ça n'est pas vrai. Maintenant que je suis au Château de Versailles, je sais que ça reste un très grand château.

TV78

Piste 53 Activité 2.1 .... p. 124

a. Je ne pense pas que la visite du château de Versailles m'intéresse.
b. Et toi, qu'en penses-tu ?

c. Moi, je crois que seule la galerie des glaces est impressionnante.
d. Et moi je ne trouve pas que cette galerie ait beaucoup de charme.
e. Moi, je trouve ça incroyable que les jardins du château de Versailles offrent un si beau spectacle !

Piste 54 Activité 2.2 .... p. 127

– Alors, c'est quoi votre plus grosse bêtise ? Toi, Nina ?
– Quand j'étais petite, j'ai voulu nettoyer mon appareil photo parce qu'il était vraiment sale. Du coup, je l'ai mis sous l'eau. Et puis, bah, j'ai voulu le rallumer mais il ne s'est jamais rallumé. Ma mère était vraiment en colère. En plus, il était tout neuf. Je me suis fait disputer, t'imagines même pas.
– Moi, je me rappelle une bêtise que j'ai faite avec mon grand frère. On avait décidé de quitter la maison. Comme on était tous les deux scouts, on avait l'habitude de fabriquer plein de trucs en bois. Alors, on a fabriqué un radeau avec des bouts de bois. Et puis, on a préparé notre sac à dos avec de la nourriture, un couteau suisse… un petit équipement de survie, quoi ! On habitait juste à côté d'une rivière. Une nuit, on a mis le radeau à l'eau. On est montés dessus. Je pense qu'on a dû faire quelque chose comme 300 mètres et puis, on a coulé ! On est rentrés à la maison. Mon père nous attendait. On était trempés. Il n'a rien dit mais on n'a jamais recommencé… Et toi, Juliette ?
– Bah, moi, j'en ai fait beaucoup… mais je pense que la plus grosse bêtise, c'est le jour où mes parents sont partis faire des courses et qu'on a décidé de faire des pâtes avec Simon. Nous, on était seuls à la maison. Sauf que moi, je ne savais pas cuisiner. Et je pensais qu'on pouvait faire cuire les pâtes dans un grille-pain parce que, le matin, je voyais bien qu'on faisait griller le pain dans le grille-pain… alors, pourquoi pas les pâtes ? À un moment donné, les spaghettis se sont enflammés. Le grille-pain était juste à côté d'un bouquet de fleurs séchées. Et elles se sont enflammées aussi. Les fleurs étaient à côté d'un rideau qui lui a commencé à prendre feu. Alors, on a joué aux pompiers : on a pris des verres d'eau et on a essayé d'éteindre le feu. Heureusement, ça a fonctionné ! Mais ça sentait tellement fort l'odeur de brûlé, les fleurs étaient cramées et le rideau, n'en parlons pas… Quand les parents sont rentrés, ils ont vu les dégâts. On était mal… mais on a été surpris par leur réaction : on ne s'est pas fait gronder. Je pense qu'ils ont eu peur. En même temps, nous aussi. L'odeur est restée plusieurs jours. Je peux vous dire qu'on a retenu la leçon avec Simon !

Piste 55 Activité 2.2 .... p. 129

– Tu dis souvent que, en fait, ce qui compte, c'est pas forcément de gagner, c'est l'aventure humaine que vous vivez tous ensemble.
– Ah oui, oui, oui. Moi, j'en suis persuadée. Euh, j'en n'ai rien à faire d'être championne de France avec des gens avec qui je partage pas au quotidien. En fait, souvent c'est ce que je dis quand je suis en conférence… Ce que je dis, c'est que, avant de vouloir réussir son aventure, il faut se donner les moyens de la vivre. Et la vivre, c'est quoi, en fait ? C'est, au quotidien, s'investir, s'engager, partager. Quand on aura fait ça, quand on y met les ingrédients, évidemment, on progresse, on monte en compétences – et puis il y a des fois, on gagne, d'autres fois, on perd – mais quand on vit ça au quotidien, le résultat, c'est pas la priorité, en fait. Parce que si on se concentre que sur son objectif, que sur le fait d'être premier, que sur le fait d'être champion, quand on n'y arrive pas, si on ne se construit que sur ça, en fait, l'aventure, elle explose, le groupe explose. Et puis, je pense que, au-delà, en effet, du processus final, c'est la préparation, toute l'énergie qu'on peut y mettre, ça, c'est vachement enivrant, en fait. Évidemment, après, on prend toujours un risque que ça fonctionne pas mais à la rigueur, c'est pas grave. Et euh, moi, j'ai tendance à croire aussi que le fait de se planter, le fait de se tromper, c'est très cliché mais, en fait, c'est bénéfique. En tout cas, le sport nous apprend ça : le sport, il t'apprend qu'en permanence, en fait, tout n'est que succession de petits échecs et de petites réussites. Tous les soirs, à l'entraînement, sur deux heures, je ne suis pas à 100 % à chaque fois en réussite. C'est impossible ! Sur tous les exercices, parfois, je vais me tromper, je vais m'améliorer, on va me donner des conseils, je vais perfectionner mon geste. Ça n'est que ça, le sport, ça n'est que de l'échec et de la réussite mais la question, c'est surtout, comment en permanence, je cherche à m'améliorer, je cherche à avancer, je cherche à rebondir. En fait, sur le terrain, il n'y a pas d'erreurs. Y'a pas d'erreurs mais sur le terrain ou… mais dans la vie, en fait, c'est pareil. Il n'y a pas d'erreur parce qu'il n'y a que des choix. Tout est une histoire de choix : bon choix ou mauvais choix. Et la règle avec les choix, chez nous, c'est de les faire à fond et de les faire ensemble. Trompons-nous mais trompons-nous ensemble parce qu'en fait, en se trompant, on peut transformer un mauvais choix en le meilleur choix possible. Donc, quand il y a une fille qui se trompe sur le terrain, ça ne sert à rien de la pourrir. De toute façon, elle s'est trompée : c'est fait, c'est fait ! On reviendra pas sur son erreur. On lui met une tape dans le dos et on lui dit « Poubelle ». Et le « poubelle », en fait, c'est un déclic mental : c'est de se dire « ok, là, je me suis planté(e), je rebascule dans le positif et je continue ».

Podcast *Pourquoi pas moi ?*

Piste 56 Activité 2.1 .... p. 130

a. Ce qui compte, c'est l'envie de jouer !
b. Au-delà de la compétition, c'est le fait de jouer ensemble qui compte ! Ça, c'est vachement important.
c. Ça ne sert à rien de vouloir gagner à tout prix. C'est même stupide !
d. J'aimerais que vous compreniez ceci : le plus important, c'est de vivre une aventure humaine.
e. Cela ne m'étonne pas que tu aimes le rugby !

Piste 57 Activité 2.1 .... p. 133

Bruits de Paris

Piste 58 Activité 2.2 .... p. 133

Rien, il reste rien. Autrefois, j'm'en souviens : y'avait beaucoup d' bruits dans cette ville. De là-haut, j'entendais les ch'vaux claquer leurs fers sur les pavés ; les cris des mouettes affamées, les voix des marchands, les marteaux taper l'enclume. C'était une autre époque. C'était la belle époque. Rien, il reste rien.

Imagine… en français

Piste 59 Activité 4 .... p. 137

Extraits d'instruments de musique

Pulsalys

Références des images

Couverture Maskot / Alamy Stock Photo;
8 (hd) « La Nouvelle » de Cassandra O'donnell © Flammarion 2019; **8** (bd) SDI Productions/Istock; **9** (hd) pololia/AdobeStock; **9** (bg) Nola Viglietti/peopleimages.com/AdobeStock; **10** Maskot / Alamy Stock Photo; **10** Freepik; **11** Maskot / Alamy Stock Photo; **12** (hd) Walter Bibikow/mauritius images GmbH / Alamy Stock Photo; **13** © 2023, Tourisme Montréal. Tous droits réservés; **13** (hd) dbrnjhrj/AdobeStock; **13** (hg) Catherine Zibo/AdobeStock; **13** (hd) Sophie Marieke Roy/unsplash; **13** (hg) Kristaps/AdobeStock; **13** (md) jnnault/Istock; **13** (mg) R.M. Nunes/AdobeStock; **13** (mmd) f11photo/AdobeStock; **13** (mmg) Onfokus/Istock; **14** (hm) martineducart/AdobeStock; **15** (1,2a) TMvectorart/AdobeStock; **15** (1,2b) SimonP/AdobeStock; **15** (1,2C) Tricon/AdobeStock; **15** (1,2d) Anastasia/AdobeStock; **15** (1,2e) GraphicsRF/AdobeStock; **15** (2,2bd) antto/AdobeStock; **15** (2,2bm) Fauzan/AdobeStock; **15** (2,2hd) SurfupVector/AdobeStock; **15** (2,2hm) Jeronimo Ramos/AdobeStock; **15** (2,2md) Freepik; **16** (bd) TV5Monde / Zelda Zonk; **16** (bd) Robert Anton Iuhas / Alamy Stock Photo; **16** (1b) R.M. Nunes/Shutterstock/Roger Taillibert/© Adagp, Paris, 2023; **16** (1c) picturelibrary / Alamy Stock Photo; **16** (1d) R.M. Nunes/AdobeStock; **16** (2md) Tibor Bognar / Alamy Stock Photo; **17** (bm) La Ville rêvée des enfants - Dispositif pédagogique de la Maison de l'architecture Ile-de-France. Crédits photos : © Maison de l'architecture Ile-de-France; **17** (hd) capture d'écran du jeux vidéo « The Architect Paris » par Enodo Games, 2021; **18** (hd) © Le Livre de Poche; **19** (hd) Maskot / Alamy Stock Photo; **21** (1,1a) ewg3i/Istock; **21** (1,1b) AntonioDiaz/AdobeStock; **21** (1,1c) Anastasia/AdobeStock; **21** (1,1d) Anastasia/AdobeStock; **21** (1,1e) Elenathewise/AdobeStock; **21** (bd) Directphoto Collection / Alamy Stock Photo; **22** (hd) International Greeter Association; **22** (md) Iefym Turkin/Istock; **23** (h) « Paris Pigalle, jungle parade » © Chris Morin-Eitner, 2016; **23** (mbd) adogslifephoto/AdobeStock; **23** (mbg) hcast/AdobeStock; **23** (mhd) Krakenimages.com/AdobeStock; **23** (mhg) kwadrat70/AdobeStock; **23** (mmg) Nejron Photo/AdobeStock; **23** (mmd) Oliver Klimek/AdobeStock; **24** (hd) Irene Abdou / Alamy Stock Photo; **26** (bd) Halfpoint/AdobeStock; **26** (hm) Johner Images / Alamy Stock Photo; **27** Podcast « Professeur.e d'écoles : Fiona et Louise », « Quand J'serai Grand », avril, 2021 © Yoko Trigalot; **28** (mm) Maskot / Alamy Stock Photo; **28** (bg) Nikolai Sorokin/AdobeStock; **29** (1,1) sabelskaya/AdobeStock; **29** (1,2) alekseyvanin/AdobeStock; **30** (bg) TV5Monde / Zelda Zonk; **30** (mg) « Avec l'aimable autorisation des Éditions Flammarion/ESA, 2022; **30** (md) © NASA; **32** (hd) Sportricolore; **31** (hbd) streptococcus/adobeStock; **31** (hbd) Christophe Simon/AFP; **31** (mg) © ESA; **32** (bd) Mabrouck Rachedi, « Classe à Part » © L'école des loisirs; **33** (bd) « Viens voir mon taf », www.viensvoirmontaf.fr; **33** (hm) Maskot / Alamy Stock Photo; **34** (hg) Issouf Sanogo/Afp; **35** (2,3) nicoletaionescu/AdobeStock; **35** (1,3a) Phynart Studio/Istock; **35** (1,3b) FG Trade/Istock; **36** Copyright 2023 © Pôle Emploi; **37** (h) ph © Seth ©Julien_Malland / « Popasna's swing », Seth, 2017© Adagp, Paris, 2023; **38** (hd) sturti/AdobeStock; **43** Maskot / Alamy Stock Photo; **44** (hg) Ministère des Sports et des Jeux Olympiques et Paralympiques; **46** (bg) ADOSEN, https://adosen-sante.com/; **46** (bd) Edwin Tan/Istock; **47** (bg) © Sarah Atcho / Ville de Lausanne; **47** (1,2) Maksim M/AdobeStock; **48** (bg) © TV5Monde / Zelda Zonk; **48** (mm) Sylvie Grosbois et Gaston Bergeret / Les Restaurants du Coeur; **48** (1hg) © Médecins du Monde; **48** (1hd) © WWF; **48** (1bd) © Emmaüs; **48** (1bg) © 30 millions d'amis; **49** (bd) Gael Nicolet / L'info Durable; **49** (hd) Francoise Lambert / Hans Lucas / Hans Lucas via Afp; **50** (hd) Jean D'Amérique, « Rachida debout », Cheyne éditeur, collection « Poèmes pour grandir », 2022.© Cheyne éditeur, tous droits réservés; **51** (hd) Lavieille/Photopqr/Le Parisien/Maxppp; **51** (mm) martin-dm/AdobeStock; **52** (bg) DragonImages/AdobeStock; **53** (2,2) Freepik; **53** (2,1,1) borisblik/AdobeStock; **53** (2,1,2) ermess/AdobeStock; **53** (2,1,3) rtsimages/AdobeStock; **53** (2,1,4) Reprostation/AdobeStock; **53** (2,1,5) Tiler84/AdobeStock; **53** (2,1,6) monstersparrow/AdobeStock; **55** (h) Le chocolat des Français; **56** (hd) hadynyah/Istock; **57** Stéphane Gautier/Sagaphoto.com; **58** (mm) © Magali Maricot; **59** (mm) © Francesco Acerbis / Signatures; **60** (bg) standret/AdobeStock; **61** (2,2a) Liudmila Chernetska/Istock; **61** (2,2b) © Dubois / Andia.fr; **61** (2,2c) OgnjenO/Istock; **61** (bd) :andresr/Istock; **62** (bg) © TV5Monde / Zelda Zonk; **62** (mg) Conception : Dixxit © Assurance Maladie; **63** (hd) SDI Productions/Istock; **63** (bd) ciricvelimir/Istock; **64** (hd) Nadia Coste, « Ascenseur pour le futur », © Éditions Syros, 2014; **65** (bg) « Star Trek The Next Generation: Season 2 » / Episode 9 « The Measure of a Man », 1989, Patrick Stewart, Collection Christophel © Paramount; **65** (hd) « Valérian et la cité des mille planètes », 2017 Réal. Luc Besson. Collection Christophel © EuropaCorp s / TF1 Films production; **66** (bd) dragonstock/AdobeStock; **67** (2,1) Atlantis/AdobeStock; **67** (2,3) Erik L'Homme, « Le Maître des Brisants », L'intégrale (Collection « Folio Junior ») © Gallimard Jeunesse; **69** (bd) Utopiales de Nantes par © Mathieu Bablet; **70** © Gilles Bassignac / Divergence; **75** Maskot / Alamy Stock Photo; **76** www.ethickers.com - Création Com d'Happy; **77** (hd) Laurent Hindryckx; **78** (hg) lenblr/AdobeStock; **79** (1,1) VectorMine/AdobeStock; **79** (2,1a) max79gim/AdobeStock; **79** (2,1b) Naypong/Istock; **79** (2,1c) Tryfonov/AdobeStock; **79** (2,1,d) annzabella/AdobeStock; **79** (2,1,e) 2mmedia/AdobeStock; **79** (2,1a) egyjanek/AdobeStock; **80** (1b) Tomas Hulik/AdobeStock; **80** (1c) As13Sys/AdobeStock; **80** (1d) DieterMeyrl/Istock; **80** (1e) greenpapillon/AdobeStock; **80** (bg) © TV5Monde / Zelda Zonk; **80** (b) ©Laurent Geslin; **80** (md) picture.jacker/AdobeStock; **81** (hg) « Animal », 2021 de Cyril Dion, Collection Christophel © Bright Bright Bright - UGC - France 2 Cinema - Orange Cinema Series; **81** (md) plainpicture/Kathrin Brunnhofer; **82** (hd) Susie Morgenstern et Emma Gauthier, « Les Vertuoses » © L'école des loisirs; **83** (hd) © Science et Vie; **83** (bg) L'actu, dès 13 ans : l'actualité en 10 minutes par jour, www.playbacpresse.fr, http://www.lepetitquotidien.fr/; **84** (1,3a) Antonioguilem/AdobeStock; **84** (1,3b) uschools/AdobeStock; **84** (1,3c) bymuratdeniz/Istock; **85** Imgorthand/Istock; **85** (2,1a) ShotShare/Istock; **85** (2,1b) Monstar Studio/AdobeStock; **85** (2,1c) trattieritratti/AdobeStock; **85** (2,1d) yurich84/AdobeStock; **85** (2,1e) sanjeri/Istock; **85** (2,2) Comauthor/AdobeStock; **86** (hd) Avec l'aimable autorisation de la famille de Raphaël © Marie Genel; **87** (h) © MNHN - François Grandin; **88** © Just Stop Oil/Zuma Press/Bestimage; **89** Maskot / Alamy Stock Photo; **90** (hd) Domine Jerome/Abaca; **91** (md) Freepik; **91** (bg, bd) Maskot / Alamy Stock Photo; **92** (hd) Viachesla Yakobchuk/AdobeStock; **93** (1,1) fotohansel/AdobeStock; **93** (1,2bd) bortonia/Istock; **93** (1,2bm) treter/AdobeStock; **93** (1,2mg) David Stockman/Belga Mag/ Belga via AFP; **93** (1,2mm) Arsal Ahmed/Istock; **93** (b) icons gate/AdobeStock; **94** (mm) Bertrand Gardel / hemis.fr; **94** (hd) AndreyKrav/Istock; **94** (bg) © TV5Monde / Zelda Zonk; **95** (hd) Jérôme Sié; **96** (hd) « Alfie », Christopher Bouix, 2022 © Au Diable Vauvert; **97** (md) © Louise Laborie; **97** (hd) Sutthiphong/AdobeStock; **98** (2,3a) Eloku/AdobeStock; **98** (2,3b) kirill_makarov/AdobeStock; **98** (3,c) koya979/AdobeStock; **99** (1,2) елена калиничева; **99** (1,1,1) peregrinus/AdobeStock; **99** (1,1,2) Peter Dazeley/The Image Bank/Gettyimages; **99** (1,1,3) AstiMak/AdobeStock; **99** (1,1,4) khosrork/AdobeStock; **101** (h) DR; **101** (bd) franz12/AdobeStock; **102** (hg) Sarah Tamiatto, 10jourssansecrans.org, https://creativecommons.org/licenses/by-sa/4.0/; **107** Maskot / Alamy Stock Photo; **108** (hd) Photo de Houcine Ncib sur Unsplash; **108** (hbd) © ZEP (Zone d'Expression prioritaire); **109** (1) ZEP (Zone d'Expression prioritaire); **109** (hd) Deepol by plainpicture; **110** (1,2) Sviatoslav/AdobeStock; **110** (1,2) AJ_Watt/Istock; **111** (1) « La vraie famille », 2022 de Fabien Gorgeart avec Melanie Thierry, Lyes Salem, Felix Moati. Collection ChristopheL © Petit Film; **111** (2,2) Freepik; **111** (3) « La famille puzzle. Petites chroniques d'une famille recomposée », Pascale Bougeault, 2020 © Rue de l'échiquier Jeunesse; **112** (hd) © TV5Monde / Zelda Zonk; **112** (mg) « L'arabe du futur 6 - Une jeunesse au Moyent-Orient (1994-2011) », Riad Sattouf, Allary Éditions, 2022; **113** (bd) « L'Odyssée d'Hakim, tome 3, De la Macédoine à la France » F. Toulmé © Éditions Delcourt, 2020; **114** (hd) « Miettes (humour décalé) » de Stéphane Servant, collection Court Toujours, © éditions Nathan; **115** (md) kalig/Istock; **115** (hd) Eric Dervaux / Hans Lucas / Hans Lucas via Afp; **116** (bg) Sneksy/Istock; **117** (1a) Created by Adrien Coquet from Noun Project; **117** (1b) Mintoboru/AdobeStock; **117** (1c) bsd studio/AdobeStock; **117** (1d) Noun Project; **117** (e) krissikunterbunt/AdobeStock; **117** (2,2) pixellepie/AdobeStock; **117** (2,2,d) Adono/AdobeStock; **117** (bg) European Heritage Days is a Joint Programme by: European Commission, Council of Europe © Conseil de l'Europe, 2022; **119** (h) Philippe Roy / Aurimages via AFP; **120** (hd) Jasmin Merdan/Moment/Gettyimages; **121** Maskot / Alamy Stock Photo; **122** (h) Sergii Figurnyi/AdobeStock; **123** (hd) « Tirailleurs », 2022 de Mathieu Vadepied avec Omar Sy. Collection ChristopheL © Unite - Korokoro - Gaumont - France 3 Cinema - Mille Soleils; **124** (2,1) Clémentine Mélois, JC Lattès; **125** (2,2) alekseyvanin/AdobeStock; **125** (2,3) Upi / Afp; **125** (3) David Henry/AdobeStock; **126** (md) Wikigraphists, Creative Commons Attribution-Share Alike 3.0 Unported; **126** (mg) Giancarlo Costa / Bridgeman Images; **126** (bd) © TV5Monde / Zelda Zonk; **126** (hd) Imgorthand/Istock; **127** (bd) Maskot / Alamy Stock Photo; **128** « Enzo », scénario : Enfo Lefort et Tony Lourenço, dessins : Madana ©Blackléphant éditions; **129** (1) John MacDougall / Afp; **129** (2) « Rediffusion 10, Laura di Muzio, Championne de France de rugby, à 26 ans elle crée son entreprise pour vivre de son sport », 4/11/2021 © Pour quoi pas moi; **130** (hm) Maskot/Gettyimages; **131** Freepik; **131** (1,1,2) Created by P Thanga Vignesh From Noun Project; **131** (2,1a) Dsgnteam/AdobeStock; **131** (2,1b,e) Matsabe/AdobeStock; **131** (2,1c) Freepik; **131** (2,1d) Created by Iconbunny from Nous Project; **133** (2,1,1) Eric Isselée/AdobeStock; **133** (2,1,2, 2,1,3) Freepik; **133** (2,1,4) alexsol/AdobeStock; **133** (2,1,5) VanderWolf Images/AdobeStock; **133** (2,1,6) Alekss/AdobeStock; **133** (2,1,7) ghoststone/AdobeStock; **133** (h) sborisov/AdobeStock; **135** (hd) Richard Bouhet/Afp; **135** (md) Histoire, Géographie EMC, Editions Hatier, 2021, cartographie Jean-Pierre Crivellari; **136** Mairie de Saint-Philbert-de-Grand-Lieu; **137** (4a) pixelrobot/AdobeStock; **137** (4b) arybickii/AdobeStock; **137** (4c) L.Bouvier/AdobeStock; **137** (4d) bota horatiu/AdobeStock; **137** (4e) borisblik/AdobeStock; **137** (hd) Frank Perry/Afp; **138** (hd) AndreasReh/Istock; **138** (4a) © Scimat/Science Photo Library/sciencephoto.fr; **138** (4b) FreshSplash/Istock; **138** (4c) Tryfonov/AdobeStock; **138** (4d) SPL; **139** (2) Comauthor/AdobeStock; **139** (4bd) Freepik; **139** (4bg) Gunel/AdobeStock; **139** (4bm) RLT_Images/Istock; **139** (hd) altcenter/AdobeStock; **139** (md) www.save4planet.com; **140** (Iava7777/AdobeStock; **140** (hg1) Roland Magnusson/AdobeStock; **140** (hg2) Brad Pict/AdobeStock; **140** (hg3) Coprid/AdobeStock; **140** (hg4) Pineapple studio/AdobeStock; **140** (hg5) eloleo/AdobeStock; **140** (hg6) yvdavid/AdobeStock; **140** (hg7) JUNE/AdobeStock; **140** (hg8) Mauro Rodrigues/AdobeStock; **140** (hg9) Александр Беспалый/AdobeStock; **140** (hg10) koosen/AdobeStock; **141** (md) Mint Images / Mint Images via Afp; **141** (hd) « Les os des filles » de Line Papin ©Editions Stock, 2019; **142** (2a) © Bridgeman Images; **142** (2b) New Africa/AdobeStock; **142** (2c) sakepaint/AdobeStock; **142** (2d) PhotoArt Thomas Klee/AdobeStock; **142** (hmg) 12ee12/AdobeStock; **143** (h) Maskot / Alamy Stock Photo.

Références des textes;

8 La Nouvelle de Cassandra O'donnell © Flammarion 2019; **12** Olivier Lapirot / science-et-vie-junior.fr / 28/04/2014; **17** Usbek & Rica, Demain la ville et Bouygues Immobilier; **18** « Tout le bleu du ciel », Mélissa da Costa, 2020 © 2019 Carnets Nord / 2021 Albin Michel; **31** Camille Hazard/Paris Match/Scoop; **32** Mabrouck Rachedi, « Classe à Part » © L'école des loisirs; **44** Alexandra da Rocha © Le Monde des Ados, Fleurus Presse; **50** Jean D'Amérique, « Rachida debout », Cheyne éditeur, collection Poèmes pour grandir, 2022.© Cheyne éditeur, tous droits réservés; **58** Jean Berthelot de la Glétais © Le Monde des Ados, Fleurus Presse; **63** Thiphanie @ Zep, https://zep.media; **64** Nadia Coste, « Ascenseur pour le futur », © Éditions Syros, 2014; **77** René Cuillierier / science-et-vie-junior.fr / 04/06/2022; **81** Juliette Loiseau © Le Monde des ados, 2021, Fleurus Presse; **82** Susie Morgenstern et Emma Gauthier, « Les Vertuoses » © L'école des loisirs; **86** Lise Martin © Le Monde des Ados, 2023, Fleurus Presse; **94** Vincent Manilève © Le Monde des Ados, 2021, Fleurus Presse; **95** Juliette Loiseau © Le Monde des Ados, 2021, Fleurus Presse; **96** « Alfie », Christopher Bouix, 2022 © Au Diable Vauvert; **97** François Mallordy / Science et Vie Junior, N° 402 - 02/2023; **108** Cassandra A. © ZEP (Zone d'Expression prioritaire); **113** LES VITALABRI, texte de Jean Claude Grumberg et illustrations de Ronan Badel © Actes Sud, 2014; **114** « Miettes (humour décalé) » de Stéphane Servant, collection Court Toujours, © éditions Nathan; **115** Emma Gestin, janvier 2020 © On Time Comedy; **118** Leïla © Zep, https://zep.media; **123** Charline Coeuillas © Le Monde des Ados, 2023, Fleurus Presse; **127** Alexandra da Rocha © Le Monde des Ados, 2023, Fleurus Presse; **129** « Mathilde Gros/ La piste aux étoiles » © Sporteen Media; **141** « Les os des filles » de Line Papin ©Editions Stock, 2019; **142** Vie-publique.fr.

Références des audios;

9 (p2, t156) Programme « Parole d'ados », « La langue française » avec Dounia Ouirzane (animation), Augustin, Laurence, Marianne, et Matthew (invités), et Pascale Cusson (réalisation), épisode 19, 26/06/2022 © Radio Canada; **13** (p3, t156) Programme « Paroles d'ados », « La vie en ville ou à la campagne » avec Dounia Ouirzane (animation), Cédric, Iles, Laurence et Marylie (invités), et Pascale Cusson (réalisation), épisode 26, 26/07/2022 © Radio Canada; **17** (p5, t156) Radio France / France Inter / Dorothée Barba; **27** (p9, t157) Podcast « Professeur.e d'écoles : Fiona et Louise », « Quand J'serai Grand », avril, 2021 © Yoko Trigalot; **31** (p12, t157) Radio France / France Info Junior / Estelle Faure et Marie Bernardeau; **33** (p13, t158) Radio France / France Inter / Lionel Thompson; **45** (p17, t158) « LA GEEK - Stéréotypes Stéréomeufs », 14/10/2019 © ADOSEN, https://adosen-sante.com/; **49** (p19, t159) « Option Croix Rouge d'Annecy : Quand les jeunes passent à l'action! », 9/09/2023, France TV; **51** (p20, t159) « Grand Corps Malade, Gaël Faye et Ben Mazué : un triplé gagnant pour l'album « Éphémère », 22/09/2022 © France 24; **59** (p22, t160) « Sans frontières - Bruxelles : formation aux premiers secours obligée ! », Télé Matin, 6/11/2018 © INA; **63** (p24, t160) « Les adolescents en manque de sommeil » - Le Magazine de la Santé, Allo Docteurs, 5/04/2022, France 5 © 17 Juin; **65** (p25, t161) Radio France / France Info Junior / Céline Asselot et Estelle Faure; **76** (p28, t162) Radio France / France Info Junior / Victor Matet, Estelle Faure, Marie Bernardeau; **83** (p32, t162) « Kick Off Science Factor », 13/10/2022 © Sqool TV; **97** (p40, t164) Radio France / France Info Junior / Céline Asselot, Estelle Faure et Marie Bernardeau; **109** (p45, t165) Edens, Elyassa, Haitam et Mohammed, 16 ans, lycéens, Seine-et-Marne © ZEP (Zone d'Expression prioritaire); **115** (p49, t166) Programme « Parole d'ados », « L'humour », épisode 20, 26/06/2022 Avec Dounia Ouirzane (animation), Elliot, Éloïse, Julien, et Samuel (invités), et Pascale Cusson (réalisation) © Radio Canada; **122** (p52, t166) « Château de Versailles, 4300 collégiens au temps de Louis XIV », 30/05/2022 © TV78 - La coulisse des Yvelines; **129** (p55, t167) « Rediffusion 10, Laura di Muzio - Championne de France de rugby, à 26 ans elle crée son entreprise pour vivre de son sport », 4/11/2021 © Pour quoi pas moi; **133** (p57) Avec l'aimable autorisation de l'auteure Mylène PARDOEN, de PULSALYS, de la Maison des Sciences de l'Homme Lyon Saint-Etienne et de l'Université Lumière Lyon 2; **137** (p59) universal-soundbank.com.

Références des vidéos;

16 (v1) « Montréal en 1 minute », 19/08/2018 © Théo Belnou; **30** (v2) « Thomas Pesquet me dévoile les secrets de sa vie dans l'espace », 5/05/2022 © HugoDécrypte; **48** (v3) « Les bénévoles Oxfam vous emmènent en festival », 28/11/2022 © Oxfam France; **62** (v4) « Docteur Verdon, médecin originaire de Vendée, fait le tour de France en camping », 15/08/2018 © France TV; **80** (v5) ©LYNX de Laurent GESLIN - JMH & FILO Films - MC4 - La Salamandre - RTS SRG SSR - Blue - 2021; **94** (v6) « Atelier des lumières », France 2 © Culturespaces / Olam Productions / Hergé -Tintinimaginatio - 2022 © France TV; **112** (v7) « Bande dessinée : le Festival d'Angoulême bien sans sa bulle pour ses 50 ans », 28/01/2023 © France 24; **126** (v8) « Christophe Colomb a-t-il vraiment découvert l'Amérique ? », C Jamy, 22/04/2023, France TV © Elephant 2023.

Malgré nos efforts, il nous a été impossible de joindre certains auteurs ou leurs ayants-droit pour solliciter l'autorisation de reproduction, nous avons réservé en notre comptabilité les droits usuels.